职业教育汽车类专业教材

新能源汽车技术

▶▶

徐 东 陈和娟 主编
王凤军 主审

XINNENGYUAN
QICHE
JISHU

化学工业出版社
·北京·

内 容 简 介

本书从高职教育改革的实际出发,紧密联系企业实践,注重突出针对性和实用性。全书共分 7 个模块,主要内容有认识新能源汽车、混合动力汽车、纯电动汽车、燃料电池汽车、其他清洁能源汽车、智能网联汽车、新能源汽车的使用维护与高压安全等。本书图文并茂,全彩色印刷。为方便教学,配套电子课件和视频微课二维码资源。

本书内容新颖,条理清晰,通俗易懂,可作为汽车类职教专科、职教本科相关专业的教材,也可作为新能源汽车相关领域的技术人员、管理人员和科研人员的参考书和培训教材。

图书在版编目(CIP)数据

新能源汽车技术/徐东,陈和娟主编.—北京:化学工业出版社,2022.8

ISBN 978-7-122-41535-6

Ⅰ.①新… Ⅱ.①徐… ②陈… Ⅲ.①新能源-汽车-高等职业教育-教材 Ⅳ.①U469.7

中国版本图书馆 CIP 数据核字(2022)第 091818 号

责任编辑:韩庆利　　　　　　　　　文字编辑:宋　旋　陈小滔
责任校对:杜杏然　　　　　　　　　装帧设计:史利平

出版发行:化学工业出版社(北京市东城区青年湖南街 13 号　邮政编码 100011)
印　　刷:北京云浩印刷有限责任公司
装　　订:三河市振勇印装有限公司
787mm×1092mm　1/16　印张 13　字数 334 千字　2022 年 9 月北京第 1 版第 1 次印刷

购书咨询:010-64518888　　　　　　　　　　　　　　售后服务:010-64518899
网　　址:http://www.cip.com.cn

凡购买本书,如有缺损质量问题,本社销售中心负责调换。

定　价:49.80 元　　　　　　　　　　　　　　　　　　　　　　版权所有　违者必究

前言

最近几年以来，国家陆续出台了一系列政策法规性文件，推动新能源汽车行业发展。国务院印发的《中国制造 2025》里提到将"节能与新能源汽车"作为重点发展领域。目前，国内外各大汽车品牌均推出了新能源汽车车型。新能源汽车已经从公共领域走进普通消费者家庭，可以预见，传统汽车会逐渐被新能源汽车所代替。紧随汽车新能源产业的快速发展，汽车市场也急需新能源汽车技术方面的各类专业人才。各种智能化、电动化、网联化新技术在新能源汽车上广泛应用，也对传统汽车服务人员提出了更高的要求。"新能源汽车技术"是高职高专院校汽车类专业一门重要的专业基础课程。为了帮助高职院校的教师全面、系统地讲授这门课程，使学生能够熟练地掌握新能源汽车技术，我们编写了本书。

在编写本书时，我们从高职教育改革的实际出发，紧紧围绕高素质技术技能人才的培养目标，根据高职汽车专业毕业生主要就业岗位的职业能力和素质要求，以及汽车行业对新能源汽车技术服务人员的知识和能力要求，阐述了混合动力汽车、纯电动汽车、燃料电池汽车等各种类别新能源汽车的基础知识和结构原理以及新能源汽车的关键技术和高压安全等内容。教材内容紧密联系企业实践，根据我国新能源汽车行业的最新发展，把教学改革成果和企业实际工作内容融入本教材，注重突出针对性和实用性，可满足高职高专汽车类各专业的教学需求。

本书图文并茂，深入浅出。书中强调了学生综合素质的培养，既有对学生专业实践能力的训练，也有对学生自主学习能力以及分析解决问题能力、团队协作等职业素养的培养，可促使每一个学生积极参与、主动学习，以达到更好的学习效果。

本书由无锡商业职业技术学院徐东、陈和娟担任主编，无锡宝达之星汽车科技服务有限公司李志军担任副主编。陈和娟编写模块 1、6；徐东编写模块 2、3、4；殷伟林编写模块 5；李志军编写模块 7。全书由无锡商业职业技术学院王凤军教授担任主审。

由于编者水平有限，书中难免有不足之处，敬请广大读者批评指正。

编者

目录

模块 1　认识新能源汽车 —— 1

1.1　新能源汽车的定义及发展　2
  1.1.1　新能源汽车概述　2
  1.1.2　新能源汽车的发展　5
1.2　电动汽车动力电池　7
  1.2.1　动力电池的参数及要求　7
  1.2.2　动力电池的分类　12
  1.2.3　动力电池系统的组成和功能　12
1.3　电动汽车驱动电机　15
  1.3.1　驱动电机的参数及要求　15
  1.3.2　驱动电机的分类　16
  1.3.3　电机控制器的组成和功能　23
复习思考题　25

模块 2　混合动力汽车 —— 26

2.1　认识混合动力汽车　27
  2.1.1　混合动力汽车的定义　27
  2.1.2　混合动力汽车的分类　28
2.2　混合动力汽车功能结构及相关技术　31
  2.2.1　混合动力汽车功能结构　31
  2.2.2　混合动力汽车能量管理　40
  2.2.3　混合动力汽车关键技术　41
2.3　典型混合动力汽车介绍　42
  2.3.1　国外典型混合动力汽车介绍　43
  2.3.2　国内典型混合动力汽车介绍　54
复习思考题　60

模块 3　纯电动汽车 —— 61

3.1　认识纯电动汽车　62
  3.1.1　纯电动汽车基本知识　62
  3.1.2　纯电动汽车结构原理　65
3.2　纯电动汽车相关技术　72
  3.2.1　纯电动汽车关键技术　72
  3.2.2　纯电动汽车能量管理　73
  3.2.3　纯电动汽车整车控制　74
3.3　典型纯电动汽车介绍　81
  3.3.1　国外典型纯电动汽车介绍　82
  3.3.2　国内典型纯电动汽车介绍　86
复习思考题　91

模块 4　燃料电池汽车 —— 92

4.1　认识燃料电池　93
  4.1.1　燃料电池基本知识　93
  4.1.2　燃料电池的工作原理　95
4.2　认识燃料电池汽车　99

4.2.1 燃料电池汽车的定义及类型	99	4.2.4 典型燃料电池汽车介绍 107
4.2.2 燃料电池汽车的结构原理	102	复习思考题 112
4.2.3 燃料电池汽车的安全保护	106	

模块 5　其他清洁能源汽车　　　113

5.1 气体燃料汽车	114	5.2.3 二甲醚汽车　125
5.1.1 天然气汽车	114	5.3 太阳能汽车　128
5.1.2 液化石油气汽车	117	5.3.1 太阳能汽车的特点　128
5.2 生物燃料汽车	120	5.3.2 太阳能汽车的结构原理　129
5.2.1 醇类燃料汽车	120	复习思考题　132
5.2.2 生物质燃料汽车	123	

模块 6　智能网联汽车　　　133

6.1 认识智能网联汽车	134	6.2.2 雷达在智能网联汽车中的应用 144
6.1.1 智能网联汽车的定义	134	6.2.3 高精度地图及定位技术在
6.1.2 智能网联汽车的系统组成	135	智能网联汽车中的应用 151
6.1.3 智能网联汽车的发展	136	6.2.4 网络通信技术在智能网联
6.2 智能网联汽车的关键技术及应用	141	汽车中的应用 156
6.2.1 视觉传感器在智能网联汽车中的应用	141	复习思考题 165

模块 7　新能源汽车的使用维护与高压安全　　　166

7.1 新能源汽车的使用维护	167	7.2.1 电的危害及触电急救　186
7.1.1 新能源汽车的使用	167	7.2.2 新能源汽车高压安全防护　191
7.1.2 新能源汽车充电	169	复习思考题　198
7.1.3 新能源汽车 PDI 检查	177	参考文献　199
7.2 新能源汽车高压安全	186	

模块 1
认识新能源汽车

 知识目标

1. 掌握新能源汽车的定义和分类；
2. 熟悉动力电池的参数及要求；
3. 了解动力电池的组成和功能；
4. 熟悉驱动电机的参数及要求；
5. 掌握驱动电机的组成和功能。

 能力目标

1. 能够说出几种新能源汽车的类型；
2. 能描述我国发展新能源汽车所采取的措施与政策；
3. 能够描述动力电池的结构；
4. 能够描述各种型号电机的特点。

 职业素养

培养自主学习能力以及分析问题、解决问题能力，具备团队协作、爱岗敬业的精神，形成良好的职业素养。

1.1 新能源汽车的定义及发展

> 汽车是现代工业文明的象征之一,也是推动一国或地区经济发展的重要引擎。随着环境保护、低碳经济、降低能耗的理念为人们所重视,汽车工业因其尾气排放污染环境、高能耗等一系列负效应,面临日益严峻的挑战。相对传统的燃油汽车,新能源汽车能够有效降低汽车排放的废气量、有效解决交通能源重消耗的问题,在当前能源短缺和环保严峻的形势下,新能源汽车是我国未来汽车发展的方向和趋势。那么,到底什么是新能源汽车、其发展史是什么样的、发展背景和前景怎么样等一系列问题是我们首先要了解的。因此,本部分学习任务就是初步认识新能源汽车。

1.1.1 新能源汽车概述

1.1.1.1 新能源汽车的定义

认识新能源汽车

2009年6月17日工信部提出,新能源汽车是指采用非常规的车用燃料作为动力来源(或使用常规的车用燃料、采用新型车载动力装置),综合车辆的动力控制和驱动方面的先进技术,形成的技术原理先进、具有新技术、新结构的汽车。

非常规的车用燃料指除汽油、柴油以外的其他车用燃料,包括天然气(CNG)、液化石油气(LPG)、生物燃料、氢燃料、乙醇汽油(EG)、甲醇、二甲醚、电能以及混合燃料等。

1.1.1.2 新能源汽车的分类

新能源汽车包括的范围较广,各国分类也不相同,没有统一的标准。目前,我国的新能源汽车主要包括以下几类。

(1) 电动汽车

电动汽车是指以电能为动力,用电机驱动车轮行驶,符合道路交通、安全法规各项要求的车辆。电动汽车主要包括纯电动汽车、混合动力电动汽车、增程式电动汽车和燃料电池电动汽车。

① 纯电动汽车 纯电动汽车(Blade Electric Vehicle,BEV)是一种采用单一蓄电池作为储能动力源的汽车,它利用蓄电池作为储能动力源,通过电池向电动机提供电能,驱动电动机运转,从而推动汽车行驶。如图1-1所示为比亚迪e6纯电动汽车。

② 混合动力电动汽车 混合动力电动汽车(Hybrid Electric Vehicle,HEV)是指驱动系统由两个或多个能同时运转的单个驱动系统联合组成的车辆,车辆的行驶功率依据实际的车辆行驶状态由单个驱动系统单独或多个驱动系统共同提供。因各个组成部件、布置方式和控制策略的不同,混合动力电动汽车有多种形式。如图1-2所示为荣威e950混合动力汽车。

③ 增程式电动汽车 增程式电动汽车(Extended-Range Electric Vehicle,EREV)是一种配有地面充电和车载供电功能的纯电驱动的电动汽车,其运行模式可以根据需要处于纯电动模式、增程模式或混合动力模式,是介于纯电动汽车和混合动力电动汽车之间的一种过渡车型,

图1-1　比亚迪e6纯电动汽车

图1-2　荣威e950混合动力汽车

具有纯电动汽车和混合动力电动汽车的特征，有人把它划分为纯电动汽车范畴，也有人把它划分为混合动力电动汽车范畴，认为它是一种插电式串联混合动力电动汽车。如图1-3所示为广汽传祺增程式电动汽车。

④ 燃料电池电动汽车　燃料电池电动汽车（Fuel Cell Electric Vehicle，FCEV）是以燃料电池作为主要动力源驱动的汽车。燃料电池电动汽车实质上是纯电动汽车的一种，主要区别在于动力电池的工作原理不同。一般来说，燃料电池是通过电化学反应将化学能转化为电能，电化学反应所需的还原剂一般采用氢气，氧化剂则采用氧气，因此最早开发的燃料电池电动汽车多是直接采用氢燃料，氢气的储存可采用液化氢、压缩氢气或金属氢化物储氢等形式。如图1-4所示为丰田Mirai氢燃料电池汽车。

图1-3　广汽传祺增程式电动汽车

图1-4　丰田Mirai氢燃料电池汽车

（2）气体燃料汽车

气体燃料汽车是指利用可燃气体作为能源驱动的汽车。汽车的气体代用燃料种类很多，常见的有天然气和液化石油气。根据汽车使用可燃气体的形态不同，燃料可分为3种：压缩天然气，主要成分为甲烷；液化天然气，主要成分为经深度冷冻液化的甲烷；液化石油气，主要成分为丙烷和丁烷的混合物。

气体燃料汽车一般有3种：专用气体燃料汽车、两用燃料汽车和双燃料汽车。专用气体燃料汽车是以液化石油气、天然气（或煤气）等气体为发动机燃料的汽车，这种汽车可以充分发挥天然气的理化性能特点，价格低、污染少；两用燃料汽车是指具有两套相对独立的供给系统，一套供给天然气或液化石油气，另一套供给天然气或液化石油气之外的燃料，两套燃料供给系统可分别但不可共同向气缸供给燃料的汽车，如汽油/压缩天然气两用燃料汽车、汽油/液化石油气两用燃料汽车等，如图1-5所示。

双燃料汽车是指具有两套燃料供给系统，一套供给天然气或液化石油气，另一套供给天然气或液化石油气之外的燃料，两套燃料供给系统按预定的配比向气缸供给燃料，并在气缸混合燃烧的汽车，如柴油-压缩天然气双燃料汽车、柴油-液化石油气双燃料汽车等。双燃料汽车如图1-6所示。

图1-5 大众汽油/CNG两用燃料汽车

图1-6 雪铁龙爱丽舍双燃料汽车

（3）氢气汽车

氢气汽车是指以氢气为发动机燃料的汽车，如图1-7所示。

一般汽车使用汽油或柴油作为内燃机的燃料，而氢燃料汽车则使用气体氢作为内燃机的燃料。氢内燃机在汽车上的应用方式有3种。

① 纯氢内燃机，中、高负荷时存在爆燃，发动机功率受限且氢气消耗量大，续驶里程短，这些问题需要进一步研究解决。

图1-7 宝马氢动力汽车

② 氢/汽油两用燃料内燃机，可根据燃料的存储状况灵活选择汽油或氢进入纯汽油或纯氢内燃机模式。

③ 氢-汽油双燃料内燃机，可将少量氢作为汽油添加剂与空气混合，氢气扩散速率大，能够促进汽油的蒸发、雾化和与空气的混合；氢燃烧过程中产生活性自由基，能使汽油火焰传播速度明显加快，得到较大的热效率，并产生较低的排放。

（4）其他新能源汽车

其他新能源汽车类型很多，没有统一标准。生物燃料汽车、太阳能汽车及使用超级电容器、飞轮等高效储能器的汽车都属于其他新能源汽车。目前在我国大力支持和财政补贴的新能源汽车主要是指纯电动汽车、增程式电动汽车、插电式混合动力电动汽车和燃料电池电动汽车。常规混合动力电动汽车被划分为节能汽车。生物燃料汽车与太阳能汽车如图1-8、图1-9所示。

图1-8 生物燃料汽车

图1-9 太阳能汽车

1.1.2 新能源汽车的发展

新能源汽车发展自 19 世纪末，电动汽车诞生以来，在世界范围内经历过多次起落。国际电动汽车发展历程的四个阶段如图 1-10 所示。

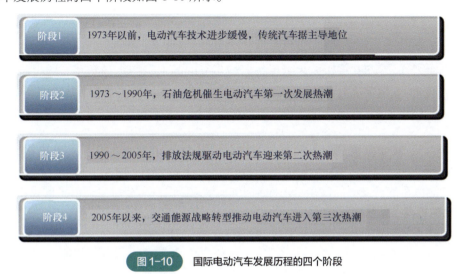

图 1-10　国际电动汽车发展历程的四个阶段

1881 年，法国工程师 GustaveTrouve 装配了一辆以铅酸电池为动力的电动三轮车。19 世纪末和 20 世纪初，电动汽车、内燃机汽车和蒸汽机汽车并行发展，电动汽车一度处于市场领先地位。1915 年以后，随着美国、欧洲公路建设的大发展和内燃机汽车技术的不断进步，传统汽车逐步占据了主导地位。

1973 年石油危机爆发，电动汽车再次受到高度关注，但是整车性能和成本无法满足消费者的需求，电动汽车发展缓慢，各国制定的发展目标大都没能实现。

环保压力促进混合动力汽车技术取得突破，1990～2004 年电动汽车逐步实现局部产业化。

石油短缺和全球变暖，促进新能源技术快速发展，2005 年起新能源汽车进入全面产业化初期推进阶段。

1.1.2.1 国外新能源汽车的发展

（1）日本

日本从 20 世纪 70 年代开始开发纯电动汽车，1971 年三菱汽车推出 Minicab EV 电动汽车。1997 年后推出了装载镍氢、锂离子电池的第二代纯电动汽车。90 年代末，丰田公司研制出 RAV-4 EV 型纯电动轿车，2009 年日产在北京发布了纯电动轿车。纯电动汽车的产品开发向小型化发展，日本汽车企业选择了混合动力汽车作为重点发展方向，1997 年，丰田率先在日本推出了混合动力电动汽车 Prius。1999 年，本田率先在美国推出了混合动力电动汽车 Insight。

2002 年，本田在美国推出混合动力电动汽车 Civic。2005 年，丰田雷克萨斯 RX 型越野型混合动力汽车也投放市场。日本在混合动力电动汽车技术领域，领先世界。

2003 年起对燃料电池汽车实施免税制度以鼓励其发展。日本丰田、本田、日产和马自达汽车制造商已先后试制出燃料电池汽车。在日本燃料电池系统发展中丰田公司处于领先地位。

按照日本经济产业省发布的《新一代汽车战略 2010》（2010 年 4 月）提出的规划：到 2030 年，使 HEV、PHEV、EV、FCV 等新一代汽车在新车销量中所占份额达到 50%～70%，并与其他类型的环保车合计占到新车销量份额的80%。

（2）美国

1891年美国人莫里森成功研制了第一辆四轮电动车，使得美国电动车向实用化迈出重要一步。

1967年美国通用汽车公司与福特汽车公司分别研发了新型电动汽车。此后，美国通用汽车在兰辛市建成EV-1电动轿车总装厂。

通用汽车公司于1990年在洛杉矶展出"冲击（Impact）"牌电动轿车。通用汽车公司的EV-1、S-1、Impact，福特汽车公司的ETX-1、ETX-2、Rcostar、Ranger等纯电动汽车纷纷推出。

2005年，福特推出混合动力Escape小型越野汽车。通用推出混合动力Saturn VUE小型越野汽车。

2006年，通用推出混合动力Chevrolet Equinox越野车。2007年，通用推出混合动力Chevrolet Malibu中型轿车以及混合动力卡车GMC Sierra和Chevrolet Silverado。

燃料电池汽车的开发时间最早要追溯到1968年，通用汽车公司生产出了世界第一辆可使用的燃料电池汽车。

2021年美国新能源汽车销量达65.2万辆，同比增长101%。

美国政府加强对新能源车及相关产业的扶持力度，签署协议重返巴黎协定，并预计2030年零排放汽车新车渗透率为50%，2050年达到碳中和。

（3）德国

20世纪70年代末期，德国戴姆勒-奔驰汽车公司生产了一批LE306电动汽车。

20世纪80年代初，德国奔驰汽车公司生产了电动大客车和商用电动汽车。

戴姆勒-奔驰汽车公司于1994～2000年，研发了Necar-1～Necar-5燃料电池汽车和Nebus-l～Nebus-4燃料电池大客车。

2000～2009年，以欧盟"发展可再生能源指令"和德国"可再生能源法"为指导纲领，主要发展生物燃料，特别是生物柴油汽车。

2010～2019年，以欧盟"清洁能源和节能汽车欧洲战略"和德国"国家电动汽车发展计划"为指导纲领，主要发展电动汽车。

2020年以后，根据欧盟"氢能与燃料电池发展计划"和德国"国家氢能和燃料电池技术发展计划"的规划，主要实现氢燃料电池汽车的技术突破。

德国电动汽车在欧洲处于领先地位，2009年8月，德国联邦政府发布了以纯电动式和插电式电动汽车为重点的《国家电动汽车发展计划》，这份由联邦经济和能源部、交通和数字基础设施部、环境部以及教育和科研部，共同制定的电动汽车的发展目标：使德国发展成为全球电动汽车市场的引领者；到2030年至少达到500万辆；到2050年，城市交通基本不再出现化石燃料汽车，电动交通网络将覆盖德国所有城市。

德国新能源汽车市场处于高速的发展中。2021年，德国是全球除了中国外最大的新能源汽车市场，以69.01万辆的销量居欧洲第一，同比增长72.7%。如今，德国已是欧洲最大的新能源汽车市场，随着新能源汽车的普及，德国也有望成为欧洲新能源汽车行业中心。

1.1.2.2　我国新能源汽车发展

20世纪80年代伊始，我国就已经对新能源车开展了研究工作，主要是对压缩天然气、液化石油气、甲醇等方面开展部分研究，并成功研制利用菜籽油、大豆油、废煎炸油等为原料生产生物柴油的工艺。

1999年，国家政府有关部门组织成立"清洁汽车行动"，从此开始了较大规模的替代燃料发展计划。

2000年，电动汽车被列入"863"计划12个重大专项之一。从2001年开始，"863"项目共投入20亿元研发经费，形成了以纯电动、油电混合动力、燃料电池三条技术路线为"三纵"，以动力蓄电池、驱动电机、动力总成控制系统三种共性技术为"三横"的电动汽车研发格局。

2004年，在国家颁布的《汽车产业发展政策》中明确提出了鼓励发展节能环保型电动汽车与混合动力汽车技术。

随着新能源汽车产业逐步发展，2014年我国开始有私人购买新能源汽车，由此也开启我国新能源汽车元年。2015年成为我国新能源汽车产业高速增长年，我国也在这一年成为全球最大的新能源汽车市场。

2020年，我国新能源汽车销售额占全球新能源汽车销售额的40.70%，仅比欧洲少3.1个百分点。

在我国"十四五"规划中明确提到聚焦新能源汽车等战略性新兴产业、在氢能等产业组织实施未来产业孵化与加速计划等。2020年11月份，在国务院办公厅印发的《新能源汽车产业发展规划（2021—2035年）》中提到，到2025年我国新能源汽车的销售量占汽车新车销售总量的20%左右。

1.2 电动汽车动力电池

动力电池介绍

学习导入

电池作为电动汽车的动力源，一直以来被视为电动车发展的重要标志性技术，也是制约电动车发展的重要瓶颈，其性能好坏直接关系到整车续驶里程的长短。

1.2.1 动力电池的参数及要求

动力电池是电动汽车的储能装置。要评定动力电池的实际效应，主要是看其参数。动力电池的主要参数有电压、内阻、容量、能量、效率、功率与比功率、放电电流和放电深度、荷电、自放电率、寿命等。

1.2.1.1 动力电池的参数

（1）电压

电池电压主要有电动势、端电压、开路电压、工作电压、额定电压、充电电压、充电终止电压、放电终止电压和电压效率等。

① 电动势。组成电池的两个电极的平衡电位之差。

② 端电压。电池正极与负极之间的电位差。

③ 开路电压。电池在开路条件下的端电压，即电池在没有负载情况下的端电压。注意，开路电压不等于电池的电动势。

④ 工作电压。电池在某负载下实际的放电电压，通常是指一个电压范围。例如，铅酸蓄

电池的工作电压为2～1.8V；镍氢电池的工作电压为1.5～1.1V；锂离子电池的工作电压为3.6～2.75V。

⑤ 额定电压。额定电压也称标称电压，是指电池在标准规定条件下工作时，应达到的电压。额定电压由极板材料的电极电位和内部电解液的浓度决定。铅酸蓄电池的额定电压为2V，金属氧化物镍蓄电池的额定电压为1.2V，磷酸铁锂电池的额定电压为3.2V，锰酸锂离子电池的额定电压为3.7V。

⑥ 充电电压。指外电路直流电压对电池充电的电压。一般的充电电压要大于电池的开路电压，通常在一定的范围内。

⑦ 充电终止电压。蓄电池充足电时，极板上的活性物质已达到饱和状态，再继续充电，电池的电压也不会上升，此时的电压称为充电终止电压。铅酸蓄电池的充电终止电压为2.7～2.8V，金属氢化物镍蓄电池的充电终止电压为1.5V，锂离子蓄电池的充电终止电压为4.25V。

⑧ 放电终止电压。电池在一定标准所规定的放电条件下放电时，电池的电压将逐渐降低，当电池不宜继续放电时，电池的最低工作电压称为放电终止电压。如果电压低于放电终止电压后电池继续放电，电池两端电压会迅速下降，形成深度放电。这样，极板上形成的生成物在正常充电时就不易再恢复，从而影响电池的寿命。放电终止电压和放电率有关，放电电流直接影响放电终止电压。在规定的放电终止电压下，放电电流越大，电池的容量越小。金属氢化物镍蓄电池的放电终止电压为1V，锂离子蓄电池的放电终止电压为3V。

⑨ 电压效率。电池的工作电压与电池电动势的比值。电池放电，由于存在电化学极化、浓差极化和欧姆压降，使电池的工作电压小于电动势。改进电极结构（包括真实表面积、孔率、孔径分布、活性物质粒子的大小等）和加入添加剂（包括导电物质、膨胀剂、催化剂、疏水剂、掺杂等）是提高电池电压效率的两个重要途径。

（2）内阻

电池的内阻是指电流流过电池内部时所受到的阻力，电池在短时间内的稳态模型可以看作为一个电压源，其内部阻抗等效为电压源内阻，内阻大小决定了电池的使用效率。电池内阻越大，电池自身消耗掉的能量越多，电池的使用效率越低。内阻很大的电池在充电时发热很严重，电池的温度急剧上升，对电池和充电机的影响都很大。蓄电池的内阻包括：正负极板电阻，电解液电阻，隔板电阻和连接体电阻等。

① 正负极板电阻。目前普遍使用的铅酸蓄电池正、负极板为涂膏式，由铅锑合金或铅钙合金板栅架和活性物质两部分构成。因此，极板电阻也由板栅电阻和活性物质电阻组成。板栅在活性物质内层，充放电时，不会发生化学变化，所以它的电阻是板栅的固有电阻。活性物质的电阻是随着电池充放电状态的不同而变化的。

当电池放电时，极板的活性物质转变为硫酸铅，硫酸铅含量越大，其电阻越大。而电池充电时将硫酸铅还原为铅，硫酸铅含量越小，其电阻越小。

② 电解液电阻。电解液的电阻视其浓度不同而异。在规定的浓度范围内一旦选定某一浓度后，电解液电阻将随充放电程度而变化。电池充电时，在极板活性物质还原的同时电解液浓度增加，其电阻下降；电池放电时，在极板活性物质硫酸化的同时电解液浓度下降，其电阻增加。

③ 隔板电阻。隔板的电阻视其孔率而异，新电池的隔板电阻是趋于一个固定值，但随电池运行时间的延长，其电阻有所增加。因为，电池在运行过程中有些铅渣和其他沉积物在隔板上，使得隔板孔率有所下降而增加了电阻。

④ 连接体电阻。连接体包括单体电池串联时连接条等金属的固有电阻，电池极板间的连接电阻，以及正、负极板组成极群的连接体的金属电阻，若焊接和连接接触良好，连接体电阻可

视为一固定电阻。

随着电池使用次数的增多，由于电解液的消耗及电池内部化学物质活性的降低，蓄电池的内阻会有不同程度的升高。

电池内阻通过专用仪器测量得到。绝缘电阻是电池端子与电池箱或车体之间的电阻。

（3）容量和比容量

① 容量。容量是指完全充电的电池，在规定条件下所能释放的总的电量，以符号 C 表示，其单位为安时（A·h）或毫安时（mA·h），它等于放电电流与放电时间的乘积。活性物质的数量决定单体电池含有的电荷量，而活性物质的含量则由电池使用的材料和体积决定，通常电池体积越大，容量越高。电池的容量可分为理论容量、额定容量、实际容量和标称容量。

理论容量，假设电极活性物质全部参加电池的电化学反应所能提供的电量，是根据法拉第定律计算得到的最高理论值。

额定容量，额定容量也称保证容量，是指设计和制造电池时，按照国家或相关部门颁布的标准，保证电池在一定的放电条件下能够放出的最低限度的电量。

实际容量，实际容量是指电池在一定的放电条件下实际放出的电量。它等于放电电流与放电时间的乘积，对于实用中的化学电源，其实际容量总是低于理论容量而通常比额定容量大 10%～20%。

标称容量，标称容量（或公称容量）是用来鉴别电池适当的近似值。

② 比容量。为了比较不同系列的电池，常用比容量的概念。比容量是指单位质量或单位体积的电池所能给出的电量，相应地称之为质量比容量或体积比容量。

（4）能量

电池的能量是指在一定放电制度下，电池所能输出的电能，通常用瓦时（W·h）表示。电池的能量反映了电池做功能力的大小，也是电池放电过程中能量转换的量度。它影响电动汽车的续驶里程。

① 理论能量。假设电池在放电过程中始终处于平衡状态，其放电电压保持电动势的数值，而且活性物质的利用率为 100%，即放电容量等于理论容量，则在此条件下电池所输出的能量为理论能量，也就是可逆电池在恒温、恒压下所做的最大功。

② 实际能量。实际能量是电池放电时实际输出的能量。它在数值上等于电池实际容量与电池平均工作电压的乘积。

③ 比能量。比能量分为质量比能量和体积比能量。

质量比能量是指单位质量电池所能输出的能量，单位常用 W·h/kg。

体积比能量是指单位体积电池所能输出的能量，也称能量密度，单位常用 W·h/L。常用比能量来比较不同的电池系列。

比能量也分为理论比能量和实际比能量。

理论比能量是指 1kg 电池反应物质完全放电时理论上所能输出的能量；实际比能量是指 1kg 电池反应物质所能输出的实际能量。由于各种因素的影响，电池的实际比能量远小于理论比能量。

电池的比能量是综合性指标，它反映了电池的质量水平。电池的比能量影响电动汽车的整车质量和续驶里程，是评价电动汽车的动力电池是否满足预定的续驶里程的重要指标。

（5）效率

动力电池作为能量存储器，充电时把电能转化为化学能储存起来，放电时把电能释放出来。在这个可逆的电化学转换过程中，有一定的能量损耗。通常用电池的容量效率和能量效率来表示。

① 容量效率。容量效率是指电池放电时输出的容量与充电时输入的容量之比，即

$$\eta_c = \frac{C_o}{C_i}$$

式中，η_c 为电池的容量效率；C_o 为电池放电时输出的容量，A·h；C_i 为电池充电时输入的容量，A·h。

影响电池容量效率的主要因素是副反应。当电池充电时，有一部分电量消耗在水的分解上。此外，自放电、电极活性物质的脱落、结块、孔率收缩等也会降低容量输出。

② 能量效率。能量效率也称电能效率，是指电池放电时输出的能量与充电时输入的能量之比，即

$$\eta_E = \frac{E_o}{E_i}$$

式中，η_E 为电池的能量效率；E_o 为电池放电时输出的容量，W·h；E_i 为电池充电时输入的容量，W·h。

影响能量效率的原因是电池存在内阻，它使电池充电电压增加，放电电压下降。内阻的能量损耗以电池发热的形式损耗掉。

（6）功率与比功率

电池的功率是指电池在一定放电制度下，单位时间内输出的能量，单位为瓦（W）或千瓦（kW）。

电池的功率决定了电动汽车的加速性能和爬坡能力。

① 比功率。单位质量或单位体积电池所能输出的功率称为比功率，单位为 W/kg 或 W/L。

② 功率密度。从蓄电池的单位质量或单位体积所获取的输出功率称为功率密度，单位为 W/kg 或 W/L。从蓄电池的单位质量所获取的输出功率称为质量功率密度；从蓄电池的单位体积电池所获取的输出功率称为体积功率密度。

（7）放电率和放电深度

在谈到电池容量或能量时，必须指出放电电流大小或放电条件，通常用放电率表示。

① 放电率，指放电时的速率，常用"时率"和"倍率"表示。时率是指以放电时间（h）表示的放电速率，即以一定的放电电流放完额定容量所需的时间。倍率，指电池在规定时间内放出额定容量所输出的电流值，数值上等于额定容量的倍数。放电时间越短，放电倍率越高，则放电电流越大。

放电倍率等于额定容量与放电电流之比。根据放电倍率的大小可分为低倍率（0.5C）、中倍率（0.5C～3.5C）、高倍率（3.5C～7.0C）、超高倍率（7.0C）。

例如，某电池的额定容量为 20A·h，若用 4A 电流放电，则放完 20A·h 的额定容量需用 5h，也就是说以 5 倍率放电，用符号 C/5 或 0.2C 表示，为低倍率。

例如 2 倍率放电，表示放电电流数值为额定容量的 2 倍，若电池容量为 3A·h，那么放电电流应为 2×3=6A，也就是 2 倍率放电。

② 放电深度，表示放电程度的一种量度，为放电容量与总放电容量的百分比，简称 DOD（depth of discharge）。

（8）荷电

电池还有多少电量，又称剩余电量，常取其与额定容量或实际容量的比值，称荷电

程度。

（9）自放电率

对于所有化学电源，即使在与外电路没有接触的条件下开路放置，容量也会自然衰减，这种现象称为自放电，也称荷电保持能力。

电池自放电的大小，用自放电率来衡量，一般用单位时间内容量减少的百分比表示：

$$自放电率 = \frac{贮存前电池容量 - 贮存后电池容量}{贮存前电池容量} \times 100\%$$

电池的自放电主要是由电极材料、制造工艺、储存条件等多方面因素决定的。一般来说，低温和低湿的环境条件下，电池的自放电率低，有利于电池的储存。

（10）寿命

电池的寿命分贮存寿命和使用寿命。

① 贮存寿命有"干贮存寿命"和"湿贮存寿命"两个概念。对于在使用时才加入电解液的电池贮存寿命，习惯上也称为干贮存寿命。干贮存寿命可以很长。对于出厂前已加入电解液的电池贮存寿命，习惯上称为湿贮存寿命（或湿荷电寿命）。湿贮存时自放电严重，寿命较短。

② 使用寿命是指电池实际使用的时间长短。对一次电池而言，电池的寿命是表征给出额定容量的工作时间（与放电倍率大小有关）。充放电循环寿命，是衡量二次电池性能的一个重要参数。在一定的充放电制度下，电池容量降至某一规定值之前，电池能耐受的充放电次数，称为二次电池的充放电循环寿命。充放电循环寿命越长，电池的性能越好。在目前常用的二次电池中，镉镍电池的充放电循环寿命为 500～800 次，铅酸电池为 200～500 次，锂离子电池为 600～1000 次，锌银电池很短，约 100 次。

除上述主要性能指标外，还要求电池无毒性、对周围环境不会造成污染或腐蚀、使用安全，有良好的充电性能，充电操作方便，充电时间短，耐振动，无记忆性，对环境温度变化不敏感，寿命长，制造成本低，易于调整和维护等。

1.2.1.2　动力电池的基本要求

新能源汽车对动力电池的要求主要如下。

① 比能量高。为了提高电动汽车的续驶里程，要求电动汽车上的动力电池尽可能储存更多的能量，但电动汽车不能太重，其安装电池的空间有限，要求电池具有高的比能量。

② 比功率大。为了能使电动汽车在加速行驶、爬坡能力和负载行驶等方面能与燃油汽车相竞争，要求电池具有高的比功率。

③ 充电技术成熟、时间短。充电技术要有通用性，能够实现无线充电。

④ 连续放电率高、自放电率低。电池能够适应快速放电的要求。

⑤ 适应车辆运行环境。电池能够在常温条件下正常稳定地工作，不受环境温度影响，不需要特殊加热、保温系统，能够适应电动汽车行驶时的振动。

⑥ 安全可靠。电池应干燥、洁净，电解质不会渗漏腐蚀接线柱、外壳。应不会引起自燃或燃烧，在发生碰撞等事故时，不会对乘员造成伤害。废电池能够回收处理和再生利用，电池中有害重金属能够集中回收处理。

⑦ 长寿命、免维护。电池的循环寿命不低于 1000 次，在使用寿命限定期间内，不需要进行维护和修理。

1.2.2 动力电池的分类

1.2.2.1 按电池的工作性质及使用特征分类

按电池的工作性质及使用特征来分类，一般分为四类。

（1）一次电池

又称"原电池"，即放电后不能用充电的方法使它复原的电池。如：锌锰干电池、锌汞电池、银锌电池。

（2）二次电池

又称"蓄电池"，即放电后又可用充电的方法使活性物质复原而能再次放电，且可反复多次循环使用的一类电池。如：铅酸电池、镍镉电池、镍氢电池、锂离子电池、锌空气电池。

（3）贮备电池

又称"激活电池"，是正、负极活性物质和电解液不直接接触，使用前临时注入电解液或用其他方法使电池激活的一类电池。如：镁银电池、钙热电池、铅高氯酸电池。

（4）燃料电池

又称"连续电池"，即只要活性物质连续地注入电池，就能长期不断地进行放电的一类电池。如：氢燃料电池。

1.2.2.2 按电池反应原理分类

按电池反应原理可以分为化学电池、物理电池和生物电池三大类，如图1-11所示。其中化学电池和物理电池已经应用于量产电动汽车中，而生物电池则被视为未来电动汽车电池的重要发展方向之一。

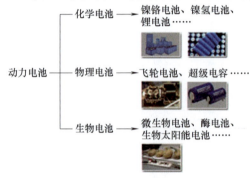

图1-11 汽车动力电池分类

（1）化学电池

化学电池是利用物质的化学反应发电，是目前电动汽车领域应用最为广泛的电池种类，化学电池按工作性质分为原电池、蓄电池、燃料电池和储备电池。

化学电池按电解质分为酸性电池、碱性电池、中性电池、有机电解质电池、非水无机电解质电池、固体电解质电池等。

化学电池按电池的特性分为高容量电池、密封电池、高功率电池、免维护电池、防爆电池等。

化学电池按正负极材料分为锌锰电池系列、镍镉镍氢系列、铅酸系列、锂电池系列等。

（2）物理电池

物理电池是利用光、热、物理吸附等物理能量发电的电池。如太阳能电池、超级电容器、飞轮电池等。

（3）生物电池

生物电池是利用生物化学反应发电的电池，如微生物电池、酶电池、生物太阳能电池等。

1.2.3 动力电池系统的组成和功能

1.2.3.1 动力电池系统的组成

新能源汽车的车载电源系统主要由辅助动力源和动力电池系统组成。

辅助动力源是供给新能源汽车其他各种辅助装置所需能源的动力电源，一般为 12V 或 24V 的直流低压电源，其作用是给动力转向、制动力调节控制、照明、电动窗门等各种辅助装置提供所需的能源。

动力电池系统主要由电池管理系统、动力电池模组、动力电池箱和其他辅助元器件等组成，组成框图和内部结构如图 1-12、图 1-13 所示。

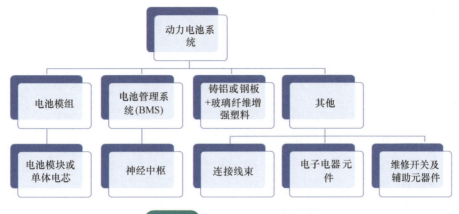

图 1-12　动力电池系统的组成框图

电池管理系统（BMS）是整个动力电池系统的神经中枢，一般由一些传感器（用于测量电压、电流和温度等）、一个带微处理器的控制单元和一些输入/输出接口组成，如图 1-14 所示。BMS 最基本的作用是监控电池的工作状态（电池的电压、电流和温度），预测动力电池的 SOC 和相应的剩余行驶里程，管理电池的工作情况（避免出现过放电、过充电、温度过高和单体电池之间电压严重不平衡现象），以便最大限度地利用电池的存储能力和循环寿命。电池管理系统的核心数据处理和计算功能一般是由单片机来完成的。

图 1-13　动力电池系统内部结构

动力电池模组由多个电池模块或单体电芯串联组成。

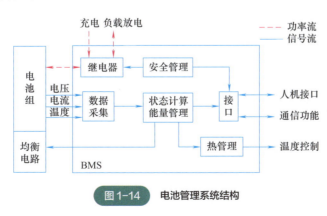

图 1-14　电池管理系统结构

动力电池箱用来放置动力电池模组。

辅助元器件主要包括动力电池系统内部的电子电器元件，如熔断器、继电器、分流器、接插件、紧急开关、烟雾传感器、维修开关以及电子电器元件以外的辅助元器件，如密封条、绝缘材料等。

1.2.3.2 动力电池系统的功能

（1）动力电池模组

动力电池模组是由多个电池模块或单体电芯串联组成的一个组合体。电池单体是构成动力电池模块的最小单元，一般由正极、负极、电解质及外壳等构成，实现电能与化学能之间的直接转换。电池模块是一组并联的电池单体的组合，该组合的额定电压与电池单体的额定电压相等，是电池单体在物理结构和电路上连接起来的最小分组，可作为一个单元替换。

（2）电池管理系统

电池管理系统处于动力电池系统的核心位置，是电池保护和管理的核心部件。它不仅要保证电池安全可靠地使用，而且要充分发挥电池的能力和延长其使用寿命，作为电池和整车控制器以及驾驶者之间沟通的桥梁，控制电池组的充放电，并向整车控制器上报动力电池系统的基本参数及故障信息。

电池管理系统功能主要包括数据采集、电池状态计算、能量管理、安全管理、热管理、均衡控制、通信功能和人机接口。功能如图1-15所示。数据采集电路采集电池状态信息数据后，电子控制单元（ECU）进行数据处理和分析，然后电池管理系统根据分析结果对系统内的相关功能模块发出控制指令，并向外界传递参数信息。

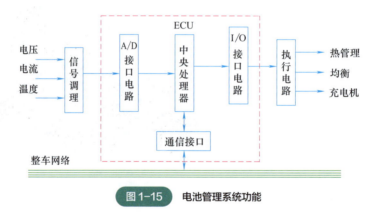

图1-15　电池管理系统功能

① 数据采集。电池管理系统的所有算法都是以采集的动力电池数据作为输入，采样速率、精度和前置滤波特性是影响电池系统性能的重要指标。电动汽车电池管理系统的采样速率一般要求大于200Hz（50ms）。

② 电池状态计算。电池状态计算包括电池组荷电状态SOC（state of charge）和电池组健康状态SOH（state of health）两方面。SOC用来提示动力电池组剩余电量，是计算和估计电动汽车续驶里程的基础。SOH用来提示电池技术状态，是预计可用寿命等健康状态的参数。最常用的SOC估计方法是A·h计量结合效率补偿的方法。

③ 能量管理。能量管理主要包括以电流、电压、温度、SOC和SOH为输入进行充电过程控制，以SOC、SOH和温度等参数为条件进行放电功率控制两个部分。

④ 安全管理。监视电池电压、电流、温度是否超过正常范围，防止电池组过充过放。现在在对电池组进行整组监控的同时，多数电池管理系统已经发展到对极端单体电池进行过充、过

放、过温等安全状态管理。

⑤ 热管理。在电池工作温度过高时进行冷却，低于适宜工作温度下限时进行电池加热，供电池处于适宜的工作温度范围内，并在电池工作过程中总保持电池单体间温度均衡。对于大功率放电和高温条件下使用的电池，电池的热管理尤为必要。

⑥ 均衡控制。由于电池存在一致性差异，电池组的工作状态是由最差电池单体决定的。在电池组各个电池之间设置均衡电路，实施均衡控制是为了使各单体电池充放电的工作情况尽量一致，提高整体电池组的工作性能。

⑦ 通信功能。通过电池管理系统实现电池参数和信息与车载设备的通信，为充放电控制、整车控制提供数据依据是电池管理系统的重要功能之一，根据应用需要，数据交换可采用不同的通信接口，如模拟信号、PWM 信号、CAN 总线或 I2C 串行接口。

⑧ 人机接口。根据设计的需要设置显示信息以及控制按键等。

1.3 电动汽车驱动电机

 学习导入

电机是电动汽车驱动系统的核心部件，其性能的好坏直接影响电动汽车驱动系统的性能，特别是电动汽车的最高车速、加速性能及爬坡性能等。

电动汽车驱动电机的类型

1.3.1 驱动电机的参数及要求

1.3.1.1 驱动电机概述

在新能源汽车中，一般情况下是驱动电机取代发动机并在电机控制器的控制下，将电能转换为功能来驱动车辆行驶。驱动电机总成如图 1-16 所示。其中，在纯电动汽车和燃料电池汽车中，驱动电机是唯一的动力装置；在串联式混合动力汽车中，驱动电机作为主要的动力装置；在并联式混合动力汽车中，电机作为辅助动力装置。新能源汽车与传统燃油汽车最重要的区别就在于新能源汽车全部以驱动电机为动力装置。

1.3.1.2 驱动电机的参数

GB/T 19596—2004《电动汽车术语》对电机的基本性能参数进行了规定，常用的性能参数及其定义如下。

额定功率——在额定条件下的输出功率。

峰值功率——在规定的持续时间内，电机允许的最大输出功率。

额定转速——额定功率下电机的最低转速。

最高工作转速——相应于车辆的最高设计车速的电机转速。

额定转矩——电机在额定功率和额定转速下的输出转矩。

图 1-16 驱动电机总成

峰值转矩——电机在规定的持续时间内允许输出的最大转矩。

堵转转矩——转子在所在角位堵住时所产生的转矩最小测得值。

电机及控制器整机效率——电机转轴输出功率除以电机控制器输入功率乘以100%。

1.3.1.3　新能源汽车对驱动电机的性能要求

新能源汽车驱动电机在需要充分满足汽车运行功能的同时，还应满足行驶的舒适性、环境适应性等性能以及对车辆一次充电续驶里程的要求。新能源汽车驱动电机具有比普通工业电机更为严格的技术规范和标准要求，其主要性能要求如下。

（1）体积小、质量轻

为了充分利用有限的车载空间，减小车辆质量，降低运行中的能量消耗，应尽量减小驱动电机的体积和质量。电机可以采用铝合金外壳，各种控制装置和冷却系统等也要求尽可能轻量化和小型化。

（2）全速段高效运行

一次充电续驶里程长，特别是在车辆频繁启停或变速运行的情况下，驱动电机应具有较高的效率。

（3）低速大转矩及宽范围的恒功率特性

即使没有变速器，驱动电机本身应能满足所需的转矩特性，以获得在启动、加速、行驶、减速、制动等各种运行工况下的功率和转矩要求。驱动电机应具有自动调速功能，可以减轻驾驶员的操纵强度，提高驾驶的舒适度，并且能够达到与传统内燃机汽车同样的控制响应。

（4）高可靠性

在任何运行工况下都应具有高可靠性，以确保车辆的行驶安全。

（5）高压性

在允许的范围内尽可能采用高电压，可以减小电机的尺寸和控制器、导线等设备的尺寸，特别是可以降低逆变器的成本。

（6）安全性能

动力电池组、驱动电机等强电部件的工作电压能达到300V以上，对电气系统的安全性和控制系统的安全性提出了更高的要求，新能源汽车驱动电机必须符合相关车辆电气控制的安全性能标准和规定。

（7）高转速

与低转速电机相比，高转速电机的体积和质量较小，有利于降低整车装备的质量。

（8）使用寿命长

为降低新能源汽车的使用成本，驱动电机的使用寿命应和车辆保持一致，真正实现节能环保的目标。

同时，驱动电机还要求具有耐温和耐潮性能好、运行噪声低、结构简单、成本低、适合批量生产、使用维护方便等特点。

1.3.2　驱动电机的分类

电机的种类很多，用途广泛，功率覆盖面非常大。而新能源汽车出于对功率容量、体积、质量、散热等条件的考虑，采用的电机种类较少。迄今为止，新能源汽车采用的驱动电机主要包括直流电机、交流感应电机、永磁电机、开关磁阻电机等。表1-1是几种主要类型电机性能参数对比。

表 1-1　几种主要类型电机性能参数对比

项目	直流电机	感应式电机	永磁式电机	开关磁阻式电机
功率密度	低	中	高	较高
过载能力 /%	200	300～500	300	300～500
峰值效率 /%	85～89	94～95	95～97	90
负荷效率 /%	80～87	90～92	85～97	78～86
功率因数 /%	—	82～85	90～93	60～65
恒功率区	—	1：5	1：2.25	1：3
转速范围 /（r/min）	4000～6000	12000～20000	4000～100000	>15000
可靠性	一般	好	优良	好
结构的坚固性	大	好	一般	优良
电动机外形尺寸	重	中	小	小
电动机质量	最好	中	轻	轻
控制操作性能	低	好	好	好
控制器成本	直流电动机	高	高	一般

（1）直流电机驱动系统

直流电机是在电动汽车上应用最早也是最广泛的一种驱动电机，由动力电池提供电能的新能源汽车，可以通过电池组直接获得直流电。

直流电机驱动系统采用有刷直流电机，电机控制器一般采用斩波器控制方式。如图 1-17 所示。直流电机由定子、转子、换向器和电刷组成，定子上有磁极，转子有绕组，通电后，转子上也形成磁极，定子和转子的磁场之间有一个夹角，在定、转子磁场的相互吸引下，使电机旋转。它具有成本低、易于平滑调速、控制器简单、控制相对成熟等优点。但由于需要电刷和换向器，结构复杂，运行时有火花和机械磨损，所以电机运行转速不宜太高。尤其是其存在对无线电信号的干扰，这对高度智能化的未来电动汽车是致命的弱点。鉴于直流电机驱动系统的驱动控制器部分优势突出，直流电机驱动系统在当前燃料电池电动汽车领域仍占有一席之地。

图 1-17　直流电机结构图

与交流电机、无刷直流电机及开关磁阻电机等其他类型的电机相比，直流电机的优点有：

① 调速性能良好　直流电机具有良好的电磁转矩控制特性，可实现均匀平滑的无级调速，且具有较宽的调速范围。

② 启动性能好　直流电机具有较大的启动转矩，能适应电动汽车起步驱动特性的需要，可实现快速起步。

③ 具有较宽的恒功率范围　直流电机恒功率输出范围较宽，可确保电动汽车具有良好的低速启动性能和高速行驶能力。

④ 控制较为简单　直流电机可采用斩波器实现调速控制，具有控制灵活且高效、响应快等特点。

⑤ 价格便宜　直流电机的制造技术和控制技术都比较成熟，虽然直流电机本身的价格不

低,但是控制装置简单、价格较低,因而整个直流驱动系统的价格较便宜。

直流电机的缺点有:

① 效率较低　总体上,直流电机的效率低于交流电机和开关磁阻电机。

② 维护工作量大　直流电机工作时电刷与换向器之间会产生换向电火花,换向片容易烧蚀,电刷也容易磨损。因此,直流电机的工作可靠性较差,需要经常进行维护。

③ 转速低　直流电机转速越高,换向电火花就越大,严重时形成火花环,限制了直流电机转速的提高。

④ 质量和体积大　直流电机的结构较复杂,功率密度低,质量大,体积也大。

电动汽车用直流电机的要求:抗振动性,对环境的适应性,低损耗性,抗负荷波动性,小型、轻量化,免维护性。

(2) 交流异步电机驱动系统

交流异步电机驱动系统采用交流异步电机。这种电机结构简单,制造容易,效率比直流电机高,与永磁无刷电机、开关磁阻电机相比,成本低廉,但控制较为复杂。总的说来,异步电机系统的综合性价比具有一定的优势。

我国已建立具有自主知识产权的异步电机驱动系统开发平台,形成了小批量年产的开发、制造、试验及服务体系;产品性能基本满足整车需求,大功率异步电机系统已广泛应用于各类电动客车:通过示范运行和小规模市场化应用,产品可靠性得到初步验证。图1-18所示为三相笼型异步电机的主要结构图。交流异步电机驱动系统主要由定子、转子和气隙等构成。

图1-18　三相笼型异步电机的主要结构

1—转子铁芯;2—转子绕组;3—定子前端盖;4—吊环;5—后端盖;6—风罩;7—风扇;
8—出线盒;9—机座;10—定子绕组;11—前端盖

① 定子　定子由定子铁芯、定子绕组、机座组成,是静止不动的部分。

a. 定子铁芯。定子铁芯作为磁路的一部分,作用是导磁通路。其由0.5mm厚且冲有一定槽形的导磁性能很好的硅钢片叠成。每张硅钢片表面涂有绝缘漆。槽形由电机容量、电压及绕组形式决定,槽形一致,且在定子铁芯内圆周上均匀分布。

b. 定子绕组。定子绕组是定子的电路部分。它由许多线圈按一定规律连接而成,嵌放在定子铁芯槽内,有单层绕组和双层绕组两种形式。三相绕组空间上互差120°。

c. 机座。机座用来固定和支撑定子铁芯。中小型电机一般采用铸铁机座,大中型电机一般采用钢板焊接的机座。

② 转子　转子由铁芯与绕组组成。

a. 转子铁芯。转子铁芯作为主磁路的一部分，用来导通磁路。其由 0.5mm 厚的有冲槽的硅钢片叠成，呈圆柱形，套在转轴或转子支架上。

b. 转子绕组。转子绕组是转子部分的电路。按转子绕组形式不同，分为笼型转子和绕线式转子两种。

笼型转子：转子铁芯的每个槽内插入一根裸导条，形成一个多相对称短路绕组。笼型转子分为铜条笼型转子和铸铝笼型转子，其结构简单、价格低廉、工作可靠；不能人为改变电机的机械特性。

绕线式转子：转子绕组为三相对称绕组，嵌放在转子铁芯槽内。与定子绕组一样也是三相对称，这个对称的三相绕组接成星形，并接到转轴上的三个集电环上，再通过电刷使转子绕组与外电路接通，其结构复杂、价格较贵、维护工作量大；转子外加电阻可人为改变电机的机械特性。

③ 气隙　异步电机的气隙是均匀的，大小为机械条件所能允许达到的最小值。中小型电机的气隙一般为 0.2～2mm。

气隙越大，则磁阻越大，产生同样大小的旋转磁场就需要较大的励磁电流。励磁电流是无功电流，所以，该电流增大会导致电机功率因数变坏。但是磁阻大，可减小气隙磁场的谐波含量，从而减小附加损耗。

（3）永磁无刷电机驱动系统

永磁无刷电机驱动系统采用永磁无刷电机。其最大的特点是效率高、质量小、体积小，也无需维护。与异步电机相比，永磁无刷电机成本较高，可靠性较差，使用寿命较短，同时永磁体还存在失磁的可能。另外，制造工艺也比异步电机复杂。在控制上，由于永磁体的存在，弱磁控制有一定的难度，因此限制了这种电机系统在电动汽车上的大量使用。

国内企业通过合理设计及改进控制技术，有效提高了无刷直流电机产品的性能，基本满足了电动汽车的需求，已形成一定的研发和生产能力，开发了不同系列的产品，可应用于各类电动汽车；产品部分技术指标接近国际先进水平，但总体水平与国外仍有一定差距；基本具备永磁同步电机集成化设计能力；多数公司仍处于小规模试制生产阶段，少数公司已投资建立车用驱动电机系统专用生产线。

永磁无刷直流电机一般是由电机本体、转子位置传感器和逆变器三部分组成，如图 1-19 所示。

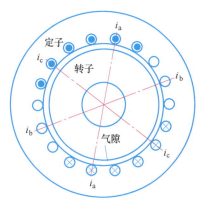

图 1-19　永磁无刷直流电机的组成

① 电机本体　电机本体是一台反装式的普通永磁无刷直流电机，它的电枢放在定子上，永磁磁极放在转子上，结构与永磁式同步交流电机相似。定子铁芯中安放对称的多相绕组，通常是三相绕组，绕组可以是分布式或集中式，接成星形或封闭形，各相绕组分别与电子开关中的相应功率管连接。永磁转子多用铁氧体或钕铁硼（NdFeB）等永磁材料制成，不带笼型绕组等任何启动绕组，主要有凸极式（表面贴装式）和内嵌式两种结构形式。

② 转子位置传感器　转子位置传感器是无刷直流电机的重要组成部分，用来检测转子磁场相对于定子绕组的位置，以决定功率电子开关器件的导通顺序。常见的有磁敏式、电磁式、光电式和霍尔效应式等。霍尔效应式传感器具有测量精度高、工作稳定性好、结构简单、体积小、安装灵活方便、易于机电一体化等优点，在电机上得到了广泛的应用。

③ 逆变器　逆变器主电路有桥式和非桥式两种。在电枢绕组与逆变器的多种连接方式中，以星形三相六状态和星形三相三状态使用最广泛。

永磁无刷直流电机是在有刷直流电机的基础上发展起来的。它是随着电机技术和电子技术的迅速发展而出现的一种新型直流电机。永磁无刷直流电机的转子为永久磁铁，因而不需要电刷。永磁无刷直流电机的工作原理如图1-20所示。永磁无刷直流电机的定子有对称布置的三相绕组，并且通过电子开关控制三相定子绕组及时换向。在电机通电后，电子开关使某相定子绕组通电而产生磁场，使转子受电磁力的作用而转动起来；转子位置传感器将转子的位置信号转换为相应的电信号，并输入电子开关；电子开关根据转子位置传感器的信号控制电枢绕组依次通电，使定子产生的磁场旋转；旋转磁场的磁力作用于转子，使转子持续转动，产生方向不变的电磁转矩。

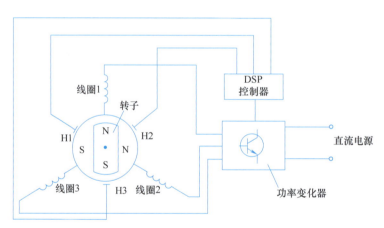

图1-20　永磁无刷直流电机工作原理

从永磁无刷直流电机定子产生旋转磁场的原理可知，由于定子绕组的相数有限，产生的旋转磁场是跳跃式的，因此，此种电机产生的电磁转矩波动比较大。

（4）开关磁阻电机

① 开关磁阻电机的结构　开关磁阻电机的定子和转子铁芯均由硅钢片叠压而成，定、转子冲片均有一齿槽，构成双凸极结构，根据定子和转子片上齿槽的多少，形成不同的极数，如图1-21所示。开关磁阻电机的工作原理遵循"磁阻最小原理"，磁通总是沿磁阻最小的路径闭

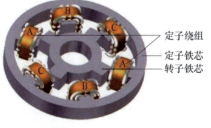

图1-21　开关磁阻电机结构组成

合，因此，由磁场扭曲而产生磁阻性质的电磁转矩。

开关磁阻电机驱动系统采用开关磁阻电机。该电机转子没有绕组，做成凸极，结构简单，可靠性高，快速响应性好，效率与异步电机相当。由于转子无绕组，该系统特别适合频繁的正反转及冲击负载等工况。开关磁阻电机驱动系统驱动电路采用的功率开关元件较少，电路简单，能较方便地实现宽调速和制动能量的反馈。因此，这种系统在电动汽车中亦有一定的应用。其缺点主要在于其结构带来的噪声和振动较大。

开关磁阻电机有多种不同的相数结构，如单相、二相、四相及多相等，且定子和转子的极数有多种不同的搭配。低于三相的开关磁阻电动机一般没有自启动能力。相数多有利于减小转矩脉动，但结构复杂、主开关器件多、成本增高。目前应用较多的是三相6/4凸极结构、四相8/6凸极结构及六相12/8凸极结构，如图1-22所示。

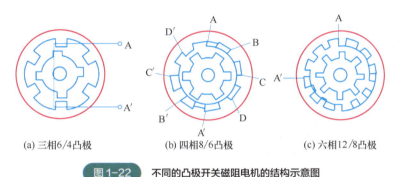

图1-22　不同的凸极开关磁阻电机的结构示意图

在定子相对称的两个凸极上的集中绕组互相串联，构成一相，但在转子上没有任何绕组。因此，定子上有6个凸极的为三相开关磁阻电动机，定子上有8个凸极的为四相开关磁阻电机，以此类推。

② 开关磁阻电机的特点　开关磁阻电机，实物如图1-23所示，与其他电机相比，具有以下优点：

a. 可控参数多，调速性能好。可控参数有主开关开通角、主开关关断角、相电流幅值、直流电源电压，控制方便，可四象限运行，容易实现正转、反转和电动、制动等特定的调节控制。

图1-23　开关磁阻电机实物

b. 结构简单，成本低。开关磁阻电机转子无绕组，也不加永久磁铁，定子为集中绕组，比传统的直流电机、永磁电机及感应电机都简单，制造和维护方便；它的功率变换器比较简单，主开关元件数较少，电子器件少，成本低。

c. 损耗小，运转效率高。开关磁阻电机的转子不存在励磁及转差损耗，功率变换器元器件少，相应的损耗也小；控制灵活，易于在很宽转速范围内实现高效节能控制。

d. 启动转矩大，启动电流小。在 15% 额定电流的情况下就能达到 100% 的启动转矩。

但是，由于开关磁阻电机的特殊结构和工作方式，也存在如下一些缺点：

a. 转矩脉动现象较大。

b. 振动和噪声相对较大，特别是在负载运行的时候。

c. 电动机的出线头相对较多，还有位置检测器出线端。

d. 电动机的数学模型比较复杂，其准确的数学模型较难建立。

e. 控制复杂，依赖于电机的结构。

（5）轮毂电机

电动汽车采用的轮毂电机驱动属于分散式电机驱动模式，轮毂电机外形如图 1-24 所示。分散式电机驱动通常有轮毂电机和轮边电机两种方式。所谓轮边电机驱动模式，是指每个驱动车轮由单独的电机驱动，但是电机不是集成在车轮内，而是通过传动装置（如传动轴）连接到车轮。轮边电机驱动模式的驱动电机属于簧载质量范围，悬架系统隔振性能好。但是，安装在车身上的电机对整车总体布置的影响很大，尤其是在后轴驱动的情况下。而且，由于车身和车轮之间存在变形运动，其对传动轴的方向传动也具有一定的限制。因此，本节重点介绍轮毂电机，对轮边电机不再介绍。

图 1-24　轮毂电动机外形

轮毂电机动力系统通常由电机、减速机构、制动器与散热系统等组成。轮毂电机动力系统根据电机的转子形式主要分成外转子型和内转子型两种结构，如图 1-25 所示。通常，外转子型采用低速外转子电机，电机的最高转速为 1000～1500r/min，无任何减速装置，电机的外转子与车轮的轮辋固定或者集成在一起，车轮的转速与电机相同。内转子型则采用高速内转子电机，同时装备固定传动比的减速器。为了获得较高的功率密度，电机的转

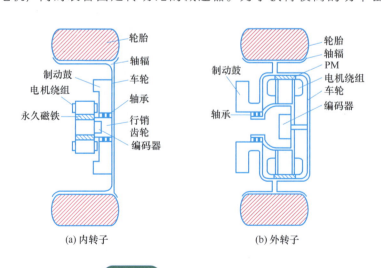

图 1-25　内、外转子型轮毂电机结构

速通常高达 10000r/min。减速机构通常采用传动比在 10∶1 左右的行星齿轮减速装置，车轮的转速在 1000r/min 左右。

低速外转子轮毂电机的优点是结构简单、轴向尺寸小、比功率高、能在很宽的速度范围内控制转矩、响应速度快、外转子直接和车轮相连、没有减速机构、效率高；缺点是如要获得较大的转矩，必须增大电机的体积和质量，因而成本高，加速时效率低，噪声大。这两种结构在目前的电动汽车中都有应用，但是随着紧凑的行星齿轮变速机构的出现，高速内转子式驱动系统在功率密度方面比低速外转子式更具竞争力。

高速内转子轮毂电机的优点是比功率高、质量小、体积小、效率高、噪声小、成本低；缺点是必须采用减速装置，效率降低，非簧载质量增大，电动机的最高转速受线圈损耗、摩擦损耗以及变速机构的承受能力等因素的限制。

轮毂电机动力系统由于电机电制动容量较小，不能满足整车制动效能的要求，通常需要附加机械制动系统。轮毂电动机系统中的制动器可以根据结构采用鼓式或者盘式制动器。电机电制动容量的存在往往可以使制动器的设计容量适当减小。大多数的轮毂电机系统采用风冷方式进行冷却，也有的采用水冷和油冷的方式对电机、制动器等的发热部件进行散热降温，但结构比较复杂。

① 轮毂电机的分类　轮毂电机可分为感应式、永磁式、开关磁阻式三类。轮毂电机系统的驱动电机按照电机磁场的类型不同分为径向磁场和轴向磁场两种类型。

径向磁场：电机的定转子之间受力比较均衡，磁路由硅钢片叠压得到，技术更简单成熟。

轴向磁场：电机的结构利于热量散发，并且它的定子可以不需要铁芯。

② 轮毂电机的特点

a.感应（异步）式电机：优点是结构简单、坚固耐用、成本低廉、运行可靠、转矩脉动小、噪声低、不需要位置传感器、转速极限高；缺点是驱动电路复杂、成本高，相对于永磁电动机而言，感应（异步）式电机效率和功率密度偏低。

b. 无刷永磁同步电机：可采用圆柱形径向磁场结构或盘式轴向磁场结构，具有较高的功率密度和效率以及宽广的调速范围，发展前景十分广阔，已在国内外多种电动汽车中获得应用。

c. 开关磁阻式电机：优点是结构简单、制造成本低廉、转速/转矩特性好等，适用于电动汽车驱动；缺点是设计和控制非常困难、运行噪声大。

③ 采用轮毂电机驱动系统电动汽车的特点

a. 可以完全省略传动装置，整体动力利用效率大大提高。

b. 轮毂电机使得整车总体布置可以采用扁平化的底盘结构形式，车内空间和布置自由度得到极大提升。

c. 车身上几乎没有大功率的运动部件，整车的振动、噪声和舒适性得到极大改善。

d. 便于实现四轮驱动形式，有利于改善整车的动力性能。

e. 轮毂电机作为执行元件，利用响应速度快和准确的优点便于实现包括线控驱动、线控制动以及线控整车动力学控制在内的整车动力学集成控制，提高整车的主动安全性。

1.3.3　电机控制器的组成和功能

电机控制器（Motor Control Unit，MCU）是用来控制驱动电机启动、运行、进退、速度、停止以及电动汽车其他电子器件的核心控制器件。

图1-26 电机控制器

1.3.3.1 电机控制器的主要组成

电机控制器,如图1-26所示,主要由如下几部分组成:

① 电子控制模块(Electronic Controller)包括硬件电路和相应的控制软件。硬件电路主要包括微处理器及其最小系统,对电机电流、电压、转速、温度等状态进行监测的监测电路,各种硬件保护电路,以及与整车控制器、电池管理系统等外部控制单元数据交互的通信电路。控制软件根据不同类型电机的特点实现相应的控制算法。

② 驱动器(Driver)将微控制器对电机的控制信号转换为驱动功率变换器的驱动信号,实现功率信号和控制信号的隔离。

③ 功率变换模块(Power Converter)对电机电流进行控制。电动汽车经常使用的功率器件有大功率晶体管(BJT)、门极可关断晶闸管(GTO)、功率场效应管(MOSFET)、绝缘栅双极晶体管(UJBT)、控制晶闸管(MCT)以及智能功率模块(IPM)等。

1.3.3.2 电动汽车用功率器件选择

功率器件作为电机控制器的核心元件,其成本占整个控制器的绝大部分。

随着微电子技术和电力电子技术的发展,高频化、全控型的功率集成半导体器件不断出现,如大功率晶体管、门极可关断晶闸管、功率场效应晶体管、绝缘栅双极型晶体管、控制晶闸管、智能功率模块等。功率器件的选用一般考虑以下几个方面:

(1) 额定值

功率器件额定值包括电压额定值与电流额定值。电压额定值由动力电池额定电压、充电时的最大电压以及再生制动回馈时的最大电压等因素确定。电流额定值是根据电动机额定功率的峰值电流,估算流过每个功率器件的电流值来确定。

当功率器件并联时,各功率器件的导通状态与开关特性必须进行良好的匹配。

(2) 功率损耗

功率损耗影响功率器件的工作效率,应选择导通压降小的功率器件,同时开关损耗应尽量小。

(3) 基极、门极的可驱动性

应选择基极、门极驱动简单、安全可靠的功率器件。电压驱动模式的功率器件因简单且功耗低,通常被优先采用。

(4) 成熟性与成本

功率器的成本占整个控制器成本的绝大部分,故选用的功率器件性价比应当高。

1.3.3.3 电机控制器的功能

驱动电机控制器 MCU 内部采用三相两电平电压源型逆变器,是驱动电机系统的控制核心,称为智能功率模块,以 IGBT(绝缘栅双极型晶体管)为核心,辅以驱动集成电路和主控集成电路。MCU 对所有的输入信号进行处理,并将驱动电机控制系统运行状态信息通过 CAN 2.0 网络发送给整车控制器 VCU。驱动电机控制器内含故障诊断电路,当电机出现异常时,达到一定条件后,将会激活一个错误代码并发送给整车控制器同时储存该故障码和相关数据。

驱动电机控制器主要依靠电流传感器、电压传感器、温度传感器进行电机运行状态的监测，根据相应参数进行电压、电流的调整控制以及其他控制功能的完成，如图1-27所示。电流传感器用于检测电机工作实际电流，包括母线电流、三相交流电流。电压传感器用于检测供给电机控制器工作的实际电压，包括动力电池电压、12V蓄电池电压。温度传感器用于检测电机控制系统的工作温度，包括IGBT模块的温度。

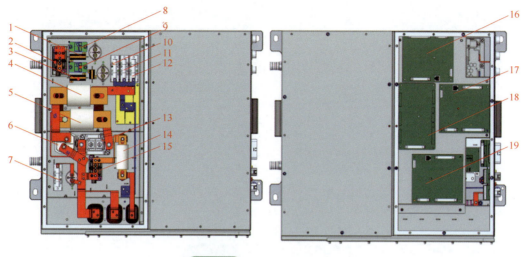

图1-27 电机控制器内部组成

1—辅件缓冲电阻；2—辅件主接触器；3—主件缓冲电阻；4—主回路熔丝；5—充电熔丝；6—主接触器；7—电除霜熔丝；8—辅件缓冲二极管板；9—主回路缓冲二极管板；10—DCDC熔丝；11—EPS熔丝；12—ACM熔丝；13—充电接触器；14—电空调熔丝；15—电空调接触器；16—EPS控制板；17—ACM控制板；18—TM驱动板；19—TM控制板

 复习思考题

1. 简述我国新能源汽车的发展现状。
2. 动力电池系统应具备哪些功能？
3. 驱动电机有哪些基本性能参数？
4. 请简述常见的几种驱动电机的类型。
5. 请简述电机控制器的基本组成。

模块 2
混合动力汽车

知识目标

1. 掌握混合动力汽车的定义和分类；
2. 了解混合动力汽车的优缺点；
3. 熟悉混合动力汽车的能量管理方式；
4. 熟悉混合动力汽车的关键技术；
5. 掌握典型混合动力汽车的结构及工作过程。

能力目标

1. 能够识别混合动力汽车的主要总成；
2. 能解释混合动力汽车的关键技术；
3. 能够绘制混合动力汽车的动力传递路线；
4. 能够通过收集资料对比出各种类型混合动力汽车的结构特点。

职业素养

培养自主学习能力以及分析问题、解决问题能力，具备团队协作、爱岗敬业的精神，形成良好的职业素养。

2.1 认识混合动力汽车

混合动力汽车介绍

> 一位客户想要购买一台混合动力汽车,但对混合动力汽车缺乏了解,作为4S店的一名销售顾问,你需要为客户介绍混合动力汽车的相关情况,包括混合动力汽车的类别、优缺点及结构特点。

2.1.1 混合动力汽车的定义

电能作为汽车的动力之源,能实现高能效比及零排放,是一种相当理想的能源。但由于目前电池及电机技术的限制,使得纯电动车在续驶里程上比不上传统的燃料汽车。再加上纯电动车充电设施暂未完善,使得纯电动车暂不能普及。汽车生产商为此推出了混合动力汽车。混合动力汽车一方面排放较低,而另一方面在续驶里程上和传统汽车无异。

2.1.1.1 混合动力汽车的定义

2003年,联合国将"混合动力车"的定义规定如下:

所谓混合动力车是"为了推动车辆的革新,至少拥有两个能量变换器和两个能量储存系统(车载状态)"的车辆。

通过在混合动力电动汽车上使用电机,使得动力系统可以按照整车的实际运行工况要求灵活调控,而发动机保持在综合性能最佳的区域内工作,从而降低油耗与排放。

目前,最常见的混合动力汽车是同时带有内燃机和电动机两种能量转换装置的车辆,俗称"油-电混合动力汽车"。这类车辆的储能装置有两个,一个是燃油箱,为汽油机或者柴油机提供能量,另一个是能够充电的储能装置,可以是蓄电池、超级电容器等。储能装置为电动机提供电能推动车辆,在必要时还可以吸收发动机多余能量和制动能量转换过来的电能。

根据国际能源组织(IEA)的有关文献,"能量与功率传送路线"具有如下特点的车辆称为混合动力车辆:

① 传送到车轮推进车辆运动的能量,至少来自两种不同的能量转换装置;
② 这些能量转换装置至少要从两种不同的能量储存装置吸取能量;
③ 从储能装置流向车轮的这些通道,至少有一条是可逆的。

如果可逆的储能装置供应的是电能时,则称作混合动力电动车。

混合动力电动汽车是介于内燃机汽车和电动汽车之间的一种车型,是内燃机汽车向纯电动汽车过渡的车型。混合动力电动汽车尽管不能实现零排放,但其动力性、经济性以及排放等性能能够在一定程度上缓解汽车发展与环境污染、能源危机的矛盾。

2.1.1.2 混合动力汽车的优缺点

(1)优点

① 与同类发动机车型相比,发动机主要工作在最佳工况点附近,燃烧充分,排放降低。

② 由于以电机作为辅助动力，使发动机能够在发挥良好效率的工况下工作，并且通过回收制动能量，提高了整车的燃料经济性。

③ 发动机和电机动力可互补，低速时可用电机驱动行驶，高速时发动机和电动机同时驱动车辆，动力性好。

④ 与纯电动汽车相比，对动力电池性能的要求较低。

（2）缺点

① 由于混合动力电动汽车仍需要燃烧汽油，因此无法从根本上摆脱对石油的依赖和彻底解决环保问题，也因此混合动力电动汽车没有太大的市场号召力。

② 混合动力车需要配置普通汽车并不需要的昂贵配件，例如动力电池组、驱动电机以及精密的电子控制模板。因此，混合动力系统的生产成本比内燃发动机系统的成本更高。

③ 受限于动力电池与能量储存等技术难题，以及充电站等基础配套设施目前未完善，混合动力电动汽车要得到大规模发展尚需要一定的时间。

2.1.2 混合动力汽车的分类

2.1.2.1 按照内燃机和电动机动力的混合度分类

（1）微混合型混合动力汽车

微混合型混合动力汽车是指以发动机为主要动力源，不具备纯电动行驶模式的混合动力汽车。具备停车/起步功能（Stop/Start）的混合动力汽车是一种典型的微混合模式。一般情况下，微混合型混合动力汽车的混合度在 10% 以下。

这种混合动力系统在传统内燃机上的启动电动机（一般为 12V）上加装了皮带驱动起动电动机（即 Belt-alternator Starter Generator，简称 BSG 系统）。该电动机为起动机/发电机一体式电动机，用来控制发动机的停止和启动，从而取消了发动机的怠速，降低了油耗和排放，如图 2-1 所示。从严格意义上来讲，这种微混合动力系统的汽车不属于真正的混合动力汽车，因为它的电动机并没有为汽车行驶提供持续的动力。

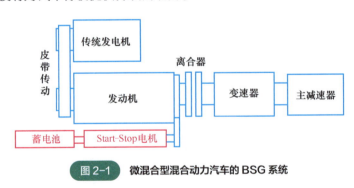

图 2-1　微混合型混合动力汽车的 BSG 系统

（2）轻度混合（弱混合）型混合动力汽车

以发动机为主要动力源，电动机作为辅助动力，该混合动力系统采用了集成起动电动机（即 Integrated Starter Generator，简称 ISG 系统）。与微混合动力系统相比，轻混合动力系统除了能够实现用发电机控制发动机的启动和停止以外，由于搭载有额外的蓄电池，系统还可以在减速和制动时，对部分能量进行回收，并且在汽车等速运行时，发动机产生的能量可以在驱动需求或发电机充电需求之间进行调节。轻度混合动力系统的混合度一般在 20% 以下。轻度混合动力汽车透视图如图 2-2 所示。

(3) 中度混合型混合动力汽车

中度混合动力系统以发动机为主要动力源，电动机作为辅助动力。中度混合动力系统采用了高压电动机，能产生更大的功率。另外，中度混合动力系统还增加了一个功能：在汽车处于加速或者高负荷工况时，电动机能够辅助驱动车轮，从而补充发动机动力输出的不足，在提高整车性能的同时，能有效地降低排放。中度混合动力系统混合程度较高，可以达到30%。中度混合动力汽车透视图如图2-3所示。

图2-2 轻度混合动力汽车透视图

(4) 重度（完全）混合型混合动力汽车

重度混合动力系统采用了更大功率的电动机，与中度混合动力系统相比，重度混合动力系统的混合度可以达到甚至超过50%。它的最大特色是电动机可以独立于发动机而驱动车辆前进，也就是纯电动模式。重度混合动力汽车透视图如图2-4所示。

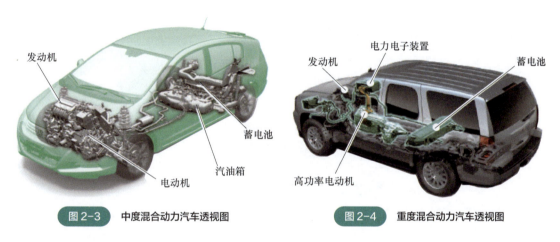

图2-3 中度混合动力汽车透视图

图2-4 重度混合动力汽车透视图

随着技术的成熟和成本的下降，重度混合动力车型将以出色的燃油经济性和环保能力而成为混合动力未来的发展方向。

2.1.2.2 按照动力系统的连接方式分类

按照动力系统的连接方式，可以将目前现有的混合动力车型分为串联式混合动力汽车、并联式混合动力汽车、混联式混合动力汽车三种形式。

(1) 串联式混合动力汽车

串联式混合动力汽车的发动机并不直接提供动力，也不能单独驱动车轮，发动机输出的动力仅用于推动发电机发电，向电池充电，提供电动机运行的电能，只靠发电机驱动车辆行驶，如图2-5所示。雪佛兰沃蓝达就是一种典型的串联式混合动力汽车。

(2) 并联式混合动力汽车

与串联形式相对应的就是并联。在并联系统中，发动机和电动机与车轮均有机械连接，都可以单独带动车轮，同时也可以协同工作，共同驱动车辆，如图2-6所示。目前，并联混动系统多用于微混与轻混车型，电动机更多地用于车辆起步和加速时动力的辅助来源。代表车型有：本田CR-Z、别克君越eAssist。

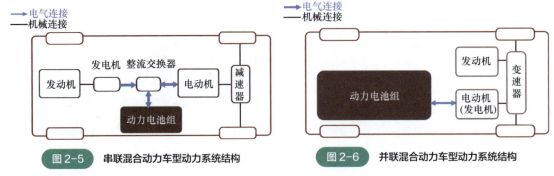

图2-5 串联混合动力车型动力系统结构　　图2-6 并联混合动力车型动力系统结构

（3）混联式混合动力汽车

混联式混合动力汽车以电动机为主要动力，发动机为辅助动力，电动机和发动机都能单独驱动汽车，也可以共同驱动车辆，如图2-7所示。由于系统中配置有独立发电机，因而系统输出的最大动力等于发动机、电动机以及充当电动机（部分情况）的发电机的输出动力之和。混联式系统结构复杂，但动力性能和燃油经济性都相当出色。代表车型有：丰田普锐斯、比亚迪秦、荣威 E550 等。

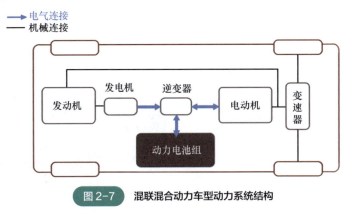

图2-7 混联混合动力车型动力系统结构

2.1.2.3 按照动力的输出方式分类

混合动力汽车按照动力的输出方式可以分为普通混合动力汽车、插电式混合动力汽车以及增程式混合动力汽车三种。

（1）普通混合动力汽车

普通混合动力汽车在正常行驶过程中，主要依靠发动机驱动。而在电量充足的条件下，车辆启动或者低速行驶时，完全依靠电机驱动，但是续驶里程极短。随着车速提高发动机开始驱动车辆行驶。当遇到坡道或者急加速时，发动机和电机共同驱动车辆行驶。

普通混合动力汽车的动力电池容量很小。因此，混合动力汽车一般通过制动时回收动能为动力电池充电，或者利用车辆在行驶时发动机的多余功率驱动发电机充电，不需要利用外部充电设备对电池充电。

（2）插电式混合动力汽车

插电式混合动力汽车本身是一种混合动力汽车，区别在于其车载的动力电池组可以利用电力网（包括家用电源插座）进行补充充电，具有较长的纯电动行驶里程，必要时仍然可以工作在混合动力模式。因此，一般与混合动力汽车相比，插电式混合动力汽车具有较大容量的动力电池组、较大功率的电机驱动系统以及较小排量的发动机。如图2-8所示为插电式混合动力汽车结构。

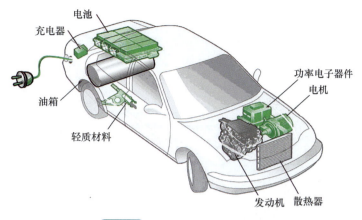

图 2-8　插电式混合动力汽车结构

插电式混合动力汽车的工作原理如下：当动力电池组通过电力网充满电后，汽车优先以纯电池组驱动模式工作；直至动力电池组电量达到纯电池组驱动模式工作的下限时，发动机启动，整车自动切入常规混合动力汽车控制模式，动力电池组在满足混合动力行驶功率需求的前提下，维持在一个较低的电量状态，直至下一次通过电力网充满电。

（3）增程式混合动力汽车

增程式混合动力汽车就是用发动机进行发电，电动机进行驱动的车辆，其本身是一种串联式混合动力汽车。增程式混合动力汽车设计理念是在纯电动汽车动力传动系的基础上，增加一个增程器（通常为小功率的发动机-发电机组或燃料电池发电系统等），延长动力电池组一次充电续驶里程，满足日常行驶的需要。当电池组电量充足时采用纯电动模式行驶，而当电量不足时，启动车内发动机，带动发电机为动力电池充电，提供电动机运行的电力（即增程模式）。相比纯电动汽车，增程式电动汽车可以采用较小容量的动力电池组，有利于降低动力电池组的成本。相比串联混合动力汽车，增程器功率偏小，动力电池组容量配置偏高。

2.2
混合动力汽车功能结构及相关技术

 学习导入

> 某 4S 店为提升维修工的技术水平，开展了混合动力汽车技术店内培训，作为 4S 店的一名内训师，你需要为员工进行混合动力汽车技术培训。

2.2.1　混合动力汽车功能结构

2.2.1.1　混合动力汽车基本结构与工作原理

（1）混合动力汽车动力系统的基本结构

混合动力电动汽车是集整车技术、电力拖动、新能源及新材料等高新技术于一体的高新集

混合动力电动汽车的功能结构

成产物。为实现其高效能、低排放目标，行业内混合动力电动汽车技术发展集中于发动机、动力电池与能量管理、电机及其驱动控制、整车技术等方面。混合动力汽车的动力系统主要由发动机、驱动电机、发电机、电池组、控制器、驱动桥等组成，如图2-9所示。

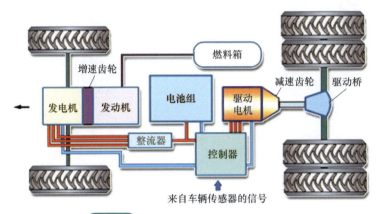

图2-9　混合动力汽车动力系统的基本结构

（2）混合动力汽车的基本工作原理

混合动力汽车的基本工作原理如图2-10所示。

图2-10　混合动力汽车的基本工作原理

① 停车时，自动怠速停止。怠速时，发动机自动停止工作，消除油耗与尾气排放。怠速结束，松开制动踏板，电机工作，同时根据工作状态启动发动机。

② 开始加速时，发动机工作，电机提供辅助动力。低转速时，依靠可变气门正时及升程电子控制系统，电机辅助发动机运转，提供强劲的加速动力。

③ 缓加速时，仅发动机工作。缓慢加速时通过低转速时的可变气门正时及升程电子控制系统，仅靠发动机提供动力。

④ 低速巡航，仅电机工作。低速巡航时以约40km/h的速度行驶时，发动机4个气缸的气门关闭，停止工作，仅由电机驱动行驶。

⑤ 加速行驶时，发动机工作并且提供辅助动力。由电机通过低转速时用的可变气门正时及升程电子控制系统辅助发动机运转，提供强劲的加速动力。

⑥ 急加速时，发动机工作并且电机提供辅助动力。发动机的转速提高后，发动机切换到高转速使用的可变气门正时及升程电子控制系统，产生高功率。加上电机的辅助系统，提供更为强劲的加速动力。

⑦ 高速巡航时，仅发动机工作。高速巡航时用可变气门正时及升程电子控制系统辅助发动机运行。

⑧ 减速时，能量回收。减速行驶时，发动机的4个气缸全部停止工作。电机最大限度地利

用减速能量给电池充电,实现能量回收,在电机辅助时进行再利用。

2.2.1.2 串联式混合动力汽车的功能结构

(1)串联式混合动力汽车的结构

串联式混合动力电驱动系统的概念来源于电动汽车驱动系统的发展。与传统的内燃机车辆相比,电动汽车具有零污染的移动性排放物、多能源和高效率的特点。串联式混合动力汽车是由发电机、发动机、功率转换器、蓄电池、电动机、传动装置等组成。如果蓄电池组可以外插电网充电,则属于插电式串联混合动力电动汽车。发动机和发电机之间是机械连接的,牵引电机与机械传动装置(主减速器、差速器)之间也是机械连接的,燃油箱与发动机之间是管路连接,其余部分是电缆连接。如图 2-11 所示为串联式混合动力电动汽车的功能结构图。

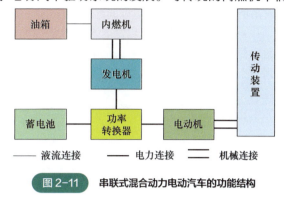

图 2-11 串联式混合动力电动汽车的功能结构

从燃油箱、发动机、发电机、整流器流出的能量是单向的,可以经电动机控制器、牵引电动机直到机械传动装置,提供车辆行驶所需要的能量,也可以经过 DC/DC 转换器到达蓄电池组,提供维持蓄电池组 SOC 的能量。从蓄电池组、DC/DC 转换器、电动机控制器、牵引电动机直到机械传动装置,能量流动可以是双向的。根据路况及控制策略,牵引电动机被控制为电动机或发电机,在驱动时,作为电动机使用,提供整车行驶所需要的动力;在制动减速时,作为发电机使用,将整车动能的一部分转化为电能,经 DC/DC 转换器给蓄电池充电,这样,就实现了能量的双向流动。

(2)串联式混合动力汽车的工作过程

混合动力电动汽车驱动系统的控制本质上有别于纯电动汽车驱动系统。

在以低负荷行驶时,串联式混合动力电动汽车一般采用纯电驱动模式。此时,电池电量为充满状态,车辆行驶能量均来自电池,其电力驱动系统能量传递方式及方向如图 2-12 所示。电池提供电能给电动机,电动机将电能转换为机械能提供给车轮使车辆行驶,此时,发动机、发电机均不工作,相当于一辆纯电动车辆。纯电驱动模式主要用于对排放要求较高的市区道路环境。

在以高负荷行驶时(如超车或者满载爬坡时),串联式混合动力电动汽车则采用混合驱动模式,电能来自发动机-发电机组和蓄电池组。其电力驱动系统能量传递方式及方向如图 2-13 所示。发动机启动后持续工作在高效率区,通过发电机给电池发电,而驱动电机作为整

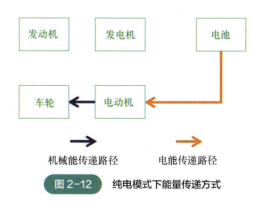

图 2-12 纯电模式下能量传递方式

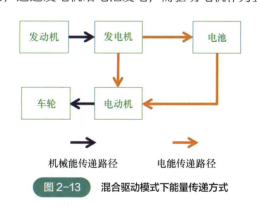

图 2-13 混合驱动模式下能量传递方式

车的动力源驱动整车运行。

在正常行驶时，串联式混合动力电动汽车一般采用发动机驱动和蓄电池充电模式运行。此时，发动机可以始终工作在效率高、排放较低的单一工况，并带动发电机发电。在电动机控制器的调节下，发电机发出的电能主要用于电动机，再通过机械传动装置驱动汽车行驶。当发电机发出的电能有多余时，可以同时向蓄电池组充电。

由此可见，串联混合动力技术，需要将机械能转化为电能，然后再将电能转化为机械能，因为需要两次能量转换，所以整体的效率会比较低，同时需要驱动电机用来代替传统的发动机达到牵引的目的，所以电池容量以及发电机和驱动电机的功率都不能太小，因而串联模式大多数应用在大型车中。

2.2.1.3 并联式混合动力汽车的功能结构

（1）并联式混合动力汽车的结构

并联式混合动力有内燃机和电机两套驱动系统。它们可分开工作，也可一起协调工作，共同驱动。如图2-14所示为并联式混合动力电动汽车的功能结构图。并联式混合动力汽车可以在比较复杂的工况下使用，应用范围比较广。并联式结构由于电机的数量种类、传动系统的类型、部件的数量（如离合器的数量）和位置关系（如电机与离合器的位置关系）的差别，具有明显的多样性。结构上可分为两种形式，即双轴式和单轴式。

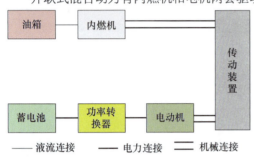

图2-14 并联式混合动力电动汽车的功能结构

（2）并联式混合动力汽车的工作过程

并联式混合动力汽车在实际的道路上运行十分复杂，主要包括：起步、加速、巡航、减速、制动、上坡、下坡、倒车、停车等。并联式混合动力汽车由于发动机和电机的高效工作区域并不相同，为了发挥并联式混合动力系统的优势，汽车应根据不同运行工况，采取与之相适应的工作模式，以提高车辆整体动力性、经济性及排放性。在并联式混合动力汽车动力系统中，根据不同的工况要求和能量分配方案可将并联式混合动力汽车工作模式分为六种基本模式：纯电动模式、纯发动机模式、混合驱动模式、行车充电模式、再生制动模式和怠速/停车模式。

① 纯电动模式　当并联式混合动力汽车处于低速、轻载等工况且电池的SOC较高时，若以发动机作为驱动动力源，则发动机不仅燃油效率较低，并且排放性能很差。因此，在这种情况下，发动机停止工作，由电池提供能量驱动电机带动整车运动，如图2-15所示。但当电池的

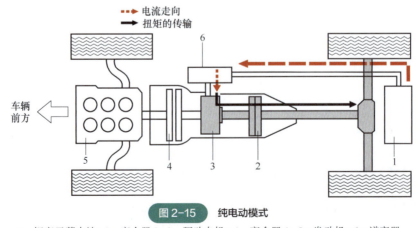

图2-15 纯电动模式

1—锂离子蓄电池；2—离合器2；3—驱动电机；4—离合器1；5—发动机；6—逆变器

SOC较低时,为了延长电池寿命,应当切换到行车充电模式。

② 纯发动机模式　在车辆中高速行驶且中等负荷时,车辆克服行车阻力所需的动力并不是很大且电池的SOC并不是很低。在这种情况下主要由发动机提供动力,如图2-16所示。此时,发动机可工作于较高的效率区域且排放性也较好。

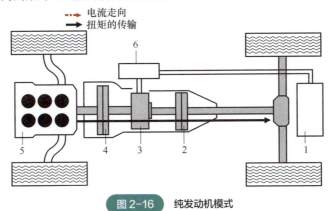

图2-16　纯发动机模式

1—锂离子蓄电池;2—离合器2;3—驱动电机;4—离合器1;5—发动机;6—逆变器

③ 混合驱动模式　在急加速或爬坡等大负荷情况下,当车辆所需的动力超过发动机工作能力或不在发动机高效区时,这时驱动电机以电动机的形式工作对发动机进行助力,如图2-17所示。若此时电池的SOC值比较低,为了保护电池,只能由发动机单独驱动。

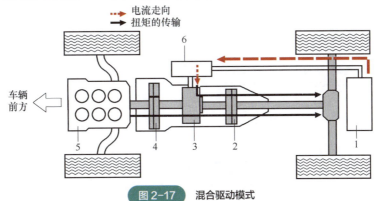

图2-17　混合驱动模式

1—锂离子蓄电池;2—离合器2;3—驱动电机;4—离合器1;5—发动机;6—逆变器

④ 行车充电模式　在车辆正常行驶等中低负荷时,若这时电池的SOC较低,发动机除了要提供驱动车辆所需的动力外,还要提供额外的功率对电池充电,如图2-18所示。

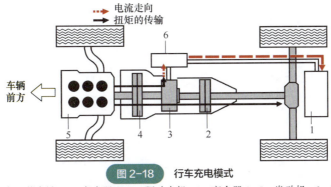

图2-18　行车充电模式

1—锂离子蓄电池;2—离合器2;3—驱动电机;4—离合器1;5—发动机;6—逆变器

⑤ 再生制动模式　当并联式混合动力汽车减速/制动时，电机在保证制动安全的前提下尽可能多地回收再生制动能量，剩余的能量由机械制动系统消耗掉，如图2-19所示。

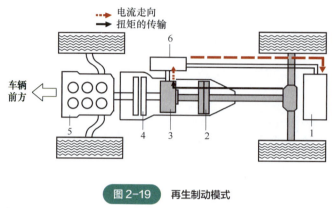

图 2-19　再生制动模式

1—锂离子蓄电池；2—离合器2；3—驱动电机；4—离合器1；5—发动机；6—逆变器

⑥ 怠速/停车模式　在怠速/停车模式中，并联式混合动力通常关闭发动机和电机，但如果这时电池SOC较低，需要开启发动机和电机，控制发动机带动电机为电池充电，如图2-20所示。

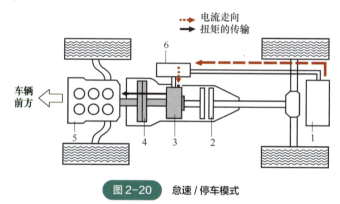

图 2-20　怠速/停车模式

1—锂离子蓄电池；2—离合器2；3—驱动电机；4—离合器1；5—发动机；6—逆变器

2.2.1.4　混联式混合动力汽车的功能结构

混联式混合动力电动汽车为转矩与转速耦合复合型的动力系统，它具有优于串联式和并联式（单一转矩或转速耦合）混合动力驱动系统的优点。

混联式混合动力系统的特点在于内燃机系统和电机驱动系统各有一套机械变速机构，两套机构或通过齿轮系，或采用行星轮式的结构结合在一起，从而综合调节内燃机与电动机之间的转速关系。

与并联式混合动力系统相比，混联式混合动力系统可以更加灵活地根据工况来调节内燃机的功率输出和电机的运转。唯一的缺点就是价格高，结构复杂。

（1）混联式混合动力汽车的结构

混联式混合动力汽车综合了串联式和并联式结构特点，由发动机、电动机或发动机和驱动电机三大动力总成组成。如图2-21所示为并联式混合动力电动汽车的功能结构图。根据行驶条件的不同，可以仅靠电动机驱动力来行驶，或者利用发动机和电动机驱动行驶。另外还安装有发电机，所以可以一边行驶，一边给 HV 蓄电池充电。基本结构由电动机、发动机、HV 蓄电池、发电机、动力分离装置、电子控制单元（变压器、转换器）组成。利用动力分离装置将发动机的动力分成两份，一部分用来直接驱动车轮，另一部分用来发电，给电动机供应电力和 HV 蓄电池充电。

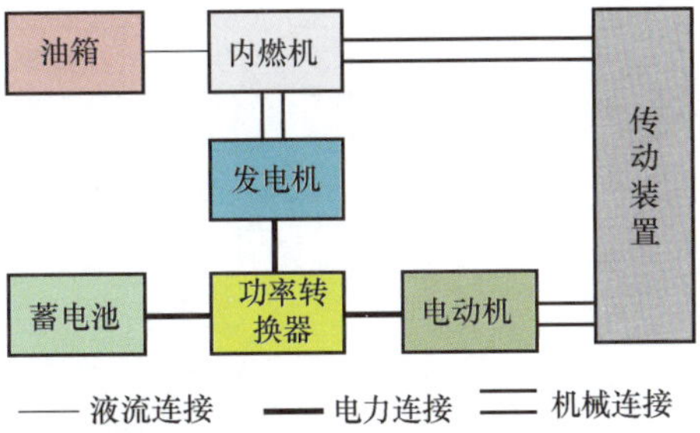

图 2-21　并联式混合动力电动汽车的功能结构

（2）混联式混合动力汽车的工作过程

以丰田普锐斯为例，介绍混联式混合动力汽车的工作原理。丰田普锐斯的 THS-Ⅱ系统的核心部件包括：发动机、发电机（MG1）、电动机（MG2）、蓄电池、变频器、行星齿轮组等。其工作原理如下：

① 发动机启动时，电流流进 MG2 通过电磁力固定行星齿轮的齿圈，MG1 作为起动机转动太阳轮，太阳轮带动行星架转动，与行星架连接的发动机曲轴转动，发动机启动，如图 2-22 所示。

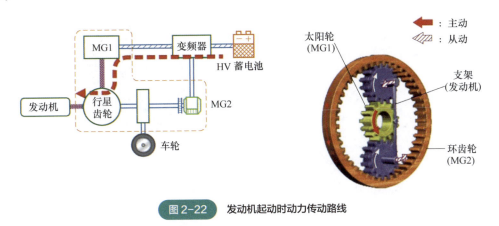

图 2-22　发动机起动时动力传动路线

② 怠速时，电流流进 MG2 固定行星齿轮的齿圈，发动机带动行星架转动，行星架带动太阳轮转动，与太阳轮连接的 MG1 发电给电池充电，如图 2-23 所示。

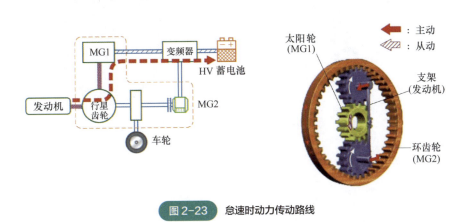

图 2-23　怠速时动力传动路线

③ 车辆起步时，发动机停转，行星架被固定。MG2 驱动行星齿轮齿圈，推动车辆前进。此时，MG1 处于空转状态，如图 2-24 所示。

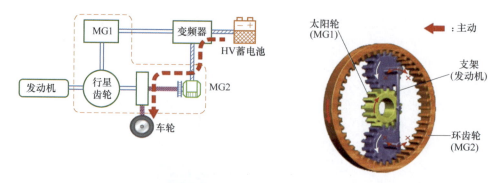

图 2-24　车辆起步时动力传动路线

④ 车辆起步时，如需要更多动力（驾驶员深踩油门或检测到负载过大），MG1 转动启动发动机，如图 2-25 所示。

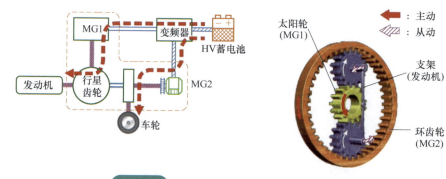

图 2-25　车辆起步需要更多动力时动力传动路线

⑤ 车辆起步时，发动机驱动 MG1 发电并供给推动 MG2 运转的电能，如图 2-26 所示。

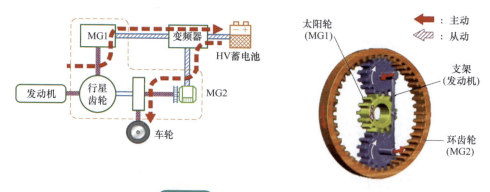

图 2-26　串联混合时动力传动路线

⑥ 在轻负荷下加速时，发动机驱动 MG1 发电并供给推动 MG2 运转的电能，MG2 提供附加的驱动力用以补充发动机动力，如图 2-27 所示。

⑦ 在重负载下加速时，发动机驱动 MG1 发电并供给推动 MG2 运转的电能。MG2 提供附加的驱动力用以补充发动机动力。电池会根据加速程度给 MG2 提供电流，如图 2-28 所示。

⑧ 降挡（D 挡）时，发动机停转，MG1 空转，MG2 被车轮驱动发电给电池充电，如图 2-29 所示。

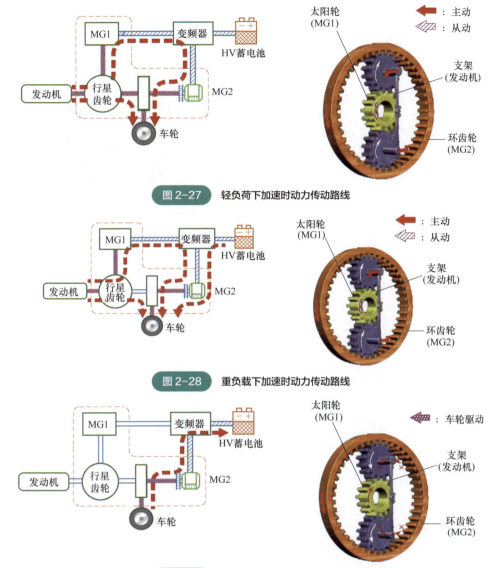

图 2-27　轻负荷下加速时动力传动路线

图 2-28　重负载下加速时动力传动路线

图 2-29　降挡（D 挡）时动力传动路线

⑨ 减速（B 挡）时，MG2 产生的电能供给 MG1，MG1 驱动发动机。此时发动机断油空转。MG1 输出的动力成为发动机制动力，如图 2-30 所示。

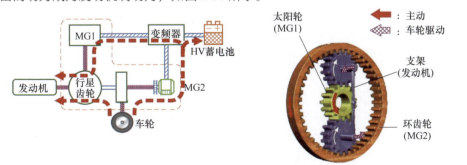

图 2-30　减速（B 挡）时动力传动路线

⑩ 倒车时，只使用 MG2 作为倒车动力，如图 2-31 所示。

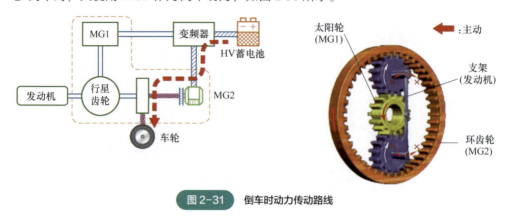

图 2-31　倒车时动力传动路线

2.2.2　混合动力汽车能量管理

（1）混合动力汽车能量管理概述

能量管理是混合动力电动汽车的核心，其功能在于，当满足汽车基本技术性能（动力性、平顺性等）、成本等要求的前提下，根据各部件特性及汽车的行驶工况，实现能量在能源转换装置（发动机、电动机、储能装置、功率变换装置、动力传递装置、发电机等）之间的最佳线路流动，使整车的能源利用率达到最优，提高整车的燃油经济性。

混合动力电动汽车的能量转换装置包括发电装置（发动机/发电机）、动力电池、功率变换装置、动力传递装置、充放电装置等。

能量传统路线通常有四类：由发电装置到车轮；由动力电池到车轮；由发电装置到能量储存装置，再到车轮；由车轮到能量储存装置（能量回收）。

（2）混合动力电动汽车的运行模式

从能源消耗与排放的角度，混合动力电动汽车须满足以下要求：

① 车辆应根据行驶工况对能量的需要，合理分配发动机与动力电池的能量，达到最佳的燃料消耗与排放效果；

② 在复杂行驶工况下，尽可能减少发动机工作转速的变化、关闭与启动的次数，尽量避免发动机在低于一定转速和负荷时运行；

③ 从动力电池的使用寿命的角度，混合动力电动汽车还须保证动力电池的 SOC 与电压在安全范围内。

根据动力电池与发动机在运行过程中能量供应的主次，混合动力电动汽车主要有两种运行模式：

第一种主要利用动力电池的电能驱动车辆。仅当电池 SOC 低于最小限值时，发动机才运行，且保证发动机在最高效率区以输出恒定功率的方式工作，当动力电池 SOC 升至最大限值时，发动机停机。这种模式下，发动机的启闭出现在车辆的行驶过程中，较为频繁时，影响发动机的工作效率。

第二种模式下，发动机在行驶过程中起到主要作用，发动机带动发电机工作并尽可能供应车辆行驶所需的电能，同时保持动力电池 SOC 处于规定范围内。动力电池起负荷调节的作用，仅在制动能量回收、启动、加速条件下发挥作用。这种模式下，电池的充放电量较小，能量损失最小。但发动机不能在最佳转速和负荷下工作，排放差，效率也较低。

（3）混合动力电动汽车的能量控制策略

根据不同结构形式的混合动力电动汽车特点，其能量管理的侧重有所不同：

① 串联式混合动力电动汽车能量管理控制策略　发动机要经由电动机才能将动力传递给车轮，整车的控制策略目标是使发动机在最佳效率区和排放区工作。

② 并联式混合动力电动汽车能量管理控制策略　实际是在一定约束条件下的燃油与排放的最优控制值。

③ 混联式混合动力电动汽车能量管理控制策略　低速行驶时，驱动系统采用串联式混合动力电动汽车能量控制策略。高速行驶时，驱动系统采用并联式混合动力电动汽车能量控制策略。由于混联式混合动力电动汽车能量控制综合了串联式与并联式的特点，因此这也成了目前应用成功的混合动力电动汽车采用较多的结构类型。

此法能较好地实现汽车各项性能指标，使发动机不受汽车行驶状况的影响，保持在最高效率状态下工作或自动关闭，从而有效降低排放。但是这些能量控制策略技术复杂，配套的硬件设计与制造成本也较高。

2.2.3 混合动力汽车关键技术

混合动力电动汽车是集整车技术、电力拖动、新能源及新材料等高新技术于一体的高新集成产物。为实现其高效能、低排放目标，行业内混合动力电动汽车技术发展集中于发动机、动力电池与能量管理、电机及其驱动控制、整车控制技术等方面。

（1）发动机

发动机是现今应用于汽车最主要的动力装置。在混合动力电动汽车中，内燃机也将是主要动力源。由于混合动力电动汽车发动机需要频繁启动或关闭，为满足严格的排放标准，混合动力车用发动机设计目标从传统发动机追求的高功率转向了高效率，将功率的调峰任务交由驱动电机完成。

混合动力汽车的主要组件

目前采用发动机的混合动力系统基本上都对其发动机进行了重新设计或重大改进。例如丰田 Prius 的汽油机采用高效率、高膨胀比阿特金森工作循环、紧凑型倾斜式挤气燃烧室以及铝合金缸体，并结合了可变气门正时技术。

另外，混合动力电动汽车还可以选用燃气轮机、斯特林发动机或燃气发动机等其他热机，利用它们各自的优势，可以构成不同特点的混合动力系统。

（2）动力电池与能量管理

动力电池是混合动力电动汽车的电能供应和存储装置，其性能的优劣直接影响到驱动电机的性能，从而影响车辆的燃油经济性和排放。混合动力电动汽车使用的电池工作负荷大，对功率密度要求较高，但体积和容量小，而且电池的 SOC 工作区间较窄，对充放电循环寿命要求高。混合动力电动汽车的专用动力电池的好坏是直接决定混合动力电动汽车能否大量推广使用的重要因素之一。如何全面、准确地对动力电池进行管理，是决定动力电池能否发挥最佳效能的重要因素。

目前，镍氢电池和锂离子电池已经可以达到混合动力电动汽车的使用要求，但仍有价格高或寿命不长等缺陷。

电池能量管理是整车能量管理系统的一部分。整车能量管理策略的实施要依赖电池管理系统对电池状态的判别和对电池性能的维护。电池管理系统的主要功能有防止电池过充电或过放电，判定荷电状态，选择适当的充电或放电模式对电池进行均衡充电控制，平衡电池组的工作温度。

从发展看，能量储存装置的研究应该包括以下几个方面：一是研究电池内部的连接、检测、监控。二是电池设计和制造方面的改进，降低制造成本，改善电池的性能和提高寿命。三是电池的热能管理及剩余电量管理。此外，电池的剩余电量直接影响混合动力电动汽车的经济性和排放，因此需要有效的测试方法和控制装置。

（3）电机及其控制技术

电机是电动汽车的核心部件之一，对于混合动力电动汽车而言，电机与发动机同等重要。混合动力电动汽车对驱动电动机的要求是能量密度高、体积小、质量轻、效率高。从发展趋势来看，电机驱动系统的研发主要集中在交流感应电动机和永磁同步电动机上，对于高速、匀速行驶工况，采用感应电动机驱动较为合适；而对于经常启动、停车、低速运行的城市工况，永磁同步电动机驱动效率较高。

驱动电机的控制技术包括大功率电子器件、转换器、微处理器及电动机控制算法等。高性能的电力电子器件仍在研发阶段，并且向微电子技术与电力电子技术集成的第4代功率集成电路方向发展。转换器技术随着功率器件的发展而发展，可分为DC/DC直流斩波器和DC/AC逆变器，分别用于直流和交流电动机。电动机控制微处理器主要有单片机和DSP芯片，目前电动机控制专用DSP芯片已被广泛采用，将微处理器与功率器件集成到一块芯片上（即PTC芯片）是当前的研究热点之一。在常规电机驱动领域常见的控制方法有矢量控制、变压变频控制、模型参考自适应控制、直接转矩控制、自调整控制等。这些控制方法也已被用到电动汽车的驱动控制中，但电动汽车控制有自身特点，要求在恒转矩、恒功率区都保持效率高、调速范围大、动态响应快等性能。在各种类型的电机之中，感应电动机和永磁同步电动机的矢量控制比较适合在电动车上应用。

目前，混合动力电动汽车使用的电机主要有直流永磁电机、永磁无刷同步电机、交流异步电机、开关磁阻电机等。

（4）整车控制技术

传统汽车的动力学控制系统与混合动力系统控制及制动能量回收控制的结合，已成为混合动力电动汽车控制技术研究热点之一。混合动力电动汽车再生制动系统与传统汽车的ABS的结合，在国外这方面技术已经逐步成熟。另外，随着混合动力电动汽车研究的深入，传统汽车的控制技术与现代电动汽车控制技术相结合，在混合动力汽车上普遍地采用以计算机为核心的现代计算机技术和自动控制技术，各种智能控制系统包括自适应控制技术、模糊控制技术、专家控制系统和神经网络控制系统等。这些整车控制技术使混合动力电动汽车更加安全、节能、环保和舒适。

2.3 典型混合动力汽车介绍

一位客户想要购买一台混合动力汽车，但对市场上的混合动力汽车品牌缺乏了解，作为4S店的一名销售顾问，你需要为客户介绍品牌混合动力汽车的相关情况，帮助客户对各品牌混合动力汽车进行对比分析。

2.3.1 国外典型混合动力汽车介绍

2.3.1.1 雪佛兰 Volt 混合动力汽车

(1) 雪佛兰 Volt 基本介绍

雪佛兰 Volt 是一款典型的串联插电式混合动力电动汽车,通用汽车称为增程式电动车,如图 2-32 所示。2007 年 1 月,在底特律举办的北美国际汽车展上,雪佛兰 Volt 概念车揭开面纱。2010 年年底 Volt 在美国批量生产并上市,2011 年正式进入中国市场。

Volt 的电驱动系统可产生 110kW 功率、370N·m 输出扭矩,最高车速 161km/h,纯电动模式下续驶里程可达 63km。当行驶里程小于 63km 时,它可只依靠锂离子电池所储备的电力来驱动,从某种意义上已属于纯电动车范畴。当电池的电力耗尽时,Volt 则可以通过一个车载的发电机发电来为车辆提供动力,继续行驶数百公里。

(2) 雪佛兰 Volt 系统构成

其混合动力系统是通用汽车的 E-Flex 插座充电式混合动力驱动系统,如图 2-33 所示。整个 Volt 混合动力系统包括发动机、动力分配系统、高容量锂电池以及动力控制单元(PCU)。

图 2-32　雪佛兰 Volt 混合动力汽车外观　　　图 2-33　雪佛兰 Volt 混合动力系统

① 发动机　Volt 采用 1.4L 小排量高效发动机,可采用汽油或 E85 乙醇燃料,如图 2-34 所示。

② 动力分配系统　Volt 动力分配系统由 2 台电动机总成、离合器、行星齿轮机构、传动小齿轮总成和差速器总成等组成。2 台电动机最大功率分别为 111kW 和 55kW,其中功率较大的电动机主要用于驱动车辆,而功率较小的电动机主要用于发电,如图 2-35 所示。

图 2-34　Volt 发动机　　　图 2-35　Volt 动力分配系统

③ 锂电池　Volt 上采用的是容量为 16kW·h 的 360V 锂电池组，电池组成 T 形布置，隐藏于后排座椅下及车身中部，如图 2-36 所示。

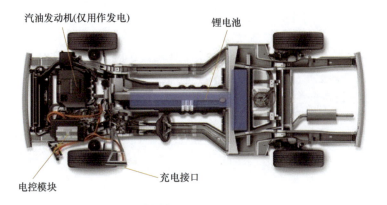

图 2-36　Volt 锂电池布置

④ 动力控制单元（PCU）　动力控制单元（PCU）控制高压电池组与电机之间的电能传输，将高压直流电转变为三相交流电，为变速器内的三相交流电机提供电能。在再生制动及增程模式下，将交流电转变为直流电，如图 2-37 所示。

2.3.1.2　本田思域混合动力汽车

（1）本田思域基本介绍

2001 年 12 月，本田将混合动力技术加载到其主力车型思域上，推出新思域 Hybrid，并先后在日本、美国市场销售，如图 2-38 所示。

图 2-37　电力控制单元（PCU）

图 2-38　本田思域混合动力汽车外观

本田思域 Hybrid 采用了本田第二代混合动力系统，1.3L 排量 i-VTEC 主动力发动机根据智能化控制的 VTEC（可变气门正时及升程电子控制系统），通过低转速、高转速、气缸停止的三个阶段对阀门进行控制。辅助动力的电机安装了小型化高效率的本田 IMA（综合电机辅助系统）。该发动机的最大输出功率 71.5kW，最大输出扭矩 170N·m，升功率为 55kW，加上电动机的 15kW 功率，整套动力系统可达到 1.8L 汽油发动机的动力输出和扭矩输出。

本田思域 Hybrid 采用圆筒形镍氢充电电池，电压可达到 158V，确保输出功率 16kW，从而驱动功率为 15kW 的电动机。混合动力思域将电动机同曲轴固定在一起，安装在汽油发动机和 CVT 无级变速箱之间。

（2）本田思域系统构成

本田 IMA 系统是非常典型的并联式混合动力系统，至今已发展到第六代并应用在本田的 CR-Z、思域等车型上。

IMA 系统由 4 个主要部件构成，其中包括：发动机、电机、CVT 变速箱以及 IPU 智能动力单元，如图 2-39 所示。电机取代了传统的飞轮用于保持曲轴的运转惯性。整套系统的结构非常紧凑，和传统汽车相比仅是 IPU 模块占用了额外的空间。

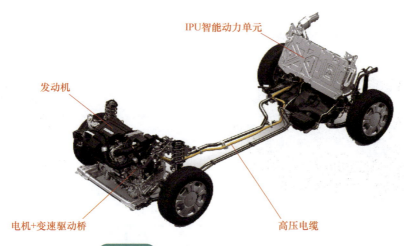

图 2-39　本田 Hybrid IMA 混合动力系统

① 发动机　IMA 系统的发动机通过搭载本田的 i-VTEC（可变气门正时及升程控制技术）、i-DSI（双火花塞顺序点火技术）以及 VCM（可变气缸技术）来实现降低油耗的目的，如图 2-40 所示。IMA 系统中的发动机和传统车型中的发动机并没有太大区别，只是在调校上更偏向于节省燃料。

② 电机及 CVT 变速箱　本田思域 IMA 系统的动力总成如图 2-41 所示。电机安装在发动机与变速箱之间，由于电机较薄且结构紧凑，业内俗称"薄片电机"。IMA 系统的电机只起到辅助的作用。而由于 IMA 系统能够在特定情况下（如低速巡航）单独驱动汽车，而被划分到中度混合动力汽车行列。

图 2-40　本田思域发动机

图 2-41　本田 IMA 系统的动力总成

IMA 系统的变速箱采用的是普通 CVT 变速箱。

③ IPU 智能动力单元　IMA 系统的 IPU 智能动力单元是由 PCU 动力控制单元和电池组成，如图 2-42 所示。其中 PCU 又包括 BCM 电池监控模块、MCM 电机控制模块以及 MDM 电机驱动模块。

2.3.1.3 丰田普锐斯混合动力汽车

（1）丰田普锐斯基本介绍

丰田普锐斯（Prius），是日本丰田汽车于1997年所推出世界上第一个大规模生产的混合动力车辆，随后在2001年销往全世界40多个国家和地区，其最大的市场是日本和北美，如图2-43所示。

图2-42　IPU智能动力单元　　　　图2-43　丰田普锐斯混合动力汽车外观

2005年12月15日正式在中国上市的普锐斯Prius，是第二代普锐斯Prius，它装备了新一代丰田混合动力系统THS-Ⅱ，这是在上一代丰田混合动力系统THS的基础上，以能够同时提高环保性能和动力性能的"Hybrid Synergy Drive（混合动力同步驾驶）"为概念开发的。THS-Ⅱ通过提升电源系统的电压使马达功率提高到原来的1.5倍，并通过控制系统的改进解决了一系列的技术难题，从而使发动机动力与马达动力的协同增效作用得到极大程度的发挥。

（2）丰田普锐斯系统构成

丰田的THS（Toyota Hybrid System）系统是典型的混联式混合动力系统，属于混联式强（全）混合动力系统。丰田普锐斯混合动力系统构成如图2-44所示。

普锐斯混合动力系统的组成

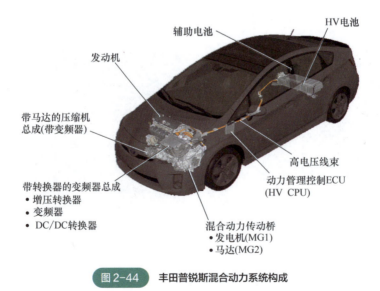

图2-44　丰田普锐斯混合动力系统构成

普锐斯混合动力系统是融合电动机和发动机优点，各取其所长的动力单元。它绝不是仅单纯地配置了电动机和发动机，而是利用最新研究成果的尖端技术，理想地将两种动力进行优化匹配的结果。

普锐斯混合动力系统在采用"混联式混合动力"的同时，还利用最尖端的技术开发并改良了驱动系统、发电系统和控制系统，具有许多以往的传动系所无法比拟的优点。

① 混联式混合动力　THS 系统组成如图 2-45 所示。

混联式混合动力利用电动机和发动机这两个动力来驱动车轮，同时电动机在行驶当中还可以发电。THS 系统动力流程如图 2-46 所示。

根据行驶条件的不同，可以仅靠电动机驱动力来行驶，或者利用发动机和电动机驱动行驶。另外还安装有发电机，所以可以一边行驶，一边给 HV 蓄电池充电。基本结构由电动机、发动机、HV 蓄电池、发电机、动力分离装置、电子控制单元（变压器、转换器）组成。利用动力分离装置将发动机的动力分成两份，一部分用来直接驱动车轮，另一部分用来发电，给电动机供应电力和 HV 蓄电池充电。

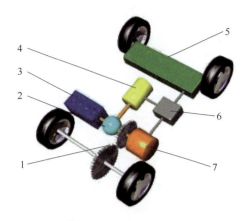

图 2-45　THS 系统组成简图

1—减速器；2—行星齿轮机构；3—发动机；4—MG1（发电机）；5—HV（混合动力汽车）蓄电池；6—变频器；7—MG2（电动机）

② 发动机　普锐斯混合动力汽车中安装的发动机采用阿特金森循环，与以往机型相比，具有低油耗、高输出的特性，如图 2-47 所示。

普锐斯阿特金森循环发动机具有以下特点：

a. 高膨胀比循环。进气门的关闭时间被延迟，因而延迟了实际的压缩行程的开始，如图 2-48 所示。

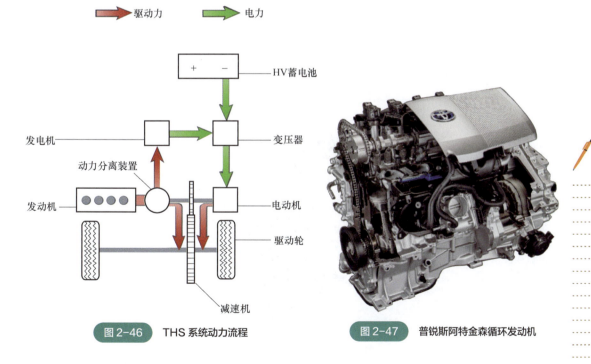

图 2-46　THS 系统动力流程

图 2-47　普锐斯阿特金森循环发动机

缩小燃烧室容积，以提高膨胀比，即等待爆发压力在充分降低后才进行排气，由此充分利用爆发能量。

b. 高旋转化。将发动机的最高转数升至 5000r/min，提高了输出功率。在减少摩擦损失的同时提高了最高转数，所以既加大了加速时的驱动力，又实现了低油耗。

c. 采用 VVT-i。采用 VVT-i，可根据行驶状况细微地调节进气阀的工作时间。可在各种旋转带进行高效燃烧，为提高输出功率，降低油耗做出贡献。

③ HV 蓄电池　安装在普锐斯混合动力系统上的高输出 HV 电池具有高输入输出密度和重量轻、寿命长等特点，如图 2-49 所示。无需利用外界电源进行充电，也无需定期交换。全新设计了以往的电极材料及单电池之间的连接结构，减少了 HV 蓄电池的内部电阻，因此安装在普锐斯上的电池单元实现了约 540W/kg 的输入输出密度。

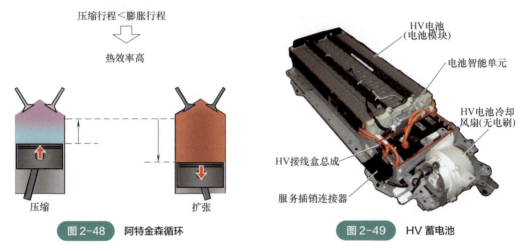

图 2-48　阿特金森循环　　　　图 2-49　HV 蓄电池

另外，还使用车辆加速时的放电、减速时的再生制动器以及用发动机行驶时产生的剩余能量来进行充电，从而累积充电放电电流，使充电状态保持稳定。不会出现放电过多或多余充电等现象，使用寿命长。

④ 混合动力驱动桥　普锐斯混合动力系统为了产生动力和进行发电，在混合动力驱动桥内安装了电动机、发电机、行星齿轮机构、减速齿轮等，如图 2-50 所示。

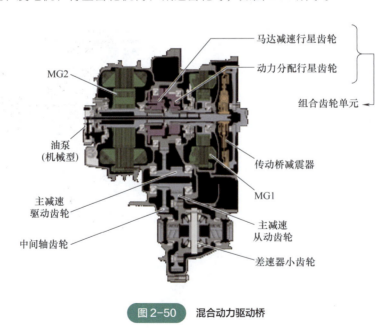

图 2-50　混合动力驱动桥

普锐斯混合动力系统的电动机中采用了交流同步原动机。该装置一直到高旋转带都可高效地产生高扭矩，同时可任意控制转数和产生的扭矩。

另外它还拥有小型、轻量、高效等特点，具有优秀的动力性能，可进行顺畅的启动、加速等各种操作。

⑤ 变频器总成　丰田普锐斯混合动力汽车搭载了由逆变器、可变电压系统、DC/DC 转换器组成的变频器总成，如图 2-51 所示。

图 2-51　普锐斯变频器总成

这一装置变换直流与交流，对电源电压进行恰当的调整。变频器不仅由于高输出功率电动机发挥了最高的性能，而且还提高了车辆整体的效率。

（3）丰田普锐斯技术特点

低油耗、低尾气排放、良好的加速、运行安静的传动系统。

丰田普锐斯混合动力系统是综合了电动机和发动机两大动力优点的动力系统。它满足了现代汽车对低油耗、低尾气排放量的要求，加速良好，运行安静。

① 低油耗　丰田普锐斯混合动力系统可分别使用电动机和发动机来行驶，油耗与低一等级排量/车体尺寸的车辆相当，功率却与高一等级车辆相当。

为了实现最高水准的低油耗，丰田普锐斯混合动力系统分别发挥电动机和发动机各自的特长来行驶，其工作过程如图 2-52 所示。

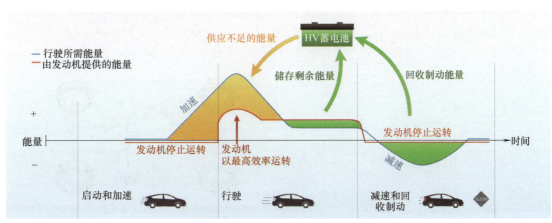

图 2-52　普锐斯混合动力系统工作过程

a. 启动时。当汽车启动时，普锐斯混合动力系统仅使用由 HV 蓄电池提供能量的电动机的动力启动，这时发动机并不运转。因为发动机不能在低旋转带输出大扭矩，而电动机可以灵敏、顺畅、高效地进行启动。点火启动时，发动机将进行运转，直至充分预热。启动时的动力传动路线如图 2-53 所示。

图 2-53　启动时的动力传动路线

b. 低速 - 中速行驶时。对于发动机而言，在低速 - 中速带的效率并不理想，而另一面，电动机在低速 - 中速带性能优越。因此，在用低速 - 中速行驶时，油电混合动力系统使用 HV 蓄电池的电力，驱动电动机行驶。HV 蓄电池的电量少时，利用发动机来带动发电机发电，为电动机提供动力。低速 - 中速行驶时的动力传动路线如图 2-54 所示。

图 2-54　低速 - 中速行驶时的动力传动路线

c. 一般行驶时。普锐斯混合动力系统采用发动机，使它在能产生最高效功率的速度带驱动。由发动机产生的动力直接驱动车轮，依照驾驶状况部分动力被分配给发电机。由发电机产生的动力用来驱动电动机和辅助发动机。利用发动机和电动机这一双重传动系统，发动机产生的动力以最小消耗被传向地面。HV 蓄电池的电量少时，发动机输出功率会被提高以加大发电量，来给 HV 蓄电池充电。一般行驶时的动力传动路线如图 2-55 所示。

图 2-55　一般行驶时的动力传动路线

d. 剩余能量用于 HV 蓄电池充电。因为普锐斯混合动力系统在高速运转时是采用发动机来驱动，而发动机有时会产生多余的能量。这时多余的能量由发电机转换成电力，用于储存在 HV 蓄电池中。HV 蓄电池充电时的动力传动路线如图 2-56 所示。

图 2-56　HV 蓄电池充电时的动力传动路线

e. 全速行驶时。在需要强劲加速力（如爬陡坡及超车）时，HV 蓄电池也提供电力，来加大电动机的驱动力。通过发动机和电动机双动力的结合使用，普锐斯混合动力系统得以实现与高一级发动机同等水平的强劲而流畅的加速性能。全速行驶时的动力传动路线如图 2-57 所示。

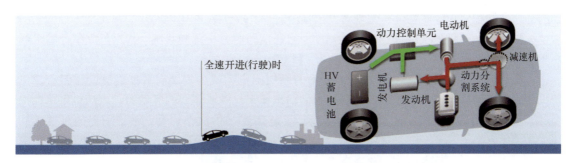

图 2-57　全速行驶时的动力传动路线

f. 减速/能量再生时。在踩制动器和松油门时，普锐斯混合动力系统使车轮的旋转力带动电动机运转，将其作为发电机使用。减速时通常作为摩擦热散失掉的能量，在此被转换成电能，回收到 HV 蓄电池中进行再利用。减速/能量再生时的动力传动路线如图 2-58 所示。

图 2-58　减速/能量再生时的动力传动路线

g. 停车时。在停车时，发动机、电动机、发电机全部自动停止运转。不会因怠速而浪费能量。当 HV 蓄电池的充电量较低时，发动机将继续运转，以给 HV 蓄电池充电。另外有时因与空调开关联动,发动机会仍保持运转。

② 低尾气排放 普锐斯混合动力系统以消减 CO_2 为目标,不仅实现了卓越的低耗油,还大幅度地减少了有害气体的排放。

汽油燃烧时必然会产生 CO_2(二氧化碳)。同时还产生 CO(一氧化碳)、NO_x(氮氧化合物)、HC(碳氢化合物)等各种其他物质。普锐斯混合动力系统在以卓越的低油耗来减少燃料消耗,控制尾气排放的同时,利用高效燃烧来抑制其他物质的产生,同时还安装各种尾气净化装置,实现了高水平的尾气净化排放。

普锐斯的 CO_2 排放量为 104g/km。其排放量仅为配备有尾气控制装置的同等级别汽油车的45%。另外还采用了三元催化剂和VVT-i,并改良了空燃比补偿装置、点火时间控制装置、燃料蒸发排放物控制装置及其他各种设备,从而有效地控制了有害气体的产生,并增强了尾气净化性能。

普锐斯的尾气排放达到了 NO_x(氮氧化合物)0.010g/km、HC(碳氢化合物)0.020g/km 的标准,与配备有尾气控制装置的同等级别汽油车相比,其尾气排放量不到汽油车的一半。

③ 良好的加速 普锐斯混合动力系统不仅实现了卓越的低油耗,同时还具有优越的驾驶性能,使人充分体验到汽车本身所具有驾驶乐趣。

普锐斯混合动力系统发挥电动机和发动机各自的特长,采用高性能的控制系统,实现了卓越的加速性能和驾驶稳定性。当驾驶者发出指令时,TOYOTA 油电混合动力系统能迅速输出所需要的驱动力。并且为了保证安全舒适驾驶,它还能随时分析驾驶状况,根据行驶条件输出最佳驱动力。

a. 驱动辅助的工作原理。普锐斯混合动力系统的电动机中安装有智能驾驶操作系统。电动机利用传感器随时掌握驾驶情况,可在瞬间输出稳定行驶所需要的驱动力。电动机可单独提供汽车启动、加速所需的足够驱动力,因此可以正确地辅助驾驶者的驾驶。

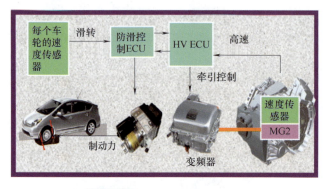

b. 电动机 TRC 控制系统。电动机 TRC 控制系统是通过控制电动机的驱动力,来防止车轮打滑的技术,如图 2-59 所示。

当高精度旋转传感器检测出轮胎即将空转或已经空转时,电动机立即向驱动轴补充能量,以恢复驱动轴的动力。

图 2-59 电动机 TRC 控制系统

c. 爬坡辅助控制。爬坡辅助控制是在爬坡时利用电动机来补充驱动力的一种油门操作技术。利用该技术,在开始爬坡以及爬坡途中出现坡度变化时,驾驶者无需进行突然的油门操作,如图 2-60 所示。

高精度的旋转传感器可检测出坡道的坡度和汽车的总体重量及其他信息,以便根据行驶情况来修正驱动力输出。

d. 坡道启动控制。坡道启动控制是一种通过使用电动机的驱动力来防止汽车在斜坡上停止及启动时出现倒车现象的技术。即使驾驶者将制动器松开,汽车也不会后退,使坡道启动得以顺畅实现。高精度的旋转传感器可以检测出车轮最细微的前进和后退,并根据坡度和油门开度指示电动机输出恰好所需的驱动力。

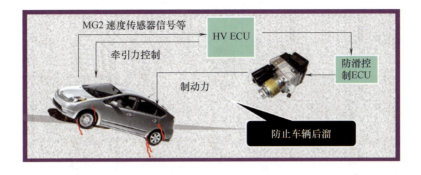

图 2-60　爬坡辅助控制

e. 强劲加速的工作原理。电动机可从低旋转带开始产生大扭矩，而发动机则在高旋转带具有良好的输出功率。普锐斯混合动力系统通过最佳控制两种动力资源，使得无论是在低速还是高速时都能实现灵敏、顺畅、平稳的加速感觉。

此外，普锐斯混合动力系统还辅助电动机和发动机的高驱动力输出，可提供相当于上一级别排量的启动、超车加速性能。

f. 扭矩分配系统控制。扭矩分配系统控制是一种可进行无级变速、不浪费能量的技术。普锐斯混合动力系统可将发动机、发电机和电动机的转速及扭矩的分配通过电子方式进行无级控制。该系统根据行驶条件和驾驶者的要求，将最佳驱动力传递给路面。驾驶者无需操作离合器和变速器，即可迅速、灵敏且平稳地实现加速或减速。

④ 运行安静　普锐斯混合动力系统作为利用电动机驱动力的系统，其特点之一就是实现了超群的静谧性。无论是在清晨还是深夜，都可悄然无声地行驶在住宅区，即使在声音容易回响的停车场内移动时也非常安静。

普锐斯混合动力系统使驾驶者在低速至中速段行驶时仅利用电动机的驱动力。利用电力带动的电动机是非常安静的，其行驶时的静谧性远远超过发动机。

a. EV 驱动模式。普锐斯混合动力系统在发动机工作效率欠佳的低速和中速段，仅靠电动机的驱动力来行驶。

另外，部分采用油电混合动力系统的车中还备有"EV 驾驶模式"，驾驶者可选择仅使用电动机，即在停止发动机运转的状态下行驶。

这种模式，可通过操作 EV 模式开关，使车辆只由 MG2 驱动，如图 2-61 所示。

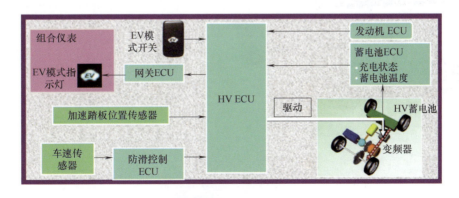

图 2-61　EV 驱动模式

EV 模式的取消条件如图 2-62 所示。

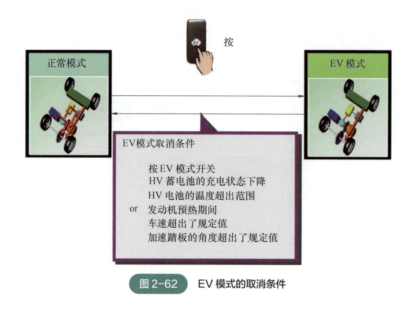

图 2-62　EV 模式的取消条件

b. 普锐斯的静谧性技术。普锐斯在"EV 驾驶模式"功能的基础上，还采用了各种技术来降低发动机噪声以及从发动机、车胎发出的透射声，以保证车内和车外超群的静谧性。

将各种消音材料配置在适当处以减少发动机的噪声。

在部分驾驶室前壁板、地板上涂抹减振材料，从而确保吸音性和遮音性。

2.3.2　国内典型混合动力汽车介绍

2.3.2.1　比亚迪秦混合动力汽车

（1）比亚迪秦基本介绍

比亚迪秦，是比亚迪公司自主研发的 DM 二代（在纯电动和混合动力两种模式间进行切换）的三厢轿车，如图 2-63 所示。

图 2-63　比亚迪秦外观

比亚迪秦在混合动力模式下 0 到百公里加速时间仅为 5.9s，最高车速可达 185km/h，百公里综合油耗仅 2L。比亚迪秦在纯电状态下可连续行驶 70km，满足日常代步需求，长途旅行电量耗完后也可用 1.5TID 动力总成单独驱动，突破了新能源车续驶不足的瓶颈。

比亚迪秦具有以下技术特点：

① 双擎双模，四种体验　所谓双擎，即比亚迪秦的动力总成采用并联模式，集高电压高转速电机以及 1.5TID 动力总成于一身。在混合动力模式下，能发出 479N·m 的总扭矩和 217kW 的总功率，最高车速超过 185km/h。

比亚迪秦搭载的驱动电机额定电压为 480V，最高转速可达 12000r/min，最大功率达到

110kW，最大扭矩 250N·m。电机效率 94% 的高效区覆盖了 2000～10000 r/min 范围，提高了电机恒功率转速的范围。

比亚迪秦搭载 1.5TID 动力总成，即 1.5TI 涡轮增压缸内直喷发动机 +DCT 双离合变速器，集涡轮增压、缸内直喷、六速手自一体 DCT 双离合自动变速器于一身，能在很宽的转速范围内输出最大扭矩，单独运行都足以满足普通中级车的动力需求。

双模即为 DM，意思是纯电动以及混合动力两种驱动模式。比亚迪秦在纯电模式下，电动机单独带动车辆运行。当电池电量过低或者动力需求加大时，整车模式自动或手动切换至 HEV 模式。同时在所有模式中，比亚迪秦还能进行制动能量回馈，即电机向电池反充电，每百公里约回馈 2.5～3kW·h 电，可多行驶接近 15km。由于发动机总成的分情境介入工作模式，因此比亚迪秦的百公里油耗仅为 1.6L。

除了两种模式外，比亚迪秦还有经济性和运动性两种不同的驾驶形式，因此比亚迪秦有 EV+ECO、EV+SPORT、HEV+ECO、HEV+SPORT 四种驾驶搭配方式，如图 2-64 所示。

a. "EV-ECO"：EV 按钮上的指示灯（绿色）亮表示在 EV 模式，MODE 旋钮逆时针旋转，进入到 ECO（经济）模式，在保证动力的情况下，最大限度节约电量。

b. "EV-SPORT"：将 MODE 旋钮顺时针旋转，进入到 SPORT（运动）模式，将保证较好的动力性能。

图 2-64　比亚迪秦模式转换开关

c. "HEV-ECO"：HEV 按钮上的指示灯（绿色）亮表示在 HEV 模式，MODE 旋钮逆时针旋转，进入到 ECO 模式，此时为了保证较好的经济性。当电量大于 20% 时，将不会启动发动机，电量低于 20% 时将自动启动发动机充电，直到 SOC 达到 40% 时，发动机自动停机，此后将一直按照此模式循环。

d. "HEV-SPORT"：MODE 旋钮顺时针旋转，进入到 SPORT（运动）模式，发动机会一直工作，来保持最充沛的动力。

e. EV 自动切换为 HEV：SOC ≤ 5%；BMS 允许放电功率 ≤ 15kW；坡度 ≥ 15°。EV 切换到 HEV 后，不再自动切换 EV，之后发动机工作按 HEV 策略进行，SOC ≥ 75% 时，重新上电后切换到 EV 模式。

② 充电便利，绿色出行。比亚迪秦采用了双向逆变式充放电技术，它集驱动电机、车载充电器、直流充电站三者功能于一身，可把电网的交流电变成直流电实现充电，又能把电池里的直流电反向变成交流电实现放电。

a. 当 V ↔ G（车对电网）模式，电动车自身得到充电，还能将电反馈给电网，以实现削峰填谷；

b. 当 V ↔ V（车对车）模式，可实现车辆之间互相充电，半小时可充 20kW·h 电，可续驶 100km，满足消费者的不时之需；

c. 当 V → L（车对物）模式，可实现在车辆离网时，单相/三相带负载功能，在紧急状况下应急供电，十分便利。

（2）比亚迪秦系统构成

比亚迪秦采用了 DM-II 双模混动系统（如图 2-65 所示），采用并联模式，即系统可以以纯

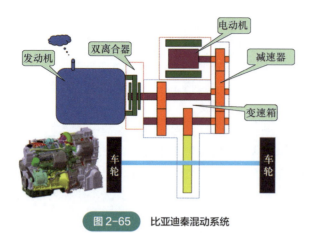

图 2-65　比亚迪秦混动系统

电动或汽油 + 电动模式进行驱动。

① 发动机　在发动机方面，比亚迪秦的 1.5L TI 缸内直喷 + 涡轮增压发动机自然是其获得优秀动力表现的功臣之一，最大功率 113kW/5200r/min、最大扭矩 240N·m/1750 ～ 3500r/min。

② 变速箱　比亚迪秦采用了自主开发的 6 速 DCT 干式双离合自动变速箱，输入轴最大承受扭矩为 250N·m。理论上可以减少动力损失，同时保持换挡时的动力衔接。

③ 混合动力系统　比亚迪秦的混动系统可以通过外接电源来为电池组充电，即插电式混合动力，所以在混动的模式下，理论上系统 90% 使用纯电动模式（EV 模式），10% 的情况下才会令发动机工作进入燃油模式，这样的控制逻辑可以最大程度地降低整车的燃油消耗，而百公里油耗仅为 2L。

DM-Ⅱ 采用的大功率电机最高转速为 12000r/min，最大功率 110kW，最大扭矩 200N·m。在纯电动模式下，它可以驱动车辆行驶 50km，最高可达 150km/h 的车速，它同时还作为一台发电机，在车辆减速和制动时来回收能量给电池组充电。

④ 动力电池　比亚迪秦电池组容量达到 13kW·h，标称电压为 506V，类型为磷酸铁锂电池。DM-Ⅱ 模块的电池组的防护等级达到 IP67，拥有极好的防尘防水性能及安全性。除此以外，对于电池组极为关键的电池管理器在 DM-Ⅱ 模块上也得到升级，体积重量更小，管理更为细致，有效防止电池过热、过充、过放，延长电池寿命及保证乘客安全。

2.3.2.2　荣威 e550 混合动力汽车

（1）荣威 e550 基本介绍

上汽荣威 e550 是中国首款量产的三核插电式混合动力轿车，在电池安全、车身安全等方面通过了国内外各项严苛的检测。2016 年 4 月 16 日，插电式混合动力车型 2016 款荣威 e550 上市开售，纯电续驶里程达 60km，综合续驶里程为 600km，如图 2-66 所示。

图 2-66　荣威 e550 外观

荣威 e550 装配了 Green-motion 三核混动发动机组。1.5L VTI 汽油发动机、ISG 启动发电一体机和牵引电机使荣威 e550 百公里油耗 1.6L，同时可输出 147kW 的峰值功率及 587N·m 的峰值扭矩，并且 Green-motion 三核混动发动机组可自动根据行驶状态判断三个动力源输出，以达到超低油耗与超强动力的完美平衡。荣威 e550 装配的磷酸铁锂动力电池组不仅采用世界领先的电芯制造工艺,保证电池组中 184 个电芯性能的一致,更以高精尖的电芯材料,确保了电池在极端条件下的安全可靠。

荣威 e550 在混合动力轿车中越级配备了 EPB 智能电子驻车系统,利用电子控制的方式来实现长时间的驻车制动,并可以通过智能自动解除让车辆顺畅起步,带来安全性与舒适性的提升。

荣威 e550 配备了 ALL-seasons 全天候混动系统安保策略,该系统具有高压互锁监测、碰撞保护、硬件过压保护、绝缘监控、负载保护等多重安保策略,使荣威 e550 从容应对各种路况及险情,为乘客提供安全保障。

(2) 荣威 e550 系统构成

① EDU 电驱变速器(AMT) 电驱变速箱 EDU 结构——双核/双挡/双离合电驱变速箱 EDU 主要是集成了两个电机、两个离合器和一套两个挡位的齿轮组,等于是把动力单元和传动单元都集成在一起,混动系统中的两个电机都设置在这个变速箱中,如图 2-67 所示。

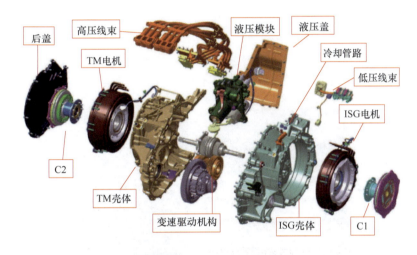

图 2-67　EDU 电驱变速器结构

② 电力电子箱　电力电子箱是电驱系统的控制中心,集成了 DC-AC 变换器、DC-DC 变换器、AC-DC 变换器、电机控制器等,如图 2-68 所示。

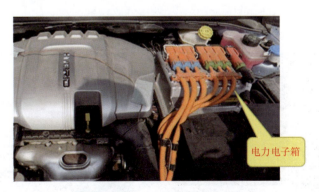

图 2-68　荣威 e550 电力电子箱

③ 动力电池系统　动力电池系统主要由电池模块、电池管理系统(BMS)、电芯监测模块(CMU)、高压电力分配单元(EDM)、水冷却系统等部分组成,如图 2-69 所示。

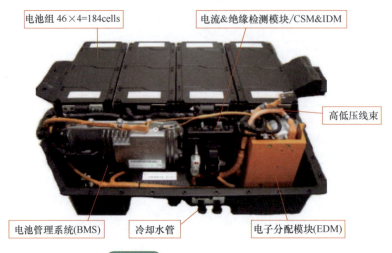

图 2-69　荣威 e550 动力电池系统

a. 电池模组。采用 A123 电芯的高压电池包共有 4 个模块，采用 LG 电芯的高压电池包共有 3 个模块，如图 2-70 所示。

图 2-70　电池模组

b. 电池管理系统（BMS）。汇总内部控制器采集的电池信息，通过一定的控制策略，向整车控制器提供电池运行状态的信息，响应整车高压回路通断命令，实现对电池的充放电和热管理。电池管理系统安装位置如图 2-71 所示。

图 2-71　电池管理系统安装位置

c. 电芯监测模块（CMU）。采集电芯电压、温度信息并通过 CAN 上传至 BMS。当电芯电压超过一定的范围时，实现电芯电压均衡控制。电芯监测模块安装位置如图 2-72 所示。

d. 高压电力分配单元（EDM）。通过不同高压继电器的通断，实现各个高压回路的通断。高压电力分配单元安装位置如图 2-73 所示。

图 2-72　电芯监测模块安装位置　　　图 2-73　高压电力分配单元安装位置

e. 水冷却系统。由冷却板、冷却管路和温度传感器等组成，如图 2-74 所示。

④ 电控系统　由加速踏板位置传感器、制动踏板位置传感器、电子换挡器等输入信号传感器，整车控制器（VCU）、电机控制器（MCU）、电池管理系统（BMS）等控制模块和驱动电机、动力电池等执行元件组成，如图 2-75 所示。

图 2-74　水冷却系统

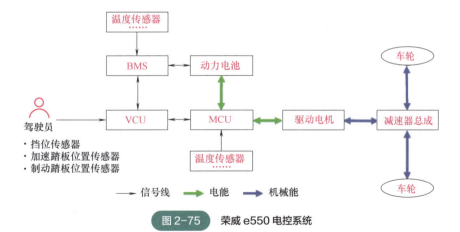

图 2-75　荣威 e550 电控系统

⑤ 高压配电单元　高压配电单元用于分配电能。高压配电单元有 5 处接线口，通过高压线分别与空调压缩机、空调加热器、快充充电口、电力电子箱及高压电池包相连，如图 2-76 所示。

当 VCM 接到供电需求信号后，会协调 BMS 与用电部件控制器将电能通过高压配电单元送到各用电部件以保证用电需求。

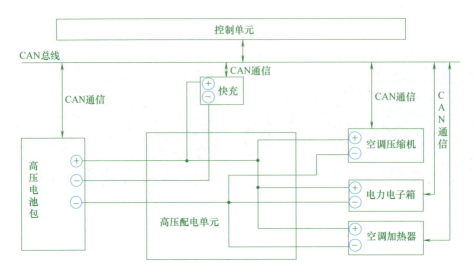

图 2-76　荣威 e550 高压配电单元

　复习思考题

1. 什么是混合动力汽车？
2. 混合动力汽车有哪些优缺点？
3. 混合动力汽车如何分类？
4. 请简述混合动力汽车的基本工作原理。
5. 请简述混合动力电动汽车的能量控制策略。
6. 混合动力汽车的关键技术有哪些？
7. 丰田普锐斯的技术特点有哪些？

模块 3
纯电动汽车

 知识目标

1. 了解纯电动汽车的定义和优缺点;
2. 掌握纯电动汽车的结构原理;
3. 熟悉纯电动汽车的能量管理方式;
4. 熟悉纯电动汽车的整车控制技术;
5. 掌握典型纯电动汽车的结构特点。

 能力目标

1. 能够识别纯电动汽车的主要总成;
2. 能够解释纯电动汽车的整车控制逻辑;
3. 能够解释纯电动高压系统各部件的功能;
4. 能够通过收集资料对比出各种类型纯电动汽车的结构特点。

 职业素养

培养自主学习能力以及分析问题、解决问题能力,具备团队协作、爱岗敬业的精神,形成良好的职业素养。

3.1 认识纯电动汽车

学习导入

> 一位客户想要购买一台纯电动汽车，但对纯电动汽车缺乏了解，作为4S店的一名销售顾问，你需要为客户介绍纯电动汽车的相关情况，包括纯电动汽车的基本知识及结构特点。

3.1.1 纯电动汽车基本知识

3.1.1.1 纯电动汽车的定义

纯电动汽车（Blade Electric Vehicle，BEV），是以车载电源为动力，通过电池向电机提供电能，驱动电动机运转，从而推动汽车前进，使之符合道路交通、安全法规各项要求的车辆。

根据纯电动汽车当前的发展情况，纯电动汽车必须符合以下几个条件：

① 纯电动车辆研发制造运营必须符合国家各项相关法规。整车、零部件性能必须满足国家技术标准和各项具体要求。

② 纯电动车辆以电为能源，由电动机驱动行驶，不再产生新的污染，不再产生易燃、易爆之隐患。

③ 纯电动车辆储能用的电池必须是无污染、环保型的，且具有耐久的寿命，具备超快充电的功能。车辆根据用途确定一次充电之续驶里程，以此装置够用电量的电池组，充分利用公用充电站超快充电以延长续驶里程。

④ 电动机组应有高效率的能量转换。刹车、减速之能量的直接利用和回收，力求车辆之综合能源利用的高效率。

⑤ 根据车辆用途和行驶场合设定最高车速，且不得超过交通法规的限定值，以合理选择电动机的功率和配置电池组容量。

⑥ 车辆驾驶操作，控制简单有效、工作可靠，确保行车安全。

⑦ 机械、电气装置耐用少维修，车辆运营成本低。

3.1.1.2 纯电动汽车的优缺点

纯电动汽车的电动机相当于传统汽车的发动机，蓄电池相当于传统的油箱，通常采用高效能的充电电池。

纯电动汽车因其取消传统燃油发动机，可避免传统燃油汽车对石油资源的依赖，以及对环境的污染，是未来新能源汽车发展的必然趋势。

（1）优点分析

① 无污染、噪声小 电动汽车无内燃机汽车工作时产生的废气，不产生排气污染，对环境保护和空气的洁净是十分有益的，几乎是"零污染"。众所周知，内燃机汽车废气中的CO、HC及NO_x、微粒、臭氧等污染物形成酸雨酸雾及光化学烟雾。电动汽车无内燃机产生的噪声，

电动机的噪声也较内燃机小。噪声对人的听觉、神经、心血管、消化、内分泌、免疫系统也是有危害的。

② 单一的电能源　相对于混合动力汽车和燃料电池汽车，纯电动汽车以电动机代替燃油机，噪声低、无污染，电动机、油料及传动系统少占的空间和重量可用以补偿电池的需求；且因使用单一的电能源，电控系统相比混合电动车大为简化，降低了成本，也可补偿电池的部分价格。

③ 结构简单，维修方便　电动汽车较内燃机汽车结构简单，运转、传动部件少，维修保养工作量小。当采用交流感应电动机时，电机无需保养维护，更重要的是电动汽车易操纵。

④ 能量转换效率高　可回收制动、下坡时的能量，提高能量的利用效率。电动汽车的研究表明，其能源效率已超过汽油机汽车。特别是在城市运行，汽车走走停停，行驶速度不高，电动汽车更加适宜。电动汽车停止时不消耗电量，在制动过程中，电动机可自动转化为发电机，实现制动减速时能量的再利用。有些研究表明，同样的原油经过粗炼，送至电厂发电，经充入电池，再由电池驱动汽车，其能量利用效率比经过精炼变为汽油，再经汽油机驱动汽车高，因此有利于节约能源和减少二氧化碳的排量。

⑤ 平抑电网的峰谷差　可在夜间利用电网的廉价"谷电"进行充电，起到平抑电网的峰谷差的作用。

电动汽车的应用可有效地减少对石油资源的依赖，可将有限的石油用于更重要的方面。向蓄电池充电的电力可以由煤炭、天然气、水力、核能、太阳能、风力、潮汐等能源转化。除此之外，如果夜间向蓄电池充电，还可以避开用电高峰，有利于电网均衡负荷，减少费用。

（2）缺点分析

① 续驶里程短　一般国内的纯电动汽车的续驶里程多为200～300km左右，再加上天气、路况、电池等方面因素，实际的续驶能力会更低。

② 充电时间长　纯电动汽车正常的充电时间为8h左右，快速充电也得需要1～2h，需要通过外接电源来给车辆电池充电，然后驱动电动机行驶。

③ 配套设施不完善　目前国内的充电站数量还不足，还需要一段比较长的时间建设配套基础设施。

3.1.1.3　纯电动汽车的发展历史

1839年，苏格兰人罗伯特·安德森（Robert Anderson）使用了不可充电电池制造了第一辆纯电动汽车。

1873年，英国人罗伯特·戴维森（Robert Davidson）制作了世界上最初的可供实用的电动汽车。这比德国人戴姆勒（Gottlieb Daimler）和本茨（Karl Benz）发明汽油发动机汽车早了10年以上。

戴维森发明的电动汽车是一辆载货车，长4800mm，宽1800mm，使用铁、锌、汞合金与硫酸进行反应的一次电池。其后，从1880年开始，应用了可以充放电的二次电池。从一次电池发展到二次电池，这对于当时电动汽车来讲是一次重大的技术变革，由此电动汽车需求量有了很大提高。

1899年法国人考门·吉纳驾驶一辆44kW双电动机为动力的后轮驱动电动汽车，创造了最高车速106km/h的记录。

1991年12月，宝马公司在法兰克福车展上推出E1电动概念汽车，一次充电可行驶273km，最高车速达128km/h。

1996年，通用汽车公司已经开始制造并销售EV1电动汽车。

2008年，美国电动车特斯拉（Tesla）公司在伦敦汽车展上推出的全电动汽车跑车，该车已经量产。

历史上电动汽车的三个黄金时期。

第一次黄金时期是1885年到1915年。

1900年美国制造的汽车中，电动汽车为15755辆，蒸汽机汽车1684辆，而汽油机汽车只有936辆。进入20世纪以后，由于内燃机技术的不断进步，1908年美国福特汽车公司T型车问世，以流水线生产方式大规模批量制造汽车使汽油机汽车开始普及，致使在市场竞争中蒸汽机汽车与电动汽车由于存在着技术及经济性能上的不足，使蒸汽机汽车被淘汰，电动汽车则呈萎缩状态。

第二次黄金时期是1967年到1975年。能源危机促进很多国家又重新开始重视电动汽车的开发。

1967年美国通用汽车公司与福特汽车公司分别研发了新型电动汽车，通用建成EV-1电动轿车总装厂。雪铁龙、标致则将现有车型改装成小型电动汽车，全球掀起了电动车热潮。

第三次黄金时期是20世纪90年代以来，随着世界环保、节能的迫切需要，电动车的关键部件电池的突破，有效地增加蓄电池的容量，从而确保汽车拥有足够的动力和续驶能力，而大幅下降的成本也使得现代电动车得以逐渐量产。

3.1.1.1.4 纯电动汽车的驱动方式

纯电动汽车和传统车辆或混合动力车辆不同的是，它的驱动源只有电机。

针对驱动轮所施加驱动转矩的来源来说，纯电动汽车所采用的驱动方式总体上可分为两种：集中驱动和车轮独立驱动。

（1）集中驱动

纯电动汽车的集中驱动系统布置形式目前主要有三种典型结构：传统的驱动方式、电机-驱动桥组合式驱动方式、电机-驱动桥整体式驱动方式。

① 传统驱动布置形式　如图3-1所示，该驱动系统仍然采用内燃机汽车的驱动系统布置方式，包括离合器、变速器、传动轴和驱动桥等总成，只是将内燃机换成电机，属于改造型电动汽车。这种布置形式特点是驱动电机轴与驱动轴相互垂直，这样可以提高电动汽车的启动转矩，增加低速时电动汽车的后备功率。

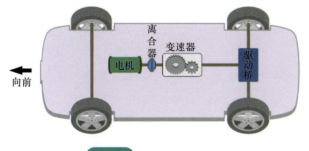

图3-1　传统驱动布置形式

② 电机-驱动桥组合式驱动布置形式　驱动电机-驱动桥组合式驱动模式取消了离合器和变速器，主要是由一台驱动电机和减差速器组成。这种模式的优点是可以继续沿用传统汽车中的动力传动装置，只需要一组电动机和逆变器。这种模式对驱动电机的要求较高，不仅要求电动机具有较高的启动转矩，而且要求具有较大的后备功率，以保证电动汽车的启动、爬坡、加速超车等动力性。

按汽车的驱动模式来说可以有驱动电机前置-驱动桥前置或驱动电机后置-驱动桥后置两种方式，如图3-2所示。

③ 电机-驱动桥整体式驱动布置形式　电机-驱动桥整体式驱动系统布置形式采用同轴式。该模式是将电动机装到驱动轴上，直接由电动机实现变速和差速转，如图3-3所示。这种传动方式同样对电动机有较高的要求，要求有大的启动转矩和后备功率，同时不仅要求控制系统有

(a) 前驱型　　(b) 后驱型

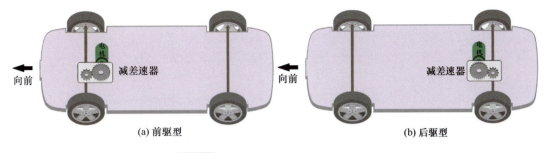

图 3-2　电机 – 驱动桥组合式驱动布置形式

较高的控制精度，而且要具备良好的可靠性，从而保证电动汽车行驶的安全、平稳。

（2）车轮独立驱动

车轮独立驱动布置形式目前主要有两种典型结构，即双联式独立驱动方式和轮毂电机独立驱动方式。

① 双联式独立驱动　双联式驱动系统也称为双电机驱动系统，由左右两台永磁电机直接通过固定速比减速器分别驱动两个车轮，左、右电机由中间的电控差速器控制，每个驱动电机的转速可以独立地调节控制，便于实现电子差速而不必选用机械差速器。

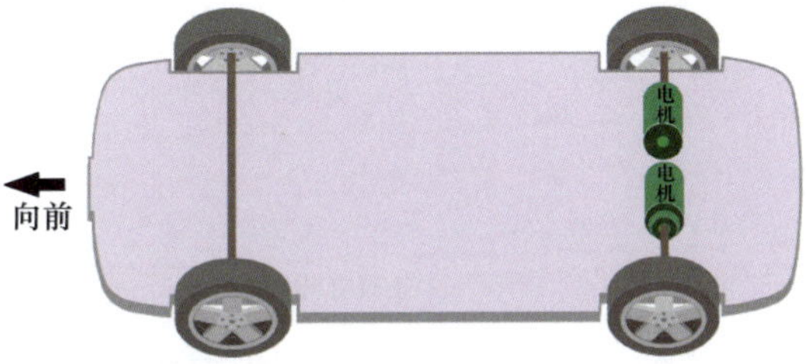

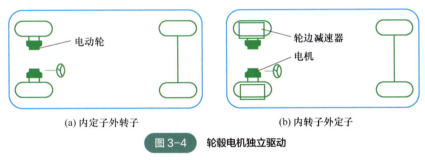

图 3-3　电机 – 驱动桥整体式驱动布置形式

② 轮毂电机独立驱动　轮毂电机直接装在汽车车轮里，主要有内定子外转子和内转子外定子两种结构，如图 3-4 所示。

(a) 内定子外转子　　(b) 内转子外定子

图 3-4　轮毂电机独立驱动

内定子外转子轮毂电机独立驱动系统布置形式采用低速内定子外转子电机，其外转子直接安装在车轮的轮缘上，可完全去掉变速装置，驱动电机转速和车轮转速相等，车轮转速和车速控制完全取决于驱动电机的转速控制。

内转子外定子轮毂电机独立驱动系统布置形式采用一般的高速内转子外定子电机，其转子作为输出轴与固定减速比的行星齿轮变速器的太阳轮相连，而车轮轮毂通常与其齿圈连接。它能提供较大的减速比，来放大其输出转矩。驱动电机装在车轮内，形成轮毂电机，可进一步缩短从驱动电机到驱动轮的传递路径。

3.1.2　纯电动汽车结构原理

3.1.2.1　纯电动汽车的总体结构

纯电动汽车的结构主要由电力驱动控制系统、汽车底盘、车身以及各种辅助装置等部分组成。除了电力驱动控制系统，其他部分的功能及其结构组成基本与传统汽车类同，不过有些部件根据所选的驱动方式不同,已被简化或省去了。所以电力驱动控制系统既决定了整个纯电动汽车的结构组成及其性能特征,也是电动汽车的核心,它相当于传统汽车中的发动机与其他功能以机电一体化方式相结合,这也是区别于传统内燃机汽车的最大不同点。

(1)电力驱动控制系统

电力驱动控制系统的组成与工作原理如图3-5所示,按工作原理可划分为车载电源模块(能源系统)、电力驱动主模块和辅助模块三大部分。

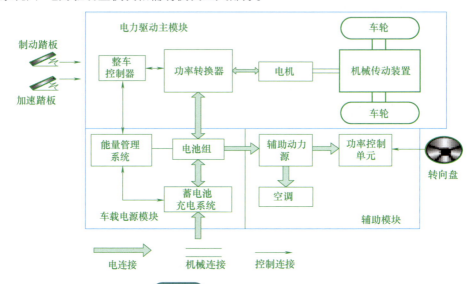

图 3-5　电力驱动控制系统的组成

① 车载电源模块　车载电源模块主要由蓄电池、能源管理系统和充电控制器三部分组成。

a. 蓄电池。蓄电池是纯电动汽车的唯一能源,它除了供给汽车驱动行驶所需的电能外,也是供应汽车上各种辅助装置的工作电源。蓄电池在车上安装前需要通过串并联的方式组合成所要求的电压等级,为满足要求,可以用多个12V或24V的蓄电池串联成96~384V高压直流电池组,再通过DC/DC转换器供给所需的不同电压。

b. 能源管理系统。能源管理系统的主要功能是在汽车行驶中进行能源分配,协调各功能部分工作的能量管理,使有限的能量源最大限度地得到利用。能源管理系统与电力驱动主模块的中央控制单元配合一起控制发电回馈,使电动汽车在降速制动和下坡滑行时进行能量回收,从而有效地利用能源,提高电动汽车的续程能力。能源管理系统还需与充电控制器一同控制充电。

c. 充电控制器。充电控制器是把电网供电制式转换为对蓄电池充电要求的制式,即把交流电转换为相应电压的直流电,并按要求控制其充电电流。充电器开始时为恒流充电阶段。当电池电压上升到一定值时,充电器进入恒压充电阶段,输出电压维持在相应值,充电器进入恒压充电阶段后,电流逐渐减小。当充电电流减小到一定值时,充电器进入涓流充电阶段。还可采用脉冲式电流进行快速充电。

② 电力驱动主模块　电力驱动主模块主要由中央控制单元、驱动控制器、电动机、机械传动装置等组成。由于加速踏板、制动踏板等操纵装置对于汽车驾驶员来说,是十分熟悉和习惯使用的操纵装置,为适应驾驶员的传统操纵习惯,电动汽车仍保留了加速踏板、制动踏板及有关操纵手柄或按钮等。不过在电动汽车上是将加速踏板、制动踏板的机械位移量转换为相应的电信号,输入到中央控制单元来对汽车的行驶实行控制。

a. 中央控制单元。中央控制单元不仅是电力驱动主模块的控制中心，也要对整辆电动汽车的控制起到协调作用。它根据加速踏板与制动踏板的输入信号，向驱动控制器发出相应的控制指令，对电动机进行启动、加速、降速、制动控制。在电动汽车降速和下坡滑行时，中央控制器配合车载电源模块的能源管理系统进行发电回馈，即使蓄电池反向充电。对于与汽车行驶状况有关的速度、功率、电压信息还需传输到辅助模块加以显示。

　　b. 驱动控制器。驱动控制器功能按中央控制单元的指令和电动机的速度、电流反馈信号，对电动机的速度、驱动转矩和旋转方向进行控制。驱动控制器与电动机必须配套使用，目前对电动机的调速主要采用调压、调频等方式，这主要取决于所选用的驱动电动机类型。

　　c. 电机。电机在电动汽车中被要求承担着电动机和发电机的双重功能，即在正常行驶时发挥其主要的电动机功能，将电能转化为机械旋转能；而在降速和下坡滑行时又被要求进行发电，将车轮的惯性动能转换为电能。电机与驱动控制器所组成的驱动系统是电动汽车中最为关键的部件，电动汽车的运行性能主要取决于驱动系统的类型和性能，它直接影响着车辆的各项性能指标。

　　d. 机械传动装置。电动汽车传动装置的作用是将电动机的驱动转矩传输给汽车的驱动轴，从而带动汽车车轮行驶。由于电动机本身就具有较好的调速特性，其变速机构可被大大简化，较多的是为放大电动机的输出转矩仅采用一种固定的减速装置。又因为电动机可带负载直接启动，即省去了传统内燃机汽车的离合器，并由于电动机可以容易地实现正反向旋转，所以也无需通过变速器中的倒挡齿轮组来实现倒车。

　　③ 辅助模块　辅助模块包括辅助动力源、动力转向单元、驾驶室显示操纵台和各种辅助装置等。各个装置的功能与传统汽车上的基本类同，其结构原理按电动汽车的特点有所区别。

　　a. 辅助动力源。辅助动力源是供给电动汽车各种辅助装置所需的动力电源，一般为 12V 或 24V 的直流低压电源，它主要给动力转向、制动力调节控制、照明、空调、电动窗门等各种辅助装置提供所需的能源。

　　b. 动力转向单元。为提高驾驶员的操控性，现代汽车都采用了动力转向，较理想的是采用电子控制动力转向系 EPS。电子控制动力转向系主要有电控液力转向系和电控电动转向系两类，对于纯电动汽车较适于选用电控电动转向系。

　　c. 驾驶室显示操纵台。它类同于传统汽车驾驶室的仪表盘，不过其功能根据电动汽车驱动的控制特点有所增减，其信息指示更多地选用数字或液晶屏幕显示。它与前述电力驱动主模块中的中央控制单元结合，用计算机进行控制。

　　（2）汽车底盘

　　汽车底盘是整个汽车的基体，不仅起着支承蓄电池、电动机、驱动控制器、汽车车身、空调及各种辅助装置的作用，同时也将电动机的动力进行传递和分配，并按驾驶员的意志（加速、减速、转向、制动等）行驶。按传统汽车的归类或叙述习惯，汽车底盘应包括传动系统、行驶系统、转向系统和制动系统四大系统。

　　① 传动装置　电动汽车传动装置的作用是将电动机的驱动转矩传给汽车的驱动轴，当采用电动轮驱动时，传动装置的多数部件常常可以忽略。因为电动机可以带负载启动，所以电动汽车上无需传统内燃机汽车的离合器。因为驱动电机的旋向可以通过电路控制实现变换，所以电动汽车无需内燃机汽车变速器中的倒挡。当采用电动机无级调速控制时，电动汽车可以忽略传统汽车的变速器。在采用电动轮驱动时，电动汽车也可以省略传统内燃机汽车传动系统的差速器。

　　② 行驶装置　行驶装置的作用是将电动机的驱动力矩通过车轮变成对地面的作用力，驱动

车轮行走。它同其他汽车的构成是相同的，由车轮、轮胎和悬架等组成。

③ 转向装置　转向装置是为实现汽车的转弯而设置的，由转向器、方向盘、转向机构和转向轮等组成。作用在方向盘上的控制力，通过转向器和转向机构使转向轮偏转一定的角度，实现汽车的转向。多数电动汽车为前轮转向，工业中用的电动叉车常常采用后轮转向。电动汽车的转向装置有机械转向、液压转向和液压助力转向等类型。

④ 制动装置　电动汽车的制动装置同其他汽车一样，是为汽车减速或停车而设置的，通常由制动器及其操纵装置组成。在电动汽车上，一般还有电磁制动装置，它可以利用驱动电动机的控制电路实现电动机的发电运行，使减速制动时的能量转换成对蓄电池充电的电流，从而得到再生利用。

（3）汽车车身

汽车车身主要由车身本体、开启件（各种门、窗、行李箱和车顶盖等）、各种座椅、内外饰附件和安全保护装置（保险杠、安全带、安全气囊等）组成。针对纯电动汽车能源少的特点，对汽车车身的外形造型应尽可能缩小其迎风面积来降低空气阻力，并采用轻型高强度材料来减轻汽车自身的重量。

（4）辅助装置

电动汽车的辅助装置主要有照明、各种声光信号装置、车载音响设备、空调、刮水器、风窗除霜清洗器、电动门窗、电控玻璃升降器、电控后视镜调节器、电动座椅调节器、车身安全防护装置控制器等。它们主要是为提高汽车的操控性、舒适性、安全性而设置的，有些是必要的，有些是可选用的。

3.1.2.2　电动汽车高压系统结构及功能介绍

在电动汽车上，使用一些高电压部件，如动力电池、驱动电机、电机控制器、高压控制盒、DC/DC 变换器、车载充电机、电动空调系统等。纯电动汽车的组成部件如图 3-6 所示。

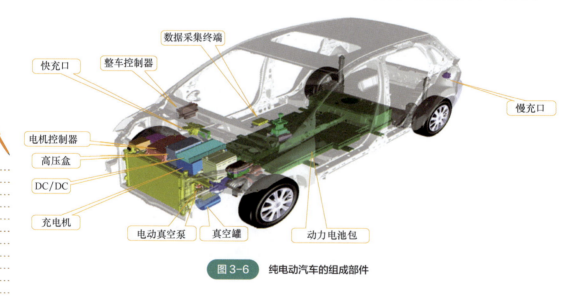

图 3-6　纯电动汽车的组成部件

（1）动力电池系统

动力电池系统的功能为接收和储存由车载充电机、发电机、制动能量回收装置和外置充电装置提供的高压直流电，并且为驱动电机控制器、DC/DC、电动空调、PTC 等高压元件提供高压直流电。动力电池系统主要由动力电池模组、电池管理系统、动力电池箱及辅助元器件四部分组成，如图3-7所示。内部设置有动力电池管理器和温度、电压传感器。因为电池有温度和电压的限制要求，所以动力电池里需要有温度和电压传感器对其进行数据采集，然后将数据传给动力电池管理器进行判断。

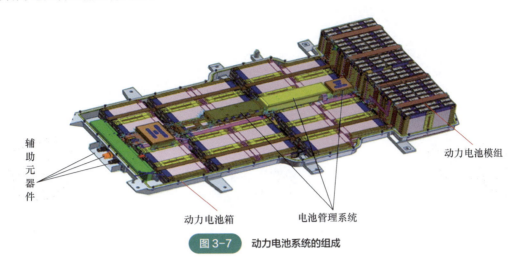

图 3-7　动力电池系统的组成

① 动力电池模组　电池单体是构成动力电池模块的最小单元。一般由正极、负极、电解质及外壳等构成。可实现电能与化学能之间的直接转换。

电池模块是一组并联的电池单体的组合，该组合额定电压与电池单体的额定电压相等，是电池单体在物理结构和电路上连接起来的最小分组，可作为一个单元替换。

电池模组是由多个电池模块或单体电芯串联组成的一个组合体。

② 电池管理系统

a. BMS 的作用。BMS 是电池保护和管理的核心部件，在动力电池系统中，它的作用就相当于人的大脑。它不仅要保证电池安全可靠使用，而且要充分发挥电池的能力和延长使用寿命，作为电池和整车控制器以及驾驶者沟通的桥梁，通过控制接触器控制动力电池组的充放电，并向 VCU 上报动力电池系统的基本参数及故障信息。

b. BMS 具备的功能。通过电压、电流及温度检测等功能实现对动力电池系统的过压、欠压、过流、过高温和过低温保护，继电器控制、SOC 估算、充放电管理、均衡控制、故障报警及处理、与其他控制器通信等功能；此外电池管理系统还具有高压回路绝缘检测功能，以及为动力电池系统加热的功能。

c. BMS 的组成。BMS 按性质可分为硬件和软件，按功能分为数据采集单元和控制单元。

BMS 的硬件包括主板、从板及高压盒，还包括采集电压线、电流、温度等数据的电子器件；

BMS 的软件用于监测电池的电压、电流、SOC 值、绝缘电阻值、温度值，通过与 VCU、充电机的通信，来控制动力电池系统的充放电。

③ 动力电池箱　动力电池箱是支撑、固定、包围电池系统的组件，主要包含上盖和下托盘，还有辅助器件，如过渡件、护板、螺栓等，动力电池箱有承载及保护动力电池组及电气元件的作用。

④ 辅助元器件　主要包括动力电池系统内部的电子电器元件，如熔断器、继电器、分流器、接插件、紧急开关、烟雾传感器等，维修开关以及电子电器元件以外的辅助元器件，如密封条、绝缘材料等。

动力电池模组放置在一个密封并且屏蔽的动力电池箱里面，动力电池系统使用可靠的高低压接插件与整车进行连接。系统内的 BMS 实时采集各电芯的电压值、各温度传感器的温度值、电池系统的总电压值和总电流值、电池系统的绝缘电阻值等数据，并根据 BMS 中设定的阈值判定电池系统工作是否正常，并对故障实时监控。动力电池系统通过 BMS 使用 CAN 与 VCU 或充电机之间进行通信，对动力电池系统进行充放电等综合管理。

（2）驱动电机

电机是电动车的能量转换装置，通过电机控制器控制电机将电能转化为机械能，驱动整车行驶，如图 3-8 所示。电动机还要实现能量回收功能。车辆滑行或制动时，车轮反拖电动机转动，在这个工况下，电动机可进行发电并将电能回收到电池中，以此延长车辆的续驶里程。电机的形式有直流电机、永磁同步电机、异步电机等。

图 3-8　驱动电机的功能

（3）电机控制器

电机控制器将动力电池提供的直流电，转换为交流电，然后输出给电机，如图 3-9 所示。通过电机的正转来实现整车加速、减速，通过电机的反转来实现倒车，通过有效的控制策略，控制动力总成以最佳方式协调工作。电机控制器对所有的输入信号进行处理，并将驱动电机控制系统运行状态的信息发送给整车控制器。驱动电机控制器内含故障诊断电路。当诊断出异常时，它将会激活一个错误代码，发送给整车控制器，同时也会存储该故障码和数据。

图 3-9　电机控制器的功能

（4）车载充电机

电动汽车都配有车载充电器，用于对动力电池充电。车载充电机连接车辆的交流充电口（慢充口）。车载充电机一般具有通信功能，收到允许充电信号后，将输入 220V 交流电，经过滤波整流后，通过升压电路和降压电路，输出合适电压电流给动力电池进行充电，如图 3-10 所示。

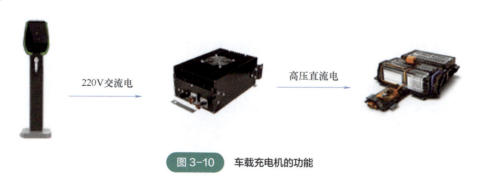

图 3-10　车载充电机的功能

(5) DC/DC 变换器

DC/DC 变换器为电动车中将动力电池中的电能传递至铅酸蓄电池的电力电子部件。主要功能是在车辆启动后将动力电池输入的高压电转变成低压 12V 向蓄电池充电，以保证行车时低压用电设备正常工作，如图 3-11 所示。它功率一般在 1～2kW 范围；输入电压为动力电池电压范围，输出电压多为恒压 14V。由于 DC/DC 变换器相对功率较小，也常见与其他高压电器部件集成布置。

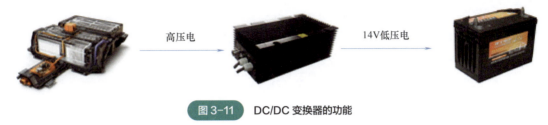

图 3-11　DC/DC 变换器的功能

(6) 高压控制盒

高压控制盒的功能是完成动力电池电源的输出及分配，实现对支路用电器的保护及切断，如图 3-12 所示。有些电动汽车将高压控制盒的功能集成到电机控制器中。高压控制盒中一般会有高压部件的保险，如空调、DC/DC 或 PTC 加热电阻的保险。

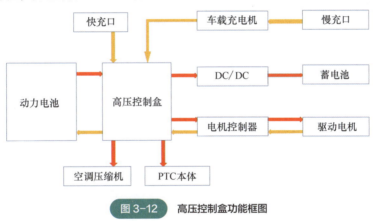

图 3-12　高压控制盒功能框图

(7) 电动空调系统

空调系统由制冷和暖风两部分组成。制冷系统由高压电动空调压缩机（如图 3-13 所示）、冷凝器总成、蒸发器等组成。暖风主要的加热元件为 PTC 加热电阻，如图 3-14 所示。空调系统的工作由整车控制器（VCU）、电动压缩机控制器和 PTC 控制模块共同控制。

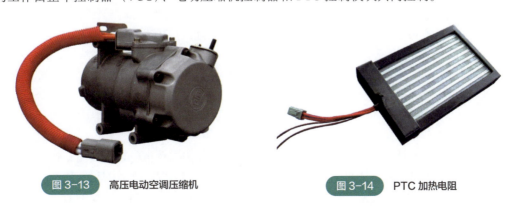

图 3-13　高压电动空调压缩机　　　　图 3-14　PTC 加热电阻

3.2 纯电动汽车相关技术

学习导入

> 某4S店为提升维修工的技术水平,开展了纯电动汽车技术店内培训,作为4S店的一名内训师,你需要为员工进行纯电动汽车技术培训。

3.2.1 纯电动汽车关键技术

发展电动汽车必须解决好4个方面的关键技术:电池技术、电力驱动及其控制技术、电动汽车整车技术以及能量管理技术。

（1）电池技术

电池是电动汽车的动力源泉,也是一直制约电动汽车发展的关键因素。电动汽车用电池的主要性能指标是比能量（E）、能量密度（Ed）、比功率（P）、循环寿命（L）和成本（C）等。要使电动汽车能与燃油汽车相竞争,关键就是要开发出比能量高、比功率大、使用寿命长的高效电池。

纯电动汽车充电系统

（2）电力驱动及其控制技术

电机与驱动系统是电动汽车的关键部件,要使电动汽车有良好的使用性能,驱动电机应具有调速范围宽、转速高、启动转矩大、体积小、质量小、效率高、动态制动强和能量回馈等特性。电动汽车用电机主要有直流电机（DCM）、感应电机（IM）、永磁无刷电机（PMBLM）和开关磁阻电机（SRM）4类。

近几年来,由感应电动机驱动的电动汽车几乎都采用矢量控制和直接转矩控制。由于直接转矩的控制手段直接、结构简单、控制性能优良和动态响应迅速,因此非常适合电动汽车的控制。美国以及欧洲研制的电动汽车多采用这种电机。永磁无刷电机可以分为由方波驱动的无刷直流电机系统（BLDCM）和由正弦波驱动的无刷直流电机系统（PMSM）,它们都具有较高的功率密度,其控制方式与感应电机基本相同,因此在电动汽车上得到了广泛的应用。PMSM类电机具有较高的能量密度和效率,其体积小、惯性低、响应快,非常适应于电动汽车的驱动系统,有极好的应用前景。由日本研制的电动汽车主要采用这种电机。

开关磁阻电机（SRM）具有简单可靠、可在较宽转速和转矩范围内高效运行、控制灵活、可四象限运行、响应速度快和成本较低等优点。但在实际应用中发现,SRM存在转矩波动大、噪声大、需要位置检测器等缺点,应用受到了限制。

随着电机及驱动系统的发展,控制系统趋于智能化和数字化。变结构控制、模糊控制、神经网络、自适应控制、专家控制、遗传算法等非线性智能控制技术,都将各自或结合应用于电动汽车的电机控制系统。

（3）电动汽车整车技术

电动汽车是高科技综合性产品,除电池、电机外,车体本身也包含很多高新技术,有些节能措施比提高电池储能能力还易于实现。采用轻质材料如镁、铝、优质钢材及复合材料,优化结构,可使汽车自身质量减轻30%~50%；实现制动、下坡和怠速时的能量回收；采用高弹滞材料制成的高气压子午线轮胎，可使汽车的滚动阻力减少50%；汽车车身特别是汽车底部更加流线型化，可使汽车的空气阻力减少50%。

（4）能量管理技术

蓄电池是电动汽车的储能动力源。电动汽车要获得非常好的动力特性，必须具有比能量高、使用寿命长、比功率大的蓄电池作为动力源。而要使电动汽车具有良好的工作性能，就必须对蓄电池进行系统管理。

能量管理系统是电动汽车的智能核心。一辆设计优良的电动汽车，除了有良好的力学性能、电驱动性能、适当的能量源（即电池）外，还应该有一套协调各个功能部分工作的能量管理系统，它的作用是检测单个电池或电池组的荷电状态，并根据各种传感信息，包括力、加减速命令、行驶路况、蓄电池工况、环境温度等，合理地调配和使用有限的车载能量；它还能够根据电池组的使用情况和充放电历史选择最佳充电方式，以尽可能延长电池的寿命。

世界各大汽车制造商的研究机构都在进行电动汽车车载电池能量管理系统的研究与开发。电动汽车电池当前存有多少电能，还能行驶多少公里，是电动汽车行驶中必须知道的重要参数，也是电动汽车能量管理系统应该完成的重要功能。应用电动汽车车载能量管理系统，可以更加准确地设计电动汽车的电能储存系统，确定一个最佳的能量存储及管理结构，并且可以提高电动汽车本身的性能。

在电动汽车上实现能量管理的难点，在于如何根据所采集的每块电池的电压、温度和充放电电流的历史数据，来建立一个确定每块电池还剩余多少能量的较精确的数学模型。

3.2.2 纯电动汽车能量管理

纯电动汽车的能量管理系统如下。

（1）整体结构与常规功能

纯电动汽车电池管理系统具有智能性的特点，其总体结构如图3-15所示。

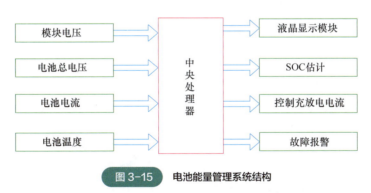

图3-15　电池能量管理系统结构

根据以上设计要求，通常电动汽车电池能源管理系统具有预测电池剩余电量、剩余行驶里程、故障诊断、短路保护、显示报警及实时监测电池运行状态参数等功能，而且系统可以根据运算及判断结果对运行工况进行智能调节。

电池管理系统的功能具体如下。

① 电池剩余电量估算：在电池管理系统中占据重要的地位，是电池管理系统中软件处理的核心部分。

② 预测行驶里程：驾驶人员通过智能预测系统来了解自己所能行驶的里程及运行工况，方便驾驶人员操作。

③ 电池故障诊断系统：主要针对电池组中的单个蓄电池进行诊断，以便用户适时维护、更换，使汽车保持良好的运行工况。

④ 短路保护：电动汽车工作电压较高，一般为几百伏，因此电池管理系统应具有监控主回路供电状况的功能，以防止短路给设备及人造成伤害。

⑤ 显示报警功能：经 ECU 运算处理后，把电池运行工况等相关信息发送到显示单元，进行人机交换处理。

⑥ 实时跟踪监测电池系统运行状态参数。

为了实现以上功能，能量管理系统对其硬件与软件设计都有着严格的要求。

（2）纯电动汽车制动能量回收技术

燃油汽车的制动过程通常是利用制动装置将汽车行驶的动能通过机械摩擦方式转化为热能而散发掉，从而达到汽车制动或减速的目的。对纯电动汽车而言，这些能量需要通过相应转化设备转化为电能储存到动力电池组中，从而延长纯电动汽车的续驶里程。

制动能量回收（Braking Energy Recovery）就是把电动汽车电机的无用的、不需要的或有害的惯性转动产生的动能转化为电能，并回馈给蓄电池。同时产生制动力矩，使电动机快速停止无用的惯性转动，这个总过程也称为再生制动。制动能量回收已经成为纯电动汽车、混合动力汽车等新能源汽车的必备功能。电动汽车能量转换过程如图 3-16 所示。

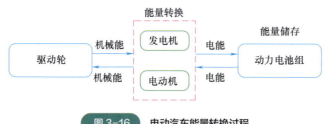

图 3-16　电动汽车能量转换过程

电动汽车制动可分为以下三种模式，如图 3-17 所示。

① 急刹车　急刹车对应于制动加速度大于 $2m/s^2$ 的过程。出于安全性方面的考虑，急刹车应以机械为主，电刹车同时作用。在急刹车时，可根据初始速度的不同，由车上 ABS 控制提供相应的机械制动力。

② 中轻度刹车　中轻度刹车对应于汽车在正常工况下的制动过程，可分为减速过程与停止过程。电刹车负责减速过程，停止过程由机械刹车完成。两种刹车的切换点由电机发电特性确定。

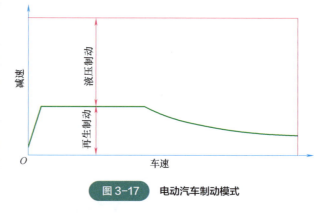

图 3-17　电动汽车制动模式

③ 汽车下长坡时的刹车　汽车下长坡一般发生在盘山公路下缓坡时。在制动力要求不大时，可完全由电刹车提供。其充电特点表现为回馈电流较小但充电时间较长。限制因素主要为电池的最大可充电时间。

3.2.3　纯电动汽车整车控制

3.2.3.1　整车控制器的主要功能

整车控制器的主要功能包括：整车控制模式判断和驱动控制、整车能量优化管理、整车通信网络管理、制动能量回馈控制、故障诊断和处理、车辆状态监测和显示等。

（1）整车控制模式判断和驱动控制

整车控制器通过各种状态信息（启动钥匙、充电信号、加速/制动踏板位置、当前车速和整车是否有故障信息等）来判断当前需要的整车工作模式（充电模式和行驶模式）。然后根据当前的参数和状态及前一段时间的参数及状态，算出当前车辆的扭矩能力，按当前车辆需要的扭矩，计算出合理的最终实际输出的扭矩。例如，当驾驶员踩下加速踏板时，整车控制器向电机控制单元发送电机输出扭矩信号，电机控制系统控制电机按照驾驶员的意图输出扭矩。

纯电动汽车整车控制

（2）整车能量优化管理

纯电动汽车有很多用电设备，包括电机和空调设备等。整车控制器可以对能量进行合理优化来提高纯电动汽车的续驶里程。例如当动力电池组电量较低时，整车控制器发送控制指令关闭部分起辅助作用的电气设备，将电能优先保证车辆的安全行驶。

（3）整车通信网络管理

在整车的网络管理中，整车控制器是信息控制的中心，负责信息的组织与传输，网络状态的监控，网络节点的管理，信息优先权的动态分配以及网络故障的诊断与处理等功能。通过CAN（EVBUS）线协调电池管理系统、电机控制器、空调系统等模块相互通信。

（4）制动能量回馈控制

电动汽车的电机可以工作在再生制动状态，对制动能量进行回收利用是电动汽车和传统能源汽车的重要区别。整车控制器根据行驶速度、驾驶员制动意图和动力电池组状态（如电池荷电状态SOC值）进行综合判断后，对制动能量回馈进行控制。如果达到回收制动能量的条件，整车控制器向电机控制单元发送控制指令，使电机工作在发电状态，将部分制动能量储存在动力电池组中，提高车辆能量利用效率。

（5）故障诊断和处理

持续监视整车电控系统，进行故障诊断，并及时进行相应安全保护处理。根据传感器的输入及其他通过CAN总线通信得到的电机、电池、充电机等的信息，对各种故障进行判断、等级分类、报警显示；存储故障码，供维修时查看。故障指示灯指示出故障类型和部分故障码。对于不太严重的故障，能做到"跛行回家"。

（6）车辆状态监测和显示

整车控制器应该对车辆的状态进行实时检测，并且将各个子系统的信息发送给车载信息显示系统，其过程是通过传感器和CAN总线，检测车辆状态及其动力系统及相关电器附件相关各子系统状态信息驱动显示仪表，将状态信息和故障诊断信息通过数字仪表显示出来。显示内容包括：车速、里程、电机的转速、温度、电池的电量、电压、电流、故障信息等。

3.2.3.2 纯电动汽车整车控制策略

纯电动汽车的整车控制策略如图3-18所示。

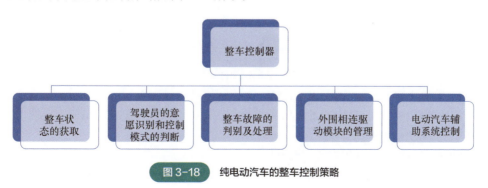

图3-18　纯电动汽车的整车控制策略

（1）整车状态获取

整车状态获取方式如下：

① 通过车速传感器、挡位信号传感器等采用不同的采样周期时检测整车的运行状态。

② 通过 CAN 总线获得原车功能模块、动力电池系统、电机驱动系统等状态信息。

整车状态获取内容主要包括以下几个方面：

① 启动钥匙状态——OFF、ON、START。

② 充电监控状态——充电唤醒、快充门板、慢充门板。

③ 挡位状态——P、R、N、D。

④ 加速踏板位置——加速踏板开度（0～100%）。

⑤ 制动踏板状态——踩制动、未制动。

⑥ BMS 状态——继电器、电压、电流等。

⑦ MCU 状态——工作模式、转速、扭矩等。

⑧ 其他控制系统状态。

（2）整车工作模式

纯电动汽车整车分为两个工作模式：充电模式、行驶模式。

VCU 低压唤醒后，周期执行整车模式的判断，其中，充电模式优先于行驶模式。

当有充电唤醒信号、（快慢充）充电门板信号时，整车处于充电模式。

启动钥匙 ON 挡且无充电唤醒信号、无充电门板信号时，整车处于行驶模式。

充电模式不能切换到行驶模式。启动开关在 ON 挡同时充电，此时关闭充电口，车辆不能上高压，需驾驶员将启动开关置于非 ON 挡，并再次到 ON 挡时，方可上高压。

行驶模式可以切换到充电模式。整车在行驶模式时，如果检测有充电需求，VCU 需先执行高压下电后，再进行正常的充电流程。

（3）整车驱动控制

整车驱动控制，即扭矩控制是整车控制器的主要功能之一，其控制原理如图 3-19 所示。

其核心是工况判断—需求扭矩—扭矩限制—扭矩输出四部分。

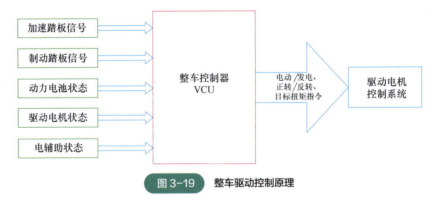

图 3-19　整车驱动控制原理

通过整车状态信息（加速/制动踏板位置、当前车速和整车是否有故障信息等）来判断出当前需要的整车驾驶需求（如起步、加速、减速、匀速行驶、跛行、限车速、紧急断高压），根据判断得出的整车工况、动力电池系统和电机驱动系统状态计算出当前车辆需要的扭矩。

各工况的需求扭矩如下：

① 紧急故障工况——零扭矩后切断高压。

② 怠速工况——目标车速 7km/h。

③ 加速工况——加速踏板的跟随。

④ 能量回收工况——发电。

⑤ 零扭矩工况——零扭矩。

⑥ 跛行工况——限功率、限车速。

根据整车当前的参数和状态及前一段时间的参数及状态，计算出当前车辆的扭矩能力，根据当前车辆需要的扭矩，最终计算出合理的最终需要实现的扭矩。

扭矩输出的限制因素包括动力电池的允许充放电功率、驱动电机的驱动扭矩/制动扭矩、电辅助系统工作情况、最大车速限制等。

（4）整车高压及辅助系统控制

整车高压辅助系统主要包括：高压主负继电器、空调系统高压继电器、水泵、DC/DC、冷却风扇、电子转向助力系统。

（5）整车信息管理

整车信息系统显示与监控平台信息管理。

（6）整车故障管理

整车故障管理通过判断整车的各个传感器、执行机构的状态，置出相应的错误标志，协调在故障情况下各个模块的计算、执行。

整车控制器根据电机、电池、DC/DC等零部件故障、整车CAN网络故障及VCU硬件故障进行综合判断，确定整车的故障等级，并进行相应的控制处理。

现对整车的故障等级划分见表3-1。

表3-1 整车的故障等级划分

等级	名称	故障后处理
一级	致命故障	紧急断开高压
二级	严重故障	零扭矩
三级	一般故障	跛行
		降功率
		限功率 <7kW
		限速 <15km/h
四级	轻微故障	只仪表显示（维修提示） 能量回收故障，仅停止能量回收

纯电动汽车整车高压线束与高压件

（7）远程控制

① 远程查询功能 用户可以通过手机APP实时查询车辆状态，实时了解自己爱车的状况包括剩余SOC值、续驶里程等。

② 远程空调控制 无论是在炎热的夏季还是在寒冷的冬季，用户在出门前就可以通过手机指令实现远程的空调制冷、空调暖风和除霜功能，尤其对于带宝宝出门的用户，提前开启远程暖风或远程制冷，用户和宝宝一上车就可以进入一个舒适的环境。

③ 远程充电控制 用户离开车辆时将充电枪插入充电桩，并不进行立即充电，可以利用电价波谷并在家里实时查询SOC值，需要充电时通过手机APP发送远程充电指令，进行充电操作。

3.2.3.3 纯电动汽车整车上下电过程

整车上下电包括低压供电与断电、唤醒与取消唤醒、高压上电与下电三个部分。

其控制功能涉及整车所有控制单元，包括整车控制器VCU、电机控制器INV/MCU、动力电池内的高压板BCU、空调AC、DC/DC、仪表ICM、远程终端控制器RMS、充电机CHG等。

（1）低压供电及唤醒原理

① 整车低压供电原理　由蓄电池直接供电，主要有整车控制器 VCU、组合仪表 ICM、数据采集终端 RMS、DC/DC 和电池管理系统 BMS（由红色线所连接）。

由 ON 挡继电器供电，当点火钥匙转到 ON 挡后，ON 挡继电器线圈被接通，从而将 12V 蓄电池电压送到挡位控制器和电动助力 EPS 控制器给其供电。

由 VCU 控制低压继电器供电，当 VCU 有蓄电池直接供电电压后，内部部分电路工作，从而控制空调 AC 继电器、电机控制器 MCU 继电器和倒车灯继电器接通供电的控制器。

② 非充电模式下各控制器唤醒原理　非充电模式下控制器唤醒主要有 ON 挡继电器唤醒和 VCU 唤醒 2 种。

a. 由 ON 挡（IG1）继电器唤醒的控制器有：整车控制器 VCU、组合仪表 ICM 和数据采集终端（由黄色线所连接）。

b. 由 VCU 唤醒，当 VCU 被唤醒后将送出唤醒信号电压给电池管理系统 BMS 和 DC/DC（由绿色线所连接）。

③ 慢充模式下各控制器唤醒原理　慢充电模式下控制器唤醒主要有慢充唤醒 CHG 和 VCU 唤醒 2 种。

a. 慢充（CHG12V）唤醒信号是当充电桩与车载充电机建立充电关系后，车载充电机控制内部继电器接通后送出，分别送给整车控制器 VCU 和数据采集终端 RMS。

b. 由 VCU 唤醒。当 VCU 被唤醒后将送出唤醒信号电压给电池管理系统 BMS 和 DC/DC。

④ 快充电模式下各控制器唤醒原理　快充电模式下控制器唤醒主要有快充唤醒和 VCU 唤醒 2 种。

a. 快充唤醒信号是当快充桩与车辆建立充电关系后，快充桩送出快充唤醒信号给整车控制器 VCU 和数据采集终端 RMS。

b. 由 VCU 唤醒，当 VCU 被唤醒后将送出唤醒信号电压给电池管理系统 BMS 和 DC/DC。

⑤ 远程模式下各控制器唤醒原理　远程模式下控制器唤醒主要有远程 APP 唤醒、远程唤醒和 VCU 唤醒 3 种。

a. 远程 APP 唤醒信号送给数据采集终端 RMS。

b. 数据采集终端被唤醒后将送出唤醒信号唤醒整车控制器 VCU。

c. VCU 送出信号唤醒组合仪表 ICM、DC/DC、电池管理系统 BMS 信号线。

（2）高压供电原理

① 预充电电路模块的作用　预充电电路模块的作用是防止在高压接触器闭合瞬间形成的强电流和高电压对动力电机驱动系统高压器件形成冲击，导致接通高压电路瞬间造成器件损毁。预充电电路模块通过 VCU 在上电过程中控制相应高压接触器通断时序，达到高压系统安全上电的目的。

② 高压接触器的控制顺序　首先是整车控制器 VCU 控制负极接触器接通后，再由电池管理系统 BMS 控制预充接触器闭合，当预充结束后，再由 BMS 控制正极接触器闭合同时预充接触器断开。这样完成动力电池高压供电。

（3）整车上电流程

启动开关 ON 挡，BMS、MCU 当前状态正常且不满足整车充电条件，开始执行高压上电：

① BMS、MCU 初始化完成，VCU 检查 BMS 反馈电池继电器状态；

② BMS 正极继电器处于断开状态，VCU 执行闭合高压主继电器；

③ VCU 执行闭合其他高压系统继电器（空调系统高压继电器）；

④ VCU 发送 BMS 上电指令，进行预充电操作；
⑤ 电池反馈预充电完成状态，高压连接指示灯熄灭；
⑥ 检查挡位在 N 挡，且上电过程中驾驶员对点火钥匙有 START 的操作；
⑦ 仪表显示 Ready 灯点亮，水泵、DC/DC 开始工作。

3.2.3.4 纯电动汽车仪表板认知

由于动力系统上本质的不同，电动汽车仪表系统在显示内容方面不同于传统汽车，比如纯电动汽车没有油箱和发动机，由电池组和电机分别提供能源和动力，驾驶人不再需要了解油量和发动机信息，取而代之的是电池组的工作情况（主要包括电池组的剩余容量及当前工作状态）和电机信息。因此，电动汽车仪表板就需要在保留传统汽车仪表板显示信息的基础上，增加电池与电机工作状态等信息。GB/T 19836—2019《电动汽车仪表》明确规定，电动汽车仪表系统显示信息的类别应包括：可行驶模式、可行驶里程、车辆瞬时功率、驱动功率限制、车载储能装置剩余能量、充电状态、故障警告等内容。

目前电动汽车用仪表系统多为采用 CAN 总线通信和 LCD 液晶屏显示的 CAN 总线组合仪表，将以前模拟组合的分离式仪表数字式地统一管理起来，在提高精度、稳定性和寿命的同时，降低了制造成本。

与传统汽车的组合仪表一样，电动汽车组合仪表显示的内容包括表头（指针）显示和报警（指示灯）显示两部分。指针显示的内容包括电机转速、发动机转速（混合动力汽车）、车速、电压、电流、荷电状态等；指示灯显示的报警信号主要有运行准备就绪、过热、超速、剩余容量低限、绝缘电阻、驱动控制器就绪、能量回馈故障、停车指示、充电指示、互锁指示、系统故障、动力电池故障等。如图 3-20 所示为北汽纯电动汽车仪表板。

图 3-20　北汽纯电动汽车仪表板

仪表板中各仪表和指示灯的含义见表 3-2。

表 3-2　仪表和指示灯的含义说明

序号	显示	名称	指示说明
1		动力电池温度表	共分 5 个 LED，由下至上依次点亮表示动力电池温度，只点亮最下一个表示电池温度过低，点亮全部 5 个表示电池温度过高

续表

序号	显示	名称	指示说明
2		充电线连接指示灯	点亮表示充电线连接
3		左转向灯	左转向
4		右转向灯	右转向
5		电机故障灯	电机过热或电机控制系统故障时点亮
6		高压断开报警灯	表示高压系统没有工作
7		绝缘故障报警灯	表示发生了绝缘故障
8		动力电池故障报警灯	表示动力电池故障
9		安全气囊故障报警灯	表示安全气囊故障
10		乘员远离车辆报警灯	当车辆有着火隐患时点亮，警告车辆乘员迅速远离车辆
11		制动系统故障报警灯	当发生制动真空泵故障，或者制动液位低时点亮
12		系统故障灯	当发生动力系统故障或通信故障时点亮
13	READY	READY 灯	表示车辆可以行驶
14	ECO	ECO 灯	表示车辆在比较经济节能的车况下行驶
15		手刹指示灯	表示手刹拉起
16		安全带未系报警灯	表示驾驶员未系安全带，当车速提高至 20km/h 以上时，还会伴随有声音报警
17		12V 蓄电池充电故障	表示 12V 蓄电池充电故障或者蓄电池电压低
18		ABS 故障灯	表示 ABS 系统故障
19		远光灯	表示远光灯打开

续表

序号	显示	名称	指示说明
20		雾灯	表示雾灯打开
21		充电提醒灯	电量过低时点亮
22		剩余电量表	当前 SOC 范围 / 剩余电量表 LED 点亮数目 SOC > 82% — 5 82% ≥ SOC > 62% — 4 62% ≥ SOC > 42% — 3 42% ≥ SOC > 22% — 2 22% ≥ SOC > 5% — 1 SOC ≤ 5% — 0
23		清零操作杆	位于仪表的右下的一个黑色塑料杆，正常工况下，短按可以清除当前报警音，长按可以清零小计里程；充电工况下，短按可以点亮仪表显示充电信息
24		数显车速	显示当前车速，显示车速一般为实际车速的 1.1 倍
25		档位	显示当前挡位（PRNDL），如果发生了挡位故障，则挡位闪烁
26		小计里程和总计里程	上面是小计，最大值 999.9km，下面是总计，最大值 999999.9。小计里程达到最大值以后会自动归零重新计算。长按小计里程 3s 以上可以清零小计里程，里程的显示是通过车速和时间来进行计算的
27		续航里程	显示车辆当前的续驶里程，当信号值为 0 时，仪表显示 ---
28		电流表	显示车辆当前的充放电电流，正值为放电，负值为充电或制动能量回收

3.3 典型纯电动汽车介绍

 学习导入

> 一位客户想要购买一台纯电动汽车，但对市场上的纯电动汽车品牌缺乏了解，作为 4S 店的一名销售顾问，你需要为客户介绍各品牌纯电动汽车的相关情况，帮助客户对各品牌纯电动汽车进行对比分析。

3.3.1 国外典型纯电动汽车介绍

3.3.1.1 特斯拉

（1）特斯拉汽车公司及其车型介绍

特斯拉（Tesla），是一家美国电动汽车及能源公司，产销电动汽车、太阳能板及储能设备。总部位于帕洛阿托，2003年7月1日，由马丁·艾伯哈德和马克·塔彭宁共同创立，创始人将公司命名为"特斯拉汽车"，以纪念物理学家尼古拉·特斯拉。

① Tesla Roadster 特斯拉第一款汽车产品 Roadster 发布于2008年，为一款两门运动型跑车，如图3-21所示。这是第一辆使用锂电池技术、每次充电能够行驶320km以上的电动车。

② Tesla Model S 2012年，特斯拉发布了 Model S，一款四门高性能电动轿车，如图3-22所示。Model S 拥有独有的底盘、车身、发动机以及能量储备系统。

图3-21　Tesla Roadster

图3-22　Tesla Model S

③ Tesla Model X 2012年2月9日，Tesla公司发布了全尺寸纯电动SUV车型 Model X，如图3-23所示。其后门采用设计前卫的鹰翼门造型，而依靠动力强劲的电动机驱动，0～96km/h加速时间为5s内。这款全尺寸纯电动SUV在2015年量产。

图3-23　Tesla Model X

④ Tesla Model S P85D 2014年10月10日，特斯拉公司在美国洛杉矶正式发布了"D"计划，主要发布的车型包含60D、85D和P85D，前两个车型于2015年2月推出，Model S P85D 于2015年底推出。

特斯拉 Model S P85D 配备全驱系统，最高车速可以达到155mi/h（约249km/h），增设的雷达和摄像头可以识别行人和路标，实现自动泊车、高速公路自动驾驶、堵车自动跟随等功能。

（2）特斯拉的技术优势

① 电池 特斯拉是采用18650型三元锂离子电池的电动汽车公司，如图3-24所示。针对电动汽车的应用环境，特斯拉使用的18650型电池又不同于笔记本等数码设备所使用的18650型电池，其技术标准也要高于后者，例如在设计上，特斯拉使用的18650型电池能量密度高于同时期其他类锂电池50%以上。

特斯拉选择18650型电池的原因主要有：

a. 能量密度大，稳定性、一致性更高。

b. 技术较为成熟、生产自动化程度高，可以有效降低电池系统成本。

c. 单体电池尺寸小但可控性高，可降低单个电池发生故障带来的影响，即使电池组的某个单元发生故障，也不会对电池整体性能产生影响。

图3-24　特斯拉电池组

特斯拉解决18650型传统电池短板的办法包括：活性的电化学材料、改进的电芯结构设计、优化模组设计、先进的故障保护机制和电池充放电控制，以及其业内领先的热管理系统和电池管理系统。

热管理系统不仅仅指液冷，还有围绕电芯覆盖面的绝缘、导热创新材料的应用，以及长方形铝制冷却管路的设计，确保电池工作在最优化、最一致的温度区间，从而获得即使在低温低电量时的电芯均衡一致性，并延长电池循环寿命，满足汽车级要求。

电池管理系统是指基于汽车级的硬件软件，特别是多重安全设计，协同电芯、模组、电池包的安全装置，确保电池包安全可靠。同时该系统创新的控制策略保证了电池的监控管理精度最优化。

在系统层面，设置有系统安全控制器，用以监控电池系统控制器。在车辆发生碰撞时，电池的外部结构可以保护电芯免受冲击并自动切断电源，这样一套电池控制系统已经成为特斯拉汽车电池的技术核心。

② 电机　特斯拉在后轮驱动的基础上，在前轴加装了一台电机，使之成为双电机全轮驱动，如图3-25所示。特斯拉采用三相四极交流感应电动机，铜转子，具有变频驱动功能的驱动逆变器与动能再生制动系统。不仅体积小，重量轻，而且可以瞬时输出到最大扭矩，并在全寿命内基本无需保养。

图3-25　特斯拉双电机驱动

两台电机对Model S前后轮扭矩分别进行数字化独立控制，实现了车辆卓越的牵引控制，提升了性能表现的精准度。此外，Model S的双电机数字化扭矩控制与低重心设计相结合，有效地增强了车辆的抓地力及操控性能。双电机的使用从多个技术层面强化了Model S的性能优势，使其拥有极限速度和极佳稳定性。

③ 铝制车身　特斯拉主要采用的是美国铝业公司（Alcoa）生产的铝材来制造底盘和车身板件，如图 3-26 所示。高刚度、高强度结构不仅能保护车内乘员，还能提供更好的整体操控性。没有内燃机发动机的影响，经过优化的车前部，更有利于乘员的安全。完全平直的双八边形导轨沿车体结构底部布置设计，在紧急情况下可以吸收冲击能量。关键部位采用高强度钢材增强乘员安全。

④ 安全性

a. 车身安全。不同于传统汽车普遍采用的钢制车身，特斯拉 Model S 的车身和底盘主要采用铝合金材料打造，相比传统钢材，铝材料本身就具有更好的金属延展性，因此可以更有效地吸收冲击力。同时车身框架用高强度材料加固，撞击时能够有效吸收能量，但驾驶舱却不易变形。从实际高速驾驶强烈碰撞的结果来看，Model S 也证明了铝材料所具备的优势。

由于全车最重的部件——电池组位于底盘正下方，这为车身安全带来两方面助益：

第一，沉重的电池组所带来的低重心让特斯拉几乎不会发生侧翻；

第二，特斯拉电池组本身就设计非常坚固，这无形中又为车辆乘员舱增加了一层保护。

除此之外，特斯拉 Model S 拥有前行李舱设计，如图 3-27 所示，这不仅为车主腾出了一个巨大的储物空间，还起到了碰撞前缓冲区的作用。

图 3-26　特斯拉全铝车身

图 3-27　特斯拉前行李舱

特斯拉自动驾驶功能结合前置摄像头、雷达、360°超声波传感器以及实时车流量更新，能够探测车身周围约 5m 范围内的障碍物，能够在开阔路面和频繁停车起步的路况中自动驾驶 Model S。标准配备的安全功能会始终监控停车标志、车辆和行人，以及无意识变道。也就是说，特斯拉随时随地为车主规避风险，防止事故的发生。

b. 电池安全。特斯拉高效的电池控制管理系统，借鉴了互联网程序管理控制成百上千台服务器的模式，引入了分层管理的方法。特斯拉开发的电池管理系统的优势在于能够准确估测电池单体的荷电状态（State of Charge，SOC），保证 SOC 维持在合理的范围内，防止由于过充电或过放电对电池造成损伤。

此外，电池组中的每一个电池单体都连接着一个热敏电阻以及一系列的光导纤维，同时将热敏电阻连接到电池监控器，将光导纤维连接到光敏感应器。当某个电池单体温度超过安全标准时，热敏电阻将产生一个电信号传达至电池监控器以便启动电池冷凝系统保证电池安全性能。特斯拉电池模组采用水冷散热，使得电池保持在恒定温度区间以避免电芯过热。

当电池发生火情时，会被电池组架构中内置的防火墙阻隔在车身前面的一小部分空间内，火情根本无法进入乘员空间。同时，万一发生碰撞，电池结构可以保护电芯免受冲击，并自动断开电源。

c. 信息安全。在未带钥匙的情况下，特斯拉手机 App 可以直接操控汽车，但是每次都需要账户信息的输入，每次解锁都有一个寻找密钥的过程。特斯拉车上有很多安全模块和跟钥匙有交互关系的控制器，这不是一个简单的设计，有时即使有钥匙，也不见得能够打开，它随时处于检测状态，每隔几秒进行一个循环、配比，只有在安全、配比成功的条件下才能解锁、开动。

⑤ 智能化

a. 空中升级。空中升级是大多数特斯拉车主倾心的智能化服务，它好比目前的智能手机，车主可以在联网状态下随时随地更新车辆的最新功能。

b. 远程诊断。这项功能可以让车主在遇到问题时，能够直接联络特斯拉技术支持售后，特斯拉工程师可直接通过后台查看车辆出现的问题，不用到店检查，节省了车主时间，提高了诊断效率。

c. 自动求助。智能汽车不仅要智能、环保，还要更安全。特斯拉不仅可以通过辅助驾驶、自助驾驶等功能保护车辆出行安全，自动求助功能也是一大亮点。

d. 交互关系。特斯拉目前配有官方移动客户端软件，车主可通过 App 操作实时操控车辆。车主忘记带钥匙，手机便可开启车门；车辆丢失，远程应用即可查看车辆位置并协助找回车辆。

3.3.1.2 日产 LEAF（聆风）

2009 年日产发布世界第一款经济型零排放汽车——LEAF，如图 3-28 所示。真正做到了零排放的动力总成和车型平台，独特的车型设计，配备了先进的由锂离子电池驱动的车辆底盘，续驶里程为 160km。2017 年日产发布了全新一代 LEAF，续驶里程提高到 400km。

日产 LEAF 的主要总成如图 3-29 所示。LEAF 使用新研发的锂电池组，其性能表现与普通经济型掀背车接近，电池组最大能支持 120hp（1hp ≈ 0.75kW）的电动机。LEAF 配搭的电动机的峰值马力和扭矩输出分别为 107hp 和 280N·m，动力数值与大部分小型和中型家用车的表现接近，并且 LEAF 的扭矩输出相对于汽油机的优势非常明显。LEAF 的快充模式能够在 30min 内将电池组电量补充到 80%，大大改善了电池组不能迅速补给的难题。但快速充电仅适用于紧急之需，将电池充满仍然需要 8h，车主可以利用夜间进行充电。

图 3-28　日产 LEAF 电动汽车

图 3-29　日产 LEAF 主要总成

3.3.1.3 大众 E-Up

首次亮相于2009年法兰克福车展的大众汽车 E-Up，采用了前置前驱的布局，如图 3-30 所示。

大众 E-Up 采用锂离子电池供电，锂电池组可以提供 18kW·h 的电池容量，如图 3-31 所示。该电池可足够驱动 E-Up 行驶 130km，满足多数车主在市区内的续驶里程，并且真正实现了零排放。

图 3-30　大众 E-Up 纯电动汽车　　　　图 3-31　大众 E-Up 电池组

大众 E-Up 搭载一台 60kW 的电机，其峰值扭矩可以达到 210N·m，超过一款 2.0L 发动机的扭矩输出，如图 3-32 所示。在这款电机的驱动下，大众 E-UP 可以在 5s 内完成 0～50km/h 的加速，其最高车速可达 135km/h。

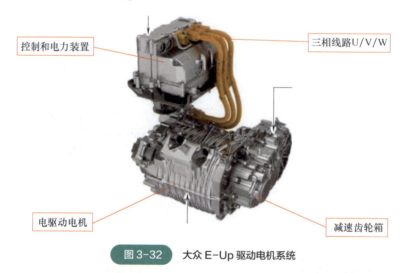

图 3-32　大众 E-Up 驱动电机系统

3.3.2　国内典型纯电动汽车介绍

3.3.2.1　北汽 EV200

北京新能源汽车股份有限公司成立于 2009 年，是北汽集团旗下的新能源公司。已经推出 EH、EU、EX、EV、EC、LITE 六大系列车型 10 余款纯电动乘用车。

EV200 是北汽新能源于 2014 年底推出的一款纯电动汽车，是一款集动感时尚、超强性能、科技配置、贴身安全、健康环保为一体的一款自主 A0 级轿车，如图 3-33 所示。

（1）动力性能

一是续驶里程超过 200km，二是加速性好，0～50km/h 加速时间为 5.3s，最高车速为

125km/h。

（2）电池性能

一是搭载韩国 SK 电池，电池容量达 30.4kW·h，电池系统循环寿命（90%DOD）长，完整充换电≥ 2000 次，累计可使用 40 万 km。二是采用三元电池正极材料。

（3）电机性能

一是配备高效率永磁电机，该电机最大功率可达 30/53kW，最高效率≥ 90%，是汽油发动机的 3 ～ 4 倍。二是北汽新能源自主研发，达到行业先进水平技术，在安全可靠性方面领先同级别产品。三是大功率、高扭矩输出，使得 EV200 的加速能力、爬坡能力大幅提高。四是轻量化设计有利于整车减重、实现省电效果；五是效率高，系统最高效率可达 95%，续驶里程长。

（4）电控性能

拥有全新 Tricore 控制平台，双核六十四位核心处理系统，更高效的安全保障和电动汽车策略优化，耐高温、高寒。

3.3.2.2 比亚迪 e5

比亚迪目前是一家同时掌握新能源汽车电池、电机、电控及充电配套、整车制造等核心技术以及拥有成熟市场推广经验的企业。从 2008 年开始，比亚迪成功推出 F3DM、e6、K9、秦、唐、宋、元以及豪华电动车腾势（与戴姆勒合资）等新能源汽车，并且率先提出"公交电动化"战略。

比亚迪 e5 为一款新能源、新动力、零排放的纯电动轿车，是比亚迪在速锐燃油车的基础上开发的一款纯电动车型，如图 3-34 所示。

图 3-33　北汽 EV200 外观图

图 3-34　比亚迪 e5 外观

e5 所使用的驱动电机、电控、动力电池等均是比亚迪自主研发产品，是比亚迪的核心技术。比亚迪 e5 搭载的是一台输出功率为 160kW、最大扭矩为 310N·m 的永磁同步电机，搭配三元锂电池，最高车速为 130km/h。电池容量为 43kW·h，综合工况下续驶里程为 305km。

（1）比亚迪 e5 的技术亮点

① 节能、环保、无污染　在各种工况下都是由电力驱动，在环保方面完全实现了零排放。动力电池和启动电池均采用比亚迪自主研发和生产的铁电池，其含有的所有化学物质均可以无害的方式分解吸收，能够很好地解决二次回收等环保问题，不会给环境造成任何危害。

② 操控平稳、动力充足　整车重心位置低，操控平稳，峰值功率 160kW，额定功率 80kW，电动机可以为 e5 提供高转速、大扭矩，0 ～ 100km/h 加速时间小于 14s，最高车速可达 130km/h。

③ 低噪声、良好的乘坐舒适性　整车完全在纯电动工况下行驶，车内、车外声音极小，能给用户提供燃油车无法比拟的驾驶、乘坐环境。

④ 超高的安全性能　比亚迪铁动力电池经过高温、高压、撞击等试验测试，安全性能极佳。

（2）比亚迪 e5 高压电控总成介绍

比亚迪 e5 高压电控总成集成两电平双向交流逆变式电机控制器模块、车载充电器模块、DC/DC、变换器模块、高压配电模块和漏电传感器，如图 3-35 所示。

① 电机控制器　作为整个电动系统的控制中心，它由逆变器和控制器两部分组成。逆变器接收电池输送过来的直流电电能，逆变成三相交流电给汽车电机提供电源，图 3-36 所示为电机控制器工作原理。

② DC/DC 转换器　DC/DC 转换器将电池组 633.6V 直流电转换成 9～14V 直流电，提供给低压辅助电池。再把辅助电池作为电源驱动车辆的雨刷及灯光照明等器件，如图 3-37 所示。

图 3-35　比亚迪 e5 高压电控总成

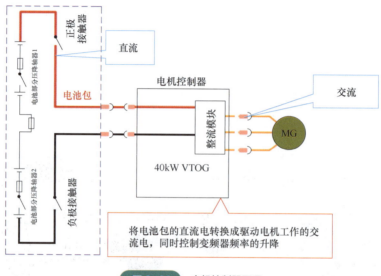

图 3-36　电机控制器原理

图 3-37　DC/DC 转换器

③ 高压配电箱　高压配电箱是整车高压电配电装置，实现电源分配、接通、断开。通过配电箱对电池包体中巨大的能量进行控制，相当于一个大型的电闸，通过接触器（继电器）的吸合来控制电流通断，将电流进行分流等，如图 3-38 所示。

图 3-38　高压配电箱

④ 充电控制部分　充电控制通过充电机控制连接的充电枪信号，电机控制器将此充电信号传递给车载充电器。车载充电器控制交流充电接触器闭合，给电池组充电。

⑤ 漏电传感器　高压系统漏电时，传感器会发出一个信号给电池管理器，电池管理器接收到漏电信号后会根据漏电情况马上报警或者控制马上断开高压系统，防止高压漏电对人或者物品造成伤害和损失，如图 3-39 所示。

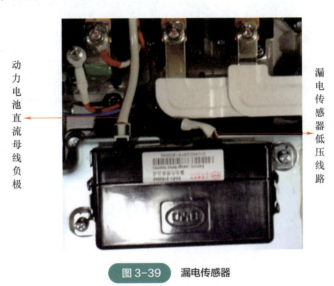

图 3-39　漏电传感器

3.3.2.3　吉利帝豪 EV

帝豪 EV 是吉利首款高性能纯电动轿车，如图 3-40 所示。

帝豪 EV 继承了汽油版车型的造型，采用了回纹遁形的进气栅格造型，使得正常造型更流畅和大方时尚。在细节上面涂漆改换成了靛蓝色的格栅饰条。在翼子板和油箱盖上面还可以看见帝豪 EV 的标识，车身两侧还有天蓝色拉花和闪电风格的饰条。

动力方面，帝豪 EV 使用了高性能的三元锂电池，电池容量为 45.3kW·h，发电机的最大功率为 95kW，最大扭矩 240N·m，最高车速可达 140km/h。而市区驾驶最常用到的 0～50km/h 加速仅为 4.3s。续航方面，在综合工况下最大行驶里程为 253km，60km/h 等速巡航下最大行驶里程可达 330km。充电方面，帝豪 EV 配备了五种充电模式，在慢充模式下需 14h 完成充电，而在快充模式下仅需 48min 即可完成充电。

帝豪 EV 纯电动汽车有一套高压供电系统，如图 3-41 所示。高压供电系统由动力电池为电

机控制器、驱动电机、电动压缩机、PTC加热器等高压部件提供能量。此外动力电池还有一套直流快充充电系统和一套交流慢充充电系统。

所有的高压部件都由高压配电系统连接输送电能。高压配电系统主要包括以下部件：分线盒、直流充电接口、交流充电接口、直流母线、电机三相线，如图3-42所示。

图3-40 吉利帝豪EV外观图

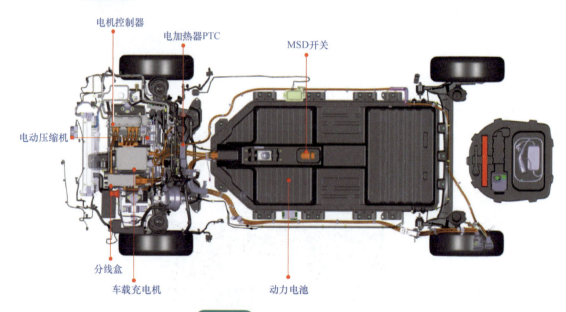

图3-41 帝豪EV高压供电系统

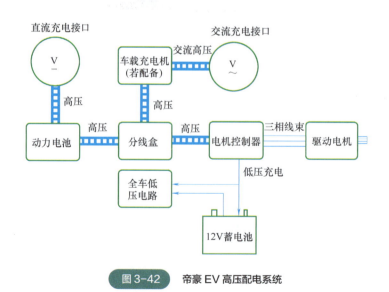

图3-42 帝豪EV高压配电系统

复习思考题

1. 什么是纯电动汽车?
2. 纯电动汽车有哪些优缺点?
3. 纯电动汽车的驱动方式有哪几种?
4. 纯电动汽车的高压系统包括哪些组件?各自的作用是什么?
5. 动力电池系统由哪几部分组成?各自的作用是什么?
6. 纯电动汽车需要解决的关键技术有哪些?
7. 纯电动汽车整车控制器的主要功能有哪些?
8. 纯电动汽车整车状态的获取内容有哪些?
9. 简述纯电动汽车整车上电流程。

模块 4
燃料电池汽车

知识目标

1. 掌握燃料电池汽车的概念及结构形式；
2. 了解燃料电池的工作原理和类型；
3. 熟悉燃料电池汽车的结构及关键技术；
4. 了解典型燃料电池汽车的结构特点。

能力目标

1. 能够识别燃料电池汽车的主要零部件；
2. 能够解释燃料电池汽车的工作过程；
3. 能够对典型燃料电池汽车进行技术介绍。

职业素养

培养自主学习能力以及分析问题、解决问题能力，具备团队协作、爱岗敬业的精神，形成良好的职业素养。

4.1 认识燃料电池

学习导入

随着环境问题和能源问题的日益突出，新能源汽车成了世界各大汽车厂商及研发机构的研究热点，而在其中，燃料电池汽车（Fuel-Cell Vehicle，FCV）以其高效率和近零排放被普遍认为具有广阔的发展前景。与通常的电动汽车比较，其动力方面的不同在于燃料电池汽车用的电力来自车载燃料电池装置。因此，燃料电池汽车的关键是燃料电池。请通过查找资料对燃料电池的类别和原理进行分析。

4.1.1 燃料电池基本知识

4.1.1.1 燃料电池概述

（1）燃料电池的定义

燃料电池是一种把燃料所具有的化学能直接转换成电能的化学装置，又称电化学发电器。它是继水力发电、热能发电和原子能发电之后的第四种发电技术。

燃料电池介绍

燃料电池与普通电池的区别如下：

① 燃料电池是一种能量转换装置，普通蓄电池是一种能量储存装置，这是燃料电池与普通电池本质的区别。

② 燃料电池的技术性能确定后，其放电特性是连续进行的。普通蓄电池的技术性能确定后，其放电特性是间断进行的。

③ 燃料电池需要一套燃料储存装置和附属设备，在工作过程中，质量逐渐减轻。普通蓄电池没有其他辅助设备，蓄电池的质量和体积基本不变。

④ 燃料电池在产生电能时，氢不断地消耗不再重复使用。普通蓄电池的活性物质反复进行可逆性化学变化，活性物质并不消耗。

（2）燃料电池的优点

燃料电池理论上可在接近100%的热效率下运行，具有很高的经济性。目前实际运行的各种燃料电池，由于种种技术因素的限制，再考虑整个装置系统的耗能，总的转换效率多在45%～60%范围内，如考虑排热利用可达80%以上。此外，燃料电池装置不含或含有很少的运动部件，工作可靠，较少需要维修，且比传统发电机组安静。另外电化学反应清洁、完全，很少产生有害物质。所有这一切都使得燃料电池被视作是一种很有发展前途的能源动力装置。

① 发电效率高　燃料电池发电不受卡诺循环的限制。理论上，它的发电效率可达到85%～90%，但由于工作时各种极化的限制，目前燃料电池的能量转化效率约为40%～60%。若实现热电联供，燃料的总利用率可高达80%以上。

② 环境污染小　燃料电池以天然气等富氢气体为燃料时，二氧化碳的排放量比热机过程减少40%以上，这对缓解地球的温室效应是十分重要的。另外，由于燃料电池的燃料气在反应前必须脱硫，而且按电化学原理发电，没有高温燃烧过程，因此几乎不排放氮和硫的氧化物，减

轻了对大气的污染。

③ 比能量高　液氢燃料电池的比能量是镍镉电池的 800 倍，直接甲醇燃料电池的比能量比锂离子电池（能量密度最高的充电电池）高 10 倍以上。目前，燃料电池的实际比能量尽管只有理论值的 10%，但仍比一般电池的实际比能量高很多。

④ 噪声低　燃料电池结构简单，运动部件少，工作时噪声很低。即使在 11MW 级的燃料电池发电厂附近，所测得的噪声也低于 55dB。

⑤ 燃料范围广　对于燃料电池而言，只要含有氢原子的物质都可以作为燃料，例如天然气、石油、煤炭等化石产物，或是沼气、酒精、甲醇等，因此燃料电池非常符合能源多样化的需求，可减缓主流能源的耗竭。

⑥ 可靠性高　当燃料电池的负载有变动时，它会很快响应。无论处于额定功率以上过载运行或低于额定功率运行，它都能承受且效率变化不大。由于燃料电池的运行高度可靠，可作为各种应急电源和不间断电源使用。

⑦ 易于建设　燃料电池具有组装式结构，安装维修方便，不需要很多辅助设施。燃料电池电站的设计和制造相当方便。

（3）燃料电池汽车对燃料电池的要求

① 由单元电池组成的燃料电池组的比能量不低于 150～200W·h/kg，比功率不低 300W/kg，达到或超过 USABC 提出的电池性能指标水平。

② 各种辅助装备的外形尺寸和质量应尽可能地减少，符合燃料电池汽车的要求。

③ 燃料充添方便迅速，燃料电池能够打开进行电极、电解质和催化剂的修理和更换。

④ 可以在常温条件下工作，不会发生燃料气体和电解液的泄漏或结冰，有可靠的安全性能。

⑤ 可以在负荷变化情况下正常运转，各种结构件有足够的强度和可靠性，能够耐受燃料电池汽车行驶时的振动和冲击。

（4）燃料电池的发展方向

燃料电池汽车技术攻关的焦点集中在提高可靠性、耐久性。目前用甲醇、汽油等通过重整快速转化为氢，是一种成熟的技术，使得氢气的生产成本降低，而更具有竞争力。在燃料电池的催化剂、质子交换膜、燃料电池组、电极的密封性、可靠性和燃料电池组的管理系统等方面也开展了全方位的技术攻关，专业工厂也正在兴起，形成新能源的技术产业。当前世界汽车公司的奋斗目标是使燃料电池的价格大幅度地降低，以实现新型燃料电池电动汽车的商品化。

4.1.1.2　燃料电池的类型

根据不同分类形式，燃料电池可分为以下多种。

（1）按电解质类型分类

常分为：碱性燃料电池（Alkaline Fuel Cell，AFC）、磷酸燃料电池（Phosphoric Acid Fuel Cell，PAFC）、熔融碳酸盐燃料电池（Molten Carbonate Fuel Cell，MCFC）、固体氧化物燃料电池（Solid Oxide Fuel Cell，SOFC）、质子交换膜燃料电池（Proton Exchange Membrane Fuel Cell，PEMFC）以及甲醇燃料电池等。

（2）按燃料电池发展分类

把磷酸燃料电池称为第一代燃料电池，把熔融碳酸盐燃料电池称为第二代燃料电池，把固体氧化物燃料电池称为第三代燃料电池。这些电池均需用可燃气体作为其发电用的燃料。

（3）按燃料电池工作温度分类

把碱性燃料电池、固体高分子型质子膜燃料电池和磷酸型燃料电池称为低温燃料电池；把熔融碳酸盐型燃料电池和固体氧化型燃料电池称为高温燃料电池，并且高温燃料电池又被称为面向高质量排气而进行联合开发的燃料电池。

不同燃料电池的基本情况见表 4-1。

表 4-1 不同燃料电池的基本情况

电池类型	MCFC	SOFC	PAFC	AFC	PEMFC
电解质	K_3/Li_2CO_3 Na_3/Li_2CO_3	氧化钇，稳定的氧化锆	H_3PO_4	KOH	全氟磺酸膜
燃料	净化煤气 天然气 重整气	净化煤气 天然气 重整气	重整气	纯氢	氢气 重整气
技术状态	正在进行固定电站现场实验，需延长寿命	电池结构选择，开发廉价制备技术	高度发展，成本高，余热利用价值低	高度发展、高效	高度发展，降低成本
应用领域	区域性供电	区域性供电联合循环发电	可用于大规模发电，也可用作医院或居民区供电、汽车动力以及不间断电源等	宇宙、AIP（不依赖空气推进装置）推进系统，以及固定发电系统方面	电动汽车、潜艇AIP推动、移动电源、清洁站、航天

4.1.2 燃料电池的工作原理

4.1.2.1 燃料电池的基本组成

燃料电池的主要构成组件：电极、电解质隔膜与集电器等，如图 4-1 所示。

（1）电极

燃料电池的电极是燃料发生氧化反应与氧化剂发生还原反应的电化学反应场所，其性能的好坏关键在于催化剂的性能、电极的材料与电极的制作流程等。

电极主要可分为两部分，其一为阳极，另一为阴极，厚度一般为 200～500mm；其结构与一般电池之平板电极不同之处在于燃料电池的电极为多孔结构，设计成多孔结构的主要原因是燃料电池所使用的燃料及氧化剂大多为气体（例如氧气、氢气等），而气体在电解质中的溶解度并不高，为了提高燃料电池的实际工作电流密度与降低极化作用，故发展出多孔结构的电极，以增加参与反应的电极表面积，而这也是燃料电池当初之所以能从理论研究阶段步入实用化阶段的重要原因之一。

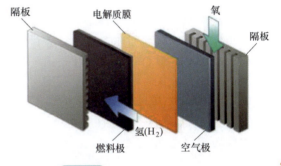

图 4-1 燃料电池的主要构成组件

目前高温燃料电池之电极主要是以催化剂材料制成，例如固态氧化物燃料电池（简称 SOFC）的 Y_2O_3-stabilized-ZrO_2（简称 YSZ）及熔融碳酸盐燃料电池（简称 MCFC）的氧化镍电极等，而低温燃料电池则主要是由气体扩散层支撑一薄层催化剂材料而构成，例如磷酸燃料电池（简称 PAFC）与质子交换膜燃料电池（简称 PEMFC）的白金电极等。

（2）电解质隔膜

电解质隔膜的主要功能为分隔氧化剂与还原剂，并传导离子，故电解质隔膜越薄越好，但亦需顾及强度，就现阶段的技术而言，其一般厚度约为数十毫米至数百毫米；至于材质，目前主要朝两个发展方向，其一是先以石棉（Asbestos）膜、碳化硅 SiC 膜、铝酸锂（$LiAlO_3$）膜等绝缘材料制成多孔隔膜，再浸入熔融锂-钾碳酸盐、氢氧化钾与磷酸等中，使其附着在隔膜孔内，另一则是采用全氟磺酸树脂（例如PEMFC）及YSZ（例如SOFC）。

（3）集电器

集电器又称作双极板（Bipolar Plate），具有收集电流、分隔氧化剂与还原剂、疏导反应气体等之功用，集电器的性能主要取决于其材料特性、流场设计及其加工技术。

4.1.2.2 燃料电池基本工作原理

燃料电池由阳极、阴极和离子导电的电解质构成，其工作原理与普通电化学电池类似，燃料在阳极氧化，氧化剂在阴极还原，电子从阳极通过负载流向阴极构成电回路，产生电流，如图4-2所示。燃料电池其原理是一种电化学装置，其组成与一般电池相同。其单体电池是由正负两个电极（负极即燃料电极和正极即氧化剂电极）以及电解质组成。不同的是一般电池的活性物质贮存在电池内部，因此，限制了电池容量。而燃料电池的正、负极本身不包含活性物质，只是个催化转换元件。因此燃料电池是名副其实的把化学能转化为电能的能量转换机器。电池工作时，燃料和氧化剂由外部供给，进行反应。原则上只要反应物不断输入，反应产物不断排除，燃料电池就能连续地发电。

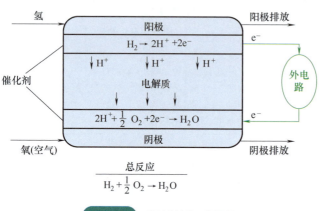

图4-2 燃料电池的工作原理

氢-氧燃料电池反应原理是电解水的逆过程。

负极：$H_2+2OH^- \rightarrow 2H_2O+2e^-$

正极：$1/2O_2+H_2O+2e^- \rightarrow 2OH^-$

电池总反应：$H_2+1/2O_2=H_2O$

4.1.2.3 质子交换膜燃料电池

质子交换膜燃料电池（PEMFC）采用可传导离子的聚合膜作为电解质，所以也叫聚合物电解质燃料电池（PEFC）、固体聚合物燃料电池（SPFC）或固体聚合物电解质燃料电池（SPEFC）。

（1）质子交换膜燃料电池的优缺点

① 优点

a. 高效节能，通过氢的电氧化合成，直接将化学能转化为电能，能量转化效率高达50%～60%。

b. 使用固体电解质膜，可以避免电解质腐蚀。

c. 环境友好，可实现零排放，其唯一的排放物是纯净水或水蒸气，运行噪声低，是环保型能源。

d. 工作电流大，比功率高，比能量大。

e. 可靠性高，维护方便。

f. 发电效率受负荷变化影响很小，非常适合于用作分散型发电装置，也适于用作电网的"调峰"发电机组。

g. 冷启动时间短，可在数秒内实现冷启动。

h. 设计简单、制造方便，体积小、重量轻，便于携带。

i. 燃料的来源极其广泛。

j. 过载能力强，燃料电池的短时过载能力可达200%的额定功率，更适合于汽车的加速、爬坡等工况。

k. 效率随输出功率变化的特性好，燃料电池的效率随输出功率变化的特性比内燃机更适合于汽车的实际运行。

l. 清洁无污染。

② 缺点

a. 质子交换膜的价格高，生产所需技术高，能生产的厂家少。

b. 对CO敏感，需要尽可能降低燃料中CO的浓度，以避免催化剂中毒。

c. 目前由于主要以贵金属铂作为催化剂，因此催化剂成本高。

d. 寿命短，在使用的过程中容易出现性能的衰减。

（2）质子交换膜燃料电池的系统组成

组成质子交换膜燃料电池的基本单元是单体燃料电池，如图4-3所示。单体电池的电化学电动势为1V左右，其电流密度约为100mA/cm²。因此，一个实用化的质子交换膜燃料电池系统，必须通过单体电池的串联和并联形成具有一定功率的电池组，才能满足绝大多数用电负载的需求。此外，还要为系统配置氢燃料储存单元、空气（氧化剂）供给单元、电池组温度、湿度调节单元、功率变换单元及系统控制单元等，将燃料电池组成为一个连续、稳定的供电电源。

图4-3　质子交换膜燃料电池外形

① 燃料电池组（堆）　质子交换膜燃料电池的单体电池，其化学电动势为1.0～1.2V，负载时的输出端口电压为0.6～0.8V。为满足负载的额定工作电压，必须将单体电池串联起来构成具有较高电压的电池组。由于受到材料（如质子交换膜等）及工艺水平的限制，单体电池的输出电流密度约为300～600mA/cm²，因此，欲提高燃料电池的输出电流能力，只能将若干串联的电池组并联，组成具有较大输出能力的燃料电池堆。由于燃料电池堆是由大量的单体电池串并联而成的，因而，存在着向每个单体电池供给燃料与氧化剂的均匀性和电池组热管理问题。

② 燃料及氧化剂的储存与供给单元　为使质子交换膜燃料电池实现连续稳定的运行发电，必须配置燃料及氧化剂的储存与供给单元，以便不间断地向燃料电池提供电化学反应所需的氢和氧。燃料供给部分由储氢器及减压阀组成；氧化剂供给部分由储氧器、减压阀或空气泵组成。

③ 燃料电池湿度与温度调节单元　在质子交换膜燃料电池运行过程中，随着负载功率的变化，电池组内部的工况也要相应改变，以保持电池内部电化学反应的正常进行。对质子交换膜燃料电池运行影响最大的两个因素是电池内部的湿度与温度。因此，在电池系统中需要配置燃料电池湿度与温度调节单元，以便使质子交换膜燃料电池在负荷变化时仍工作在最佳工况下。

④ 功率变换单元　质子交换膜燃料电池所产生的电能为直流电，其输出电压因受内阻的影响会随负荷的变化而改变。基于上述原因，为满足大多数负载对交流供电和电压稳定度的要求，在燃料电池系统的输出端需要配置功率变换单元。当负载需要交流供电时，应采用DC/AC变流器；当负载要求直流供电时，也需要用DC/DC变流器实现燃料电池组输出电能的升压

与稳压。

⑤ 系统控制单元　由上述四个功能单元的配置和工作要求可知，质子交换膜燃料电池系统是一个涉及电化学、流体力学、热力学、电工学及自动控制等多学科的复杂系统。质子交换膜燃料电池系统在运转过程中，需要调节与控制的物理量和参数非常多，难以手动完成。为使质子交换膜燃料电池系统长时间安全、稳定地发电，必须配置系统控制单元，以实现燃料电池组与各个功能单元的协调工作。

（3）质子交换膜燃料电池的关键部件

质子交换膜燃料电池的关键材料与部件：质子交换膜、催化剂、双极板等。

① 质子交换膜　质子交换膜是一种厚度仅为 50～180μm 的膜片，是电极活性物质（催化剂）的基底，如图 4-4 所示。

图 4-4　质子交换膜

质子交换膜兼有隔膜和电解质的作用。隔膜作用就是阻止阴阳极之间气体相通以及电子透过，防止氢氧混合产生爆炸；电解质的作用是仅使质子通过，这样电子就被迫通过外电路流动向外输出电能。

目前常用的质子交换膜为全氟磺酸型固体聚合物。

质子可以自由地通过电解质在膜中迁移，但是质子的移动受质子交换膜润湿条件的制约，膜润湿越好，质子传递阻力越小，也就越容易通过，如果质子交换膜干涸，质子传递则受阻，燃料电池性能就下降。

② 催化剂　催化剂包括阴极催化剂和阳极催化剂。阴极催化剂要求有足够的催化活性和稳定性。阳极催化剂应具有抗 CO 中毒的能力。

目前催化剂的材料主要为贵金属 Pt，如图 4-5 所示。

催化剂研究的重点主要在两个方面：

一是尽量提高 Pt 的利用率，减少单位面积的使用量。

二是寻找新的价格较低的非贵金属催化剂。

③ 双极板　双极板的主要作用是导电，提高电压，导流燃料和氧气以及导流冷却水。

双极板面向电极的表面刻有用于燃料和氧气（空气）流动的沟槽，如图 4-6 所示。双极板中间的沟槽是冷却水的通道，用来带走反应生成的富余热量。

图 4-5　燃料电池催化剂

图 4-6　双极板

（4）PEMFC 电堆

将单体电池以叠加的结构形式串联连接组成电池组，得到 100～300V 的电压之后再使用，称为 PEMFC 电堆，如图 4-7 所示。

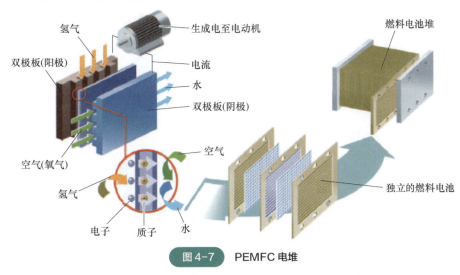

图 4-7　PEMFC 电堆

电堆运行时，质子交换膜需要保持一定的湿度，反应生成的水需要排除。质子交换膜燃料电池的运行温度一般在 80℃左右，此时其运行效能最好，反应气体进入电堆前需要预加热、加湿，电堆发电时产生的热量将使电堆温度升高，必须采取适当的冷却措施，以保持质子交换膜燃料电池电堆工作温度的稳定。通常用热交换器与纯水增湿装置进行调节，并用计算机进行协调控制。

4.2　认识燃料电池汽车

 学习导入

> 与传统汽车相比，燃料电池汽车与传统的内燃机驱动汽车在构造及动力传输等方面的不同，为汽车的整体设计提出了新的要求。传统内燃机汽车的发动机——变速器动力总成在燃料电池汽车中不复存在，取而代之的是燃料电池反应堆、蓄电池、氢气罐、电动机、DC/DC 转化器等设备。请通过查找资料对燃料电池汽车的结构组成和工作原理进行分析。

4.2.1　燃料电池汽车的定义及类型

4.2.1.1　燃料电池汽车的基本知识

（1）燃料电池汽车的定义

燃料电池汽车（FCV）是一种用车载燃料电池装置产生的电力作为动力的汽车。燃料电池电动汽车实质上是电动汽车的一种，在车身、动力传动系统、控制系统等方面，燃料电池电动汽车与普通电动汽车基本相同，主要区别在于动力电池的工作原理不同。与通常的电动汽车比较，燃料电池汽车用的电力来自车载燃料电池装置，电动汽车所用的电力来自由电网充电的蓄电池。车载燃料电池装置所使用的燃料为高纯度氢气或含氢燃料经重整所得到的高含氢重整气。

（2）燃料电池汽车的优缺点

① 优点　与传统汽车相比，燃料电池汽车具有以下优点：

a. 燃料电池的能量转换效率极高。

b. 零排放或近似零排放。

c. 车辆性能接近内燃机汽车。

d. 结构简单、运行平稳。

② 缺点

a. 生产成本高。目前，不论是液态氢、气态氢、储氢金属储存的氢，还是碳水化合物经过重整后转换的氢，氢气是燃料电池的唯一燃料。氢气的产生、储存、保管、运输和灌装或重整，都比较复杂，对安全性要求很高。燃料电池的燃料的生产、运输、储存等成本较高。

b. 使用配套不足。由于氢燃料的生产、储存、运输等都存在一定的安全隐患，因此加氢站等基础网络设施建设相对落后，这制约着燃料电池汽车的推广。

c. 需要配备辅助电池系统。燃料电池可以持续发电，但不能充电和回收再生制动的反馈能量。通常在燃料电池汽车上须增加辅助电池，来储存燃料电池富裕的电能和在燃料电池汽车减速时接收再生制动时的能量。

（3）燃料电池汽车的技术特点

与传统汽车相比，燃料电池汽车与传统的内燃机驱动汽车在构造及动力传输等方面的不同，为汽车的整体设计提出了新的要求。传统内燃机汽车的发动机——变速器动力总成在燃料电池汽车中不复存在，取而代之的是燃料电池反应堆、蓄电池、氢气罐、电动机、DC/DC转换器等设备，而制动系统和悬架也相应变化。因此，根据燃料电池汽车自身特点，在设计时，应作相应的变化和改进。

燃料电池汽车的特点表现在以下几个方面：

① 底盘布置　燃料电池动力总成包括氢气罐总成、蓄电池总成、燃料电池堆总成、动力输出系统总成等。其中，储氢罐一般放置于底盘的中部，或后排座椅的下方空间（传统内燃机轿车的油箱位置），将氢气罐分散存储。除了燃料电池动力总成外，对汽车制动总成、前后悬架总成及轮胎等方面也应作相应的调整和测试。特别是随着轮毂电机技术的发展，使燃料电池汽车在电动机的放置有了新的选择，增大了汽车内部空间。而各电动轮的驱动力也可直接控制，提高恶劣路面条件下汽车的行驶性能。底盘布置应把绝大多数的负载均匀分配在底盘的前后端，降低车辆的总体重心，使轿车具有良好的操控性能，并改善车辆的整体安全性。

② 管理系统　燃料电池汽车的动力系统一般由质子交换膜燃料电池、蓄电池、电机和系统控制设备组成。燃料电池所生成的电能经过DC/DC转换器、DC/AC逆变器等的变换带动电机的运转，将电能转变为机械能，为汽车提供动力。在一些关键部件，如质子交换膜燃料电池和蓄电池等，其热特性及传热性质与传统汽车有着很大的不同，为燃料电池汽车的水、热管理提出了新的目标和要求。

③ 电子控制　与传统汽车相同，电子控制在燃料电池汽车的发展中也将起着越来越重要的作用。汽车的各种操纵系统都会向着电子化和电动化的方向发展，实现"线操控"，即用导线代替机械传动机构，如"导线制动""导线转向"等。现有的12V动力电源已满足不了汽车上

所有电气系统的需要，42V 汽车电气系统新标准的实施，将会使汽车电器零部件的设计和结构发生重大的变革，机械式继电器、熔丝式保护电路也将随之淘汰。

4.2.1.2 燃料电池汽车的类型

（1）按燃料特点分类

燃料电池电动汽车按燃料特点可分为直接燃料电池电动汽车和重整燃料电池电动汽车两种。

① 直接燃料电池电动汽车　直接燃料电池电动汽车的燃料主要是氢气。直接燃料电池电动汽车排放无污染，被认为是最理想的汽车，但存在氢的制取和存储困难等缺点。

② 重整燃料电池电动汽车　重整燃料电池电动汽车的燃料主要有汽油、天然气、甲醇、甲烷、液化石油气等。重整燃料电池电动汽车的结构比氢燃料电池电动汽车复杂得多。

（2）按燃料氢的存储方式分类

燃料电池电动汽车按燃料氢的存储方式可分为压缩氢燃料电池电动汽车、液氢燃料电池电动汽车和合金（碳纳米管）吸附氢燃料电池电动汽车三种。

（3）按动力源的组成分类

燃料电池电动汽车按动力源的组成不同，可分为纯燃料电池驱动（PFC）式、燃料电池与辅助蓄电池联合驱动（FC+B）式、燃料电池与超级电容联合驱动（FC+C）式、燃料电池与辅助蓄电池和超级电容联合驱动（FC+B+C）式四种。

① 纯燃料电池驱动（Pure Fuel Cell，PFC）的燃料电池电动汽车。纯燃料电池电动汽车只有燃料电池一个动力源，汽车的所有功率负荷都由燃料电池承担，如图4-8所示。但由于燃料电池无法实现充电，因此无法实现电动汽车的制动能量回收。

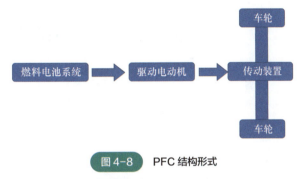

图 4-8　PFC 结构形式

② 燃料电池与辅助蓄电池联合驱动（FC+B）的 FCEV。在该动力系统结构中，燃料电池和蓄电池一起为驱动电机提供能量，驱动电机将电能转化成机械能传给传动系，从而驱动汽车前进，如图4-9所示。在汽车制动时，驱动电机变成发电机，蓄电池将储存回馈的能量。

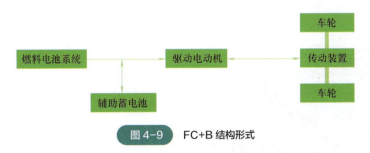

图 4-9　FC+B 结构形式

"燃料电池 + 蓄电池"（FC+B）系统降低了对燃料电池的功率和动态特性的要求，也降低了燃料电池系统的成本，但驱动系统的重量、体积和复杂性增加，从而增加了电池的费用。

镍-氢电池或锂离子电池的比能量及比功率较高，可以减少蓄电池组的体积和重量，越来越多地被用作燃料电池混合动力汽车的蓄电池。但其价格仍非常昂贵，往往需要配备专门的电池管理系统。

③ 燃料电池与超级电容联合驱动（FC+C）的 FCEV。这种结构形式与燃料电池+蓄电池结构相似，只是把蓄电池换成超级电容，如图 4-10 所示。相对于蓄电池，超级电容充放电效率高，能量损失小，比蓄电池功率密度大，在回收制动能量方面比蓄电池有优势，循环寿命长，但是超级电容的能量密度较小。

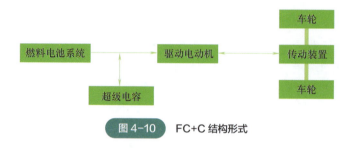

图 4-10　FC+C 结构形式

④ 燃料电池与辅助蓄电池和超级电容联合驱动（FC+B+C）的 FCEV。燃料电池、蓄电池和超级电容一起为驱动电机提供能量，驱动电机将电能转化成机械能传给传动系，驱动汽车前进，如图 4-11 所示。在汽车制动时，驱动电机变成发电机，蓄电池和超级电容将储存回馈的能量。

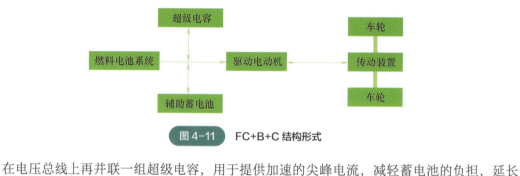

图 4-11　FC+B+C 结构形式

在电压总线上再并联一组超级电容，用于提供加速的尖峰电流，减轻蓄电池的负担，延长其使用寿命。

燃料电池汽车的结构类型

4.2.2　燃料电池汽车的结构原理

4.2.2.1　燃料电池汽车基本组成结构

现在的燃料电池汽车绝大多数采用的是混合式燃料电池驱动系统，将燃料电池与辅助动力源相结合，燃料电池可以只满足持续功率需求，借助辅助动力源提供加速、爬坡等所需的峰值功率，而且在制动时可以将回馈的能量储存在辅助动力源中。燃料电池汽车结构通常包括燃料电池组、电动机、蓄电池（超级电容）、储氢罐等功能部件，如图 4-12 所示。

混合式燃料电池驱动系统有并联式和串联式两种，其驱动系统结构如图 4-13 所示。

混合式燃料电池电动汽车的动力系统主要由燃料电池系统、辅助动力源、DC/DC 转换器、DC/AC 转换器、电机和动力电控系统等组成。

图 4-12　燃料电池汽车基本组成结构

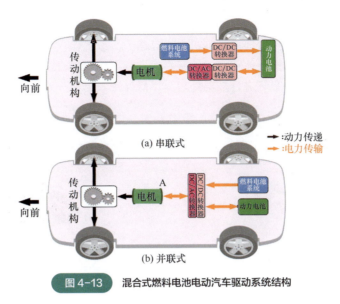

图 4-13　混合式燃料电池电动汽车驱动系统结构

（1）燃料电池系统

燃料电池电动汽车中的燃料电池系统主要由燃料电池组、氢气供给系统、氧气供给系统、气体加湿系统、反应生成物的处理系统、冷却系统和电能转换系统等组成。图 4-14 所示为燃料电池汽车的氢燃料电池系统。只有这些辅助系统匹配恰当和运转正常，才能保证燃料电池系统正常运转，保证电能的输出。

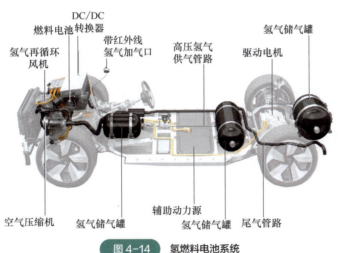

图 4-14　氢燃料电池系统

燃料电池系统的核心是燃料电池电堆，此外，还配备了氢气供给系统、氧气供给系统、气体加湿系统、水循环及反应物生成处理系统等，用以确保燃料电池电堆正常工作。

① 氢气供给系统　氢气供给系统的功能包括氢的储存、管理和回收。由于气态氢需要采用高压的方式储存，因此，储氢气瓶必须有较高的品质。储氢气瓶的容量决定了一次充氢的行驶里程。轿车一般采用 2～4 个高压储氢气瓶，大客车上通常采用 5～10 个高压储氢气瓶来储存所需的氢气量。氢气供给系统的组成如图 4-15 所示。

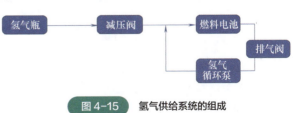

图 4-15　氢气供给系统的组成

② 氧气供给系统　氧气有纯氧和空气两种供给方式。当以纯氧的方式供给时，需要用氧气罐。当从空气中获得氧气时，需要用压缩机来提高压力，以确保供氧量，增加燃料电池反应的速度。空气供给系统除了需要有体积小、效率高的空气压缩机外，还需配备相应的空气阀、压力表、流量表及管路，并对空气进行加湿处理，以确保空气具有一定的湿度。氧气供给系统的组成如图4-16所示。

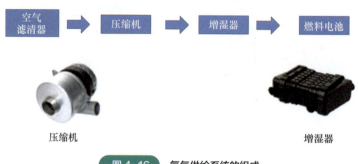

图4-16　氧气供给系统的组成

③ 水循环系统　在燃料电池反应过程中，会产生水和热量，需要通过水循环系统中的凝缩器加以冷凝并进行气水分离处理，部分水可用于反应气体的加湿。水循环系统还用于燃料电池的冷却，以使燃料电池保持在正常的工作温度。

（2）辅助动力源

在燃料电池电动汽车上燃料电池是主要电源，另外还配备有辅助动力源。根据燃料电池电动汽车的设计方案不同，其所采用的辅助动力源也有所不同，可以用蓄电池组、飞轮储能器或超大容量电容器等共同组成双电源系统。

在具有双电源系统的燃料电池电动汽车上，驱动电动机的电源可以出现以下几种驱动模式：

① 车辆启动时，驱动电机的电源由辅助动力源提供。

② 车辆行驶时，由燃料电池系统提供驱动所需全部电能，多余的电能储存到辅助动力源中。

③ 在车辆加速和爬坡时，若燃料电池系统提供的电能还不足以满足燃料电池电动汽车驱动功率要求，则由辅助动力源提供额外的电能，增大驱动电机的功率或转矩，满足车辆的动力要求。此时，形成燃料电池系统与辅助动力源同时供电的双电源的供电模式。

④ 储存制动时反馈的电能，以及向车辆的各种电子、电气设备提供所需要的电能。

（3）DC/DC 转换器

燃料电池电动汽车采用的电源有各自的特性，燃料电池仅提供直流电，电压和电流随输出电流的变化而变化。燃料电池没有接受外电源的充电，电流的方向只是单向流动。

燃料电池汽车电源系统的组成如图4-17所示。

图4-17　燃料电池汽车电源系统的组成

DC/DC 转换器主要实现以下三个功能：

① 调节燃料电池的输出电压；

② 调节整车能量分配；

③ 稳定整车直流母线电压。

（4）驱动电机

燃料电池汽车用的驱动电机主要有直流电机、交流电机、永磁电机和开关磁阻电机等。燃料电池汽车驱动电机的选型必须结合整车开发目标，综合考虑电动机的特性。

（5）动力电控系统

燃料电池汽车的动力电控系统包括燃料电池系统控制、DC/DC 转换器控制、辅助储能装置能量管理、电机驱动控制及整车协调控制等控制功能，各控制功能模块通过总线连接。

4.2.2.2 燃料电池汽车的工作原理

燃料电池汽车的工作原理是，作为燃料的氢在汽车搭载的燃料电池中，与大气中的氧气发生氧化还原化学反应，产生出电能来带动电动机工作，由电动机带动汽车中的机械传动结构，进而带动汽车的驱动桥等行走机械结构工作，从而驱动电动汽车前进，如图 4-18 所示。

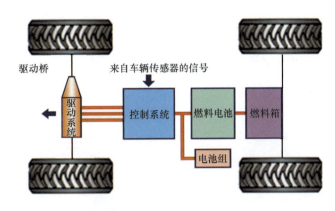

图 4-18　燃料电池汽车的工作原理

燃料电池汽车的工作过程如下：

① 在电动汽车开始行驶时，蓄电池组为驱动系统提供能量，并对燃料电池进行预热，燃料电池动力系统不需要工作。

② 当氢气供给足够时，燃料电池动力系统启动，由燃料电池动力系统为驱动系统提供能量。

③ 当车辆能量需求较大时，燃料电池动力系统与蓄电池组同时为驱动系统提供能量。

④ 当车辆能量需求较小时，燃料电池动力系统为驱动系统提供能量的同时，还给蓄电池组进行充电。

4.2.2.3 燃料电池汽车的工作方式

目前燃料电池汽车多采用燃料电池 + 蓄电池的混合动力模式。在电动汽车起步、加速、匀速、滑行、减速、制动等不同的行驶工况时，燃料电池的工作模式是不同的，大体可分为燃料电池模式、混合动力模式、蓄电池模式、能量回馈模式等。

（1）燃料电池模式

当燃料电池汽车工作在燃料电池模式时，电动机的电力全由燃料电池提供。当蓄电池在非充足电状态（SOC < 1），且燃料电池的电能供给电动机后尚有富余时，燃料电池还可向蓄电池充电。燃料电池汽车在低负荷、匀速、滑行等行驶工况时，通常工作在燃料电池模式。

（2）混合动力模式

混合动力模式是指燃料电池和蓄电池共同提供电动机所需电力的工作方式。在燃料电池汽车加速行驶、高速行驶、上坡或重载的情况下，当燃料电池输出的电功率已不能满足驱动车辆所需的功率时，由蓄电池提供瞬时能量来补充燃料电池汽车加速、上坡的动力需要，或由蓄电池持续地协助燃料电池供电，以满足燃料电池汽车在持续高速或重载下对电源持续电功率输出的需求。

（3）蓄电池模式

蓄电池模式是指燃料电池停止输出电能，车辆单独由蓄电池提供电力。当燃料电池还未启动，而蓄电池的 SOC 值大于最小临界值时，由蓄电池提供电动汽车起步时所需的电能。此外，当燃料耗尽或燃料电池电堆发生故障时，若蓄电池的 SOC 值大于最小临界值，则也可由蓄电池短时间内独立供电。工作在蓄电池模式的燃料电池汽车，对蓄电池容量和输出功率的要求相对较高。

（4）能量回馈模式

能量回馈模式是指电动机工作在发电机状态，将车辆的动能转换为电能，并向蓄电池充电的工作方式。在燃料电池汽车下坡、遇红灯减速及非紧急制动等情况下，当蓄电池又处于非充足电状态（SOC 值在最大临界值以下）时，控制器就将电动机转换为发电机工作方式，将车辆的动能转换为电能，通过向蓄电池充电来实现能量回馈。

4.2.3 燃料电池汽车的安全保护

4.2.3.1 燃料电池系统的安全保护措施

（1）氢气源切断保护装置

当汽车发生碰撞时，氢气的泄漏将会引发严重的安全事故。为此，一些燃料电池汽车设置了相应的保护装置。当汽车发生碰撞事故时，保护装置会根据碰撞传感器所发出的信号及时切断电源和气源，以避免因氢气泄漏而造成更为严重的事故。

（2）用吸能车架保护燃料电池系统

一些燃料电池汽车的车身、车架采取了特殊的结构措施，以保护燃料电池系统在汽车发生碰撞时不易受损。

（3）储氢气瓶的安全措施

储氢气瓶压力高达 25～35MPa。当汽车发生碰撞时，如果高压储氢气瓶受损破裂，则后果将不堪设想。为此，除了选用高强度的储氢气瓶外，在汽车的结构上还要考虑尽可能减小汽车碰撞时对储氢气瓶的冲击。

4.2.3.2 燃料电池汽车氢气监测系统

燃料电池汽车氢气监测系统通常由氢传感器、控制器、报警及安全处理装置等组成，如图 4-19 所示。氢传感器将周围氢气含量参数转换为电信号，并输送给控制器，然后控制器根据氢传感器的信号判断是否有氢气泄漏及泄漏的严重程度，并输出相应的控制信号，使危险报警装置发出危险警报，或使安全保险电路工作，及时排除安全隐患。

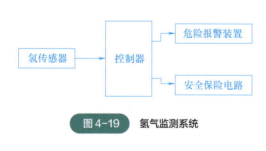

图 4-19　氢气监测系统

（1）车上氢安全控制系统

一些燃料电池汽车的氢安全控制系统配备有多个氢传感器。当任何一个传感器检测到氢气含量达到爆炸下限（体积分数为 4%）的 10%、30% 或 50% 时，控制器就会发出Ⅰ级、Ⅱ级或Ⅲ级报警控制信号，使危险报警装置工作，发出相应的声光报警信号。

（2）车库氢安全控制系统

车库氢安全控制系统通常由氢传感器、控制器、报警装置及排/送风装置等组成。氢传感器安装在车库的顶部。当任何一个氢传感器监测到周围空气中氢的体积分数超过了爆炸下限的 10%、30% 或 50% 时，氢监测系统就会发出Ⅰ级、Ⅱ级或Ⅲ级报警信号。

4.2.3.3 燃料电池汽车其他安全措施

（1）燃料电池汽车的防静电措施

在燃料电池汽车加氢时或在行车过程中，不可避免地会产生静电，这极易引发氢气燃烧或爆炸。为此，一些燃料电池汽车的车体底部通常设有接地导线，可及时将静电释放回大地，以确保燃料电池汽车的安全。

（2）燃料电池汽车的防爆措施

① 采用防爆型氢传感器，不用触点式传感器。
② 在氢安全系统中采用防爆固态继电器。
③ 当氢安全控制系统发出报警时，禁止进行开关电气设备的操作。
④ 当燃料电池汽车储氢气瓶内存有氢气时，严禁在车上进行电焊等会产生电弧的相关操作。

（3）燃料电池汽车氢安全操作规程

① 严禁在车库内进行大规模的加氢操作。
② 在燃料电池汽车启动前，应检查燃料电池系统管路的气密性，确保无泄漏。
③ 在调试及燃料电池汽车启动前，应用氮气吹扫管路，并且在调试时必须由专人配备便携式氢含量探测仪来检查氢泄漏情况。
④ 雷雨天气禁止做系统的调试及其他相关的操作。
⑤ 当发现安全问题时，必须立即停止调试。

4.2.4 典型燃料电池汽车介绍

4.2.4.1 丰田 Mirai 型燃料电池汽车介绍

（1）丰田 Mirai 介绍

丰田汽车于 2015 年 10 月 14 日公布了"丰田环境挑战 2050"目标，提出在 2050 年前实现仅靠发动机行驶的汽车的"零"销售。该计划旨在提高混合动力车（HV）和燃料电池车的比率，使新车的二氧化碳（CO_2）排放量比 2010 年削减 90%。因此，丰田汽车近年来在新能源汽车，尤其是燃料电池汽车上投入了大量研发资金。

由于传统电池技术的限制，丰田高层认为燃料电池车是终极环保车，丰田汽车近年来将其未来研发重心从技术成熟的混合动力汽车逐渐转向燃料电池汽车。丰田汽车于 1992 年便开始研发燃料电池汽车，在 1996 年 10 月发布了首款燃料电池汽车。在随后的十多年里，丰田汽车陆续推出了 FCHV-3、FCHV-4、FCHV-5、Toyota FCHV、Toyota FCHV-adv 等车型，但受制于昂贵的单价和基础设施不足，该阶段的燃料电池汽车没有量产和商品化。

2014 年 12 月 15 日，丰田汽车在日本发布全球首款量产氢燃料电池汽车 Mirai，Mirai 是世界上率先投入量产的燃料电池汽车，如图 4-20 所示。Mirai 的续驶里程达到 502km，最高输出功率为 114kW，最高车速为 175km/h。Mirai 的输出功率以及最高车速和加速与当前市售的家用轿车相差无几，且由于没有内燃机，Mirai 在行驶过程中只有胎噪，相比传统汽车更为安静。

图 4-20　丰田 Mirai 汽车外形

（2）丰田 Mirai 的组成

Mirai 使用的燃料电池系统（Toyota Fuel Cell System，TFCS）由丰田汽车自主研发，主要包括六个子系统，如图 4-21 所示，分别是燃料电池堆栈、升压器、高压储氢罐、动力电池、驱动电机和动力控制单元。

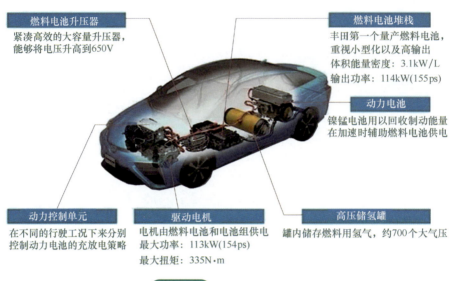

图 4-21　丰田 Mirai 的组成

① 燃料电池堆栈　在驾驶舱底部布置着的燃料电池堆栈是整套系统的核心。丰田 Mirai 搭载的燃料电池堆栈（如图 4-22 所示）是由 370 片薄片燃料电池组成的，因此被称为"堆栈"，一共可以输出 114kW 的发电功率，其功率密度和质量功率密度分别为 3.1kW/L 和 2.0kW/kg。升压变频器负责将电压提升至 650V，以满足高性能电动机的需求。

图 4-22　丰田 Mirai 燃料电池堆栈及升压器

除了为汽车提供动力外，Mirai 的燃料电池堆还可以为其他设备供电，Mirai 可以作为备用发电机使用。

② 升压器　由于燃料电池堆栈中每片电池发电的电压大约在 0.6～0.8V 之间，整体也不会超过 300V 电压，所以为了更好驱动电动机，还需要安装一个升压器，将电压提升到 650V，如图 4-22 所示。

③ 高压储氢罐　氢气跟汽油不同，常温下氢气是气体，密度非常低并且非常难液化，常温下更是无法液化，所以氢气要安全储藏和运输并不容易。氢气无法像汽油那样直接注入普通油箱里。丰田设计了一大一小两个储氢罐，通过高压的方式尽可能多充入一些氢气，如图 4-23 所示。以目前的主流储存技术，丰田选用了 700MPa 也就是约 700 个大气压的高压储氢罐。

氢气具有可燃性，在空气中点燃可能发生爆炸。丰田通过优化车身结构保护了储氢罐，在 80km/h 的追尾试验中，储氢罐保持完好。碰撞后，氢气会以安全的速度被强制排出，杜绝爆炸的风险。

图 4-23　丰田 Mirai 高压储氢罐

Mirai 的加氢口位于车身的左后方，最高可以承受 87.5MPa 的加注压力。配合专业的加氢设备，3min 内即可为 Mirai 加满氢气。充满之后，5kg 的氢气可以驱动 Mirai 行驶 650km。

④ 动力电池　为了提高效率，Mirai 后备箱中有一块镍氢动力电池，用于吸收燃料电池组输出剩余的电能和车辆行驶过程中回收的电能，供汽车急加速或车载电池使用。

当车辆有更大的动力需求的时候，镍氢电池组很快就会耗光，所以这时候燃料电池堆栈就直接向电动机输电，跟镍氢电池组实现双重供电来满足需求；当车辆减速行驶的时候，电动机转化为发电机来回收动能，电量直接输送到镍氢电池组内储存起来。

⑤ 驱动电机　Mirai 使用的驱动电机与丰田的混合动力汽车相同，均为同步交流电机。直接驱动 Mirai 车轮的电动机功率是 113kW，峰值扭矩 335N·m，基本相当于一辆 2.0L 自然吸气家轿的动力水平。

⑥ 动力控制装置　动力控制装置由逆变器、升压转换器和 DC/DC 转换器组成，用于精确控制燃料电池堆的输出和电池的充电及放电。

（3）丰田 Mirai 的动力传动过程

① 低功率模式　燃料电池不工作，汽车依靠辅助电池运转，如图 4-24 所示。

② 中等功率模式　汽车依靠燃料电池运转，燃料电池多余的能量向辅助电池充电，如图 4-25 所示。

③ 大功率和加速模式　辅助电池和燃料电池同时发挥作用。若燃料电池的能量不充足，辅助电池提供辅助动力，如图 4-26 所示。

④ 再生制动模式　燃料电池停止输出动力，再生能量送至辅助电池，如图 4-27 所示。

4.2.4.2　本田 Clarity 燃料电池汽车介绍

（1）本田 Clarity 介绍

2015 年，本田推出首款燃料电池汽车 Clarity，如图 4-28 所示。2016 年 3 月，Clarity 开始交付，但当时面向的是政府级别的客户。2016 年 12 月，本田首辆氢燃料汽车 2017 款 Clarity，开始交付普通消费者。

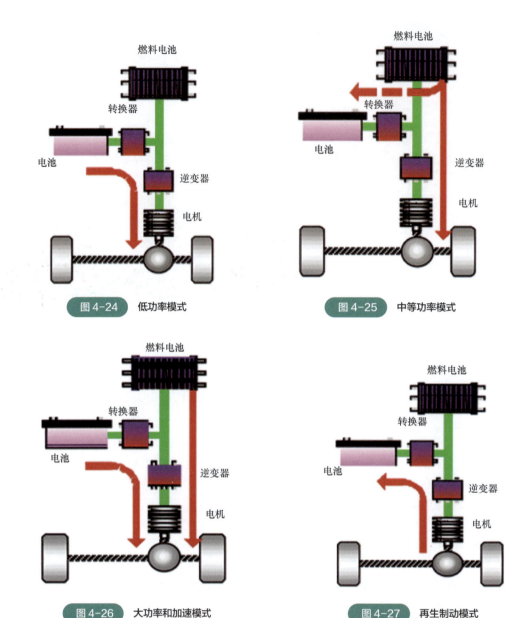

图 4-24　低功率模式

图 4-25　中等功率模式

图 4-26　大功率和加速模式

图 4-27　再生制动模式

Clarity 单程最长可行驶约 590km，3～5min 充满氢能源。Clarity 仅依靠氢能源驱动，其最终排放产物只有对环境无害的水。不过虽然这项技术具有相当高的生态效益，但与此同时这也意味着配套基础设施也要跟上。不同于已经随处可见的汽油加油站以及正在开始不断普及的电力充电站，氢燃料供给站还相当匮乏。

（2）本田 Clarity 动力系统的结构

本田 Clarity 动力系统结构主要由动力控制单元、氢气罐、驱动电机、燃料电池堆、辅助动力电池（锂离子电池或超级电容）五部分组成，如图 4-29 所示。

本田 Clarity 采用了本田新开发的新一代的小型轻量化燃料电池堆"V Flow FC Stack"，这种燃料电池采

图 4-28　本田 Clarity 燃料电池汽车外形

用金属冲压隔片构造，如图 4-30 所示。

由于采用了新开发的芳香型电解质膜，大大提高了电池系统的可靠性与耐用度。新型燃料电池堆的最高功率提升至 100kW，与上一代燃料电池堆相比，体积功率密度提高 50%，重量功率密度提高 67%。低温启动性能的提升使得燃料电池可以在 -30℃的环境下正常工作。

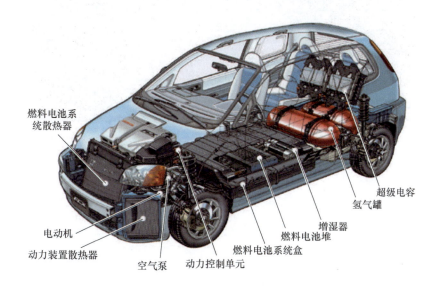

图 4-29　本田 Clarity 动力系统的结构

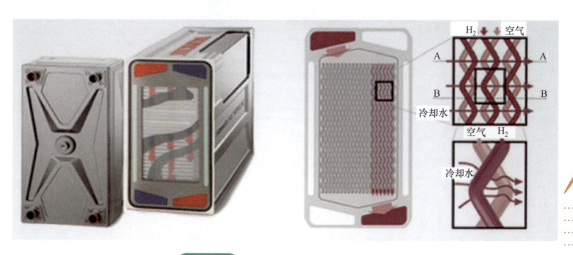

图 4-30　V Flow 燃料电池及其波浪形隔板

（3）本田 Clarity 仪表板介绍

由于燃料使用的不同，本田 Clarity 设计了专属的仪器仪表。主要包括功率指示器、氢气量及剩余使用范围、氢气指示球及人性化的功能界面，如图 4-31 所示。

（4）本田燃料电池汽车使用规划

本田公司认为，新能源汽车的终极目标是以氢燃料作为能量来源的新型汽车，为此本田一直投入巨大精力在燃料汽车上，并为燃料汽车未来形成了一套可行的使用规划，如图 4-32 所示。

图 4-31　本田 Clarity 仪表板布局及氢气指示球示例

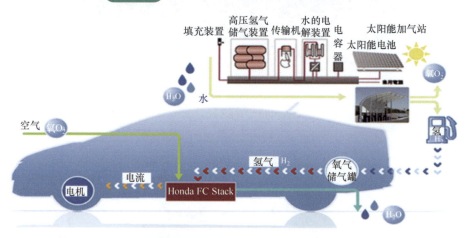

图 4-32　本田燃料电池汽车的使用规划

复习思考题

1. 什么是燃料电池？燃料电池与普通电池的区别有哪些？
2. 燃料电池的优点有哪些？
3. 燃料电池如何分类？
4. 简述燃料电池的基本工作原理。
5. 质子交换膜燃料电池有哪些优缺点？
6. 质子交换膜燃料电池由哪些部分组成？
7. 什么是燃料电池汽车？燃料电池汽车有哪些优缺点？
8. 按动力源的组成，燃料电池汽车分为哪些结构形式？
9. 燃料电池汽车的动力系统由哪些部分组成？
10. 简述燃料电池汽车的工作原理。
11. 简述燃料电池汽车的工作过程。
12. 燃料电池汽车有哪些安全保护措施？

模块 5
其他清洁能源汽车

知识目标

1. 掌握气体燃料汽车的常见类型；
2. 了解气体燃料汽车的优缺点；
3. 熟悉醇类燃料汽车的常见类型及其应用；
4. 熟悉太阳能汽车的特点；
5. 掌握太阳能汽车的结构及工作原理。

能力目标

1. 能够识别常见的气体燃料及醇类燃料汽车；
2. 能解释气体燃料汽车的优缺点；
3. 能够解释太阳能汽车的基本结构及工作原理。

职业素养

培养自主学习能力以及分析问题、解决问题能力，具备团队协作、爱岗敬业的精神，形成良好的职业素养。

5.1 气体燃料汽车

> **学习导入**
>
> 你的一位朋友听说有一种气体燃料汽车，既经济又环保，但是他对气体燃料汽车缺乏了解，作为汽修厂专业技术人员，你需要向他介绍气体燃料汽车的相关情况，包括气体燃料汽车的类型、工作原理、优缺点等。

5.1.1 天然气汽车

5.1.1.1 天然气汽车的工作原理

（1）天然气的特性

天然气以甲烷（CH_4）为主，同时含有少量的乙烷、丙烷和丁烷等烃类气体，氮、二氧化碳、硫化氢等非烃类气体。各个地方天然气的形成过程不尽相同，成分也不完全一样。高纯度的天然气是无色、无味、无毒、无腐蚀性、易燃、易爆的气体。为防止泄漏时不易于觉察，在天然气中添加了加臭剂。天然气与汽、柴油特性比较如表 5-1 所示。

表 5-1 天然气与汽、柴油特性比较表

燃料种类	天然气	柴油	汽油
蒸气密度 /（kg/m^3）	0.75～0.8	3.4	≥4
沸点 /℃	-162	170～350	30～190
理论空燃比 /（kg/kg）	17.2∶1	14.3∶1	14.8∶1
辛烷值性（抗爆性）	130	23～30	80～99
燃烧极限（体积）/%	5～15	1.58～8.2	1.3～7.6
自燃温度（常压下）/℃	650	250	390～420

代用燃料汽车的种类

（2）天然气汽车发动机的组成及原理

天然气发动机结构包括燃气供给系统、进气控制系统、点火控制系统等，其他还包括传感器和电子控制模块。天然气汽车结构布置图如图 5-1 所示。

① 燃气供给系统：储存、输送清洁燃料，根据发动机不同工况的要求，配制一定数量和浓度的可燃混合气送入气缸，保证发动机的动力性、经济性和排放达标。

② 进气控制系统：进气系统不仅要对空气进行过滤、计量，为了增大进气量而提高发动机的功率，还必须对进气实施各种电

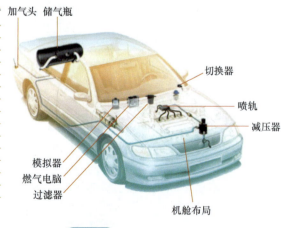

图 5-1 天然气汽车结构布置图

子控制，提供一个和发动机负荷相对应的可变的进气增压压力，而增压器的废气旁通阀可以通过释放涡轮处的排气压力来减小增压压力，这通过一个膜片推动杠杆来完成。

③ 点火控制系统：功能及原理和汽油机的点火控制系统相似，ECU 通过各种传感器信号判定发动机的工况，并进行通电时间控制、点火提前角控制和爆震控制。

高压的压缩天然气从储气钢瓶出来，经过天然气滤清器过滤后，经高压电磁阀进入高压减压器，高压电磁阀的开合由 ECM 控制。高压减压器的作用是将高压的压缩天然气（工作压力 20～30MPa）经过减压将压力调整至 0.7～0.9MPa。高压天然气在减压过程中由于减压膨胀，需要吸收大量的热量，为防止减压器结冰，从发动机将发动机冷却液引到减压器对燃气进行加热。经减压后的天然气进入电控调压器，电控调压器的作用是根据发动机运行工况精确控制天然气喷射量。天然气与空气在混合器内充分混合，进入发动机缸内，经火花塞点燃进行燃烧，火花塞的点火时刻由 ECM 控制，氧传感器及时监控燃烧后尾气的氧浓度。推算出空燃比，ECM 根据氧传感器的反馈信号和控制 MAP 及时修正天然气喷射量。图 5-2 为天然气客车。

图 5-2　天然气客车

天然气发动机电子控制系统可以精确地控制进入发动机气缸内的空气和燃油的混合比、燃烧过程，以优化发动机性能，改善汽车驾驶性能，并且更加严格地控制汽车所排出的废气对空气的污染。

天然气汽车

5.1.1.2　天然气发动机燃料控制系统的组成及作用

天然气发动机根据可燃气形态不同可以分为压缩天然气（CNG）和液化天然气（LNG）两种。CNG 发动机燃料控制系统由储气瓶、高（低）压电磁阀、减压器、燃气滤清器、热交换器、节温器、燃料计量阀、混合器等部件组成。LNG 发动机燃料控制系统由储气瓶、电磁阀、稳压器、燃气滤清器、热交换器、燃料计量阀、混合器等部件组成。

（1）气瓶

气瓶应安装在汽车的安全部位，不得影响汽车行驶性能。气瓶与固定卡子间应垫胶垫，安装必须牢固。气瓶固紧后，沿汽车纵向施加 8 倍于气瓶质量的力，不得发生位移或松动。根据各车型具体情况，例如卡车，气瓶可安装在汽车车架旁车梁下、副梁上或驾驶室与车厢之间；小轿车一般放置在行李箱中；大客车可安装在车顶或车的地板下方，如图 5-3 所示。

（2）高压管线

高压管线用卡套式高压接头与气瓶连接，气瓶间及靠近减压阀处管线应有抗振弯曲，管线固定卡子间距不得大于 600mm，卡子及穿越孔板处应安装橡胶垫。安装在驾驶室、载人车厢或行李厢的气瓶或管子接头，必须设置能将泄漏气体排出驾驶室或车厢外的通风口等装置。

（3）减压器

减压器安装在振动较小的驾驶室前挡板或发动机的其他地方，减压器膜片应平行于地面，远离排气管和其他热源。减压器装好后，将发动机循环水接到减压器水道上。压缩天然气的压力范围是 5～20MPa，天然气经过减压器后压力基本稳定在 0.8MPa，并保证提供给喷射阀的燃气的压力始终与进气管压力的压力差基本恒定。减压器工作时，通过压力膜片克服弹簧阻力，带动杠杆，调整节流孔的流通面积，从而控制减压后的天然气压力，如图5-4所示。

图 5-3　天然气气瓶

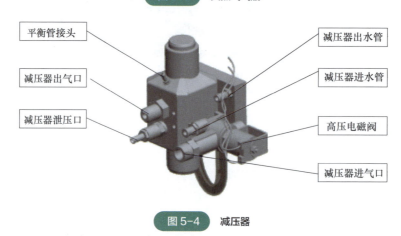

图 5-4　减压器

天然气从高压变低压需要吸收大量的热量，需要利用发动机的冷却液加热。减压器有一平衡管接头，与发动机进气管连接，可以动态调节出口压力，提高燃气供气系统的反应速度。

（4）低压电磁阀

低压电磁阀如图5-5所示，是由线圈驱动阀芯，由ECU控制其开合，停机状态下处于常闭状态，可及时切断或恢复燃料供给。

（5）热交换器

天然气从20MPa降至0.8MPa导致燃气温度大幅降低，出口燃气温度甚至会降到-20℃以下，这样会降低喷射阀的使用寿命，热交换器利用发动机的冷却液给天然气加热，热交换器采用叉流结构以避免因燃气过冷和冷却液过热时导致的热冲击（热应力过大），如图5-6所示。

（6）燃气计量阀（FMV）

减压后的中压天然气流经热交换器和节温器后被加热到合适的温度范围，然后进入燃料计量阀，如图5-7所示。

图 5-5　低压电磁阀

FMV 配置 8/10/12 个喷嘴，分成 2 组平行布置，每个喷嘴一个驱动器，在正常喷射模式下，喷嘴依次轮流喷射，在某些变工况下，喷嘴同时喷射以加快系统反应速度。

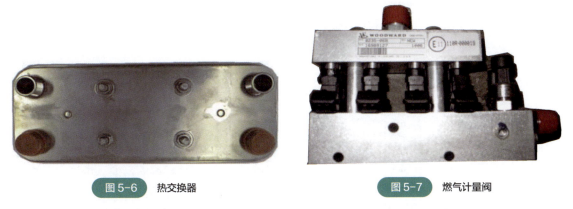

图 5-6　热交换器　　　　　　　　　图 5-7　燃气计量阀

天然气发动机燃料控制系统应具控制和管理燃气压力和温度的作用，能将气瓶高压转换为混合器前的极低压力；极低温度的燃气将冻结管路和部件，燃料控制系统将有效加热并控制燃气温度在合理范围内；另外，燃料计量阀上装有压力和温度传感器，给 ECU 提供稀燃燃烧需要的燃气温度和压力信息，精确控制喷嘴喷射量；同时，高压燃气还需要电磁阀控制燃气的开断，如图 5-8 所示。

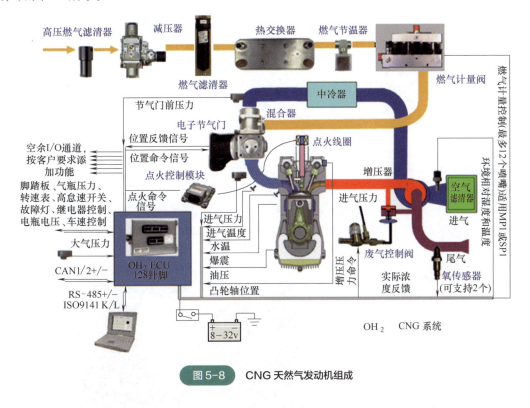

图 5-8　CNG 天然气发动机组成

5.1.2　液化石油气汽车

5.1.2.1　液化石油气的成分

液化石油气是由碳和氢两种元素构成的碳氢化合物的混合物，化学上把由碳和氢形成的有机化合物通称为烃。目前烃类化合物的种类已达数百万种以上，按其结构不同，可分为烷烃、环烷烃、芳香烃以及不饱和烃等。

5.1.2.2 液化石油气的来源

LPG 是液化石油气（Liquefied Petroleum Gas）的简称，是指常温下加压（1MPa 左右）而液化的石油气。液化石油气来自炼厂气、湿性天然气或油田伴生气。

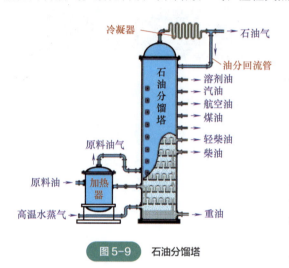

图 5-9　石油分馏塔

炼油厂的主要原料为石油。石油是蕴藏在地下的带有气味的黏稠状液体，其色泽一般是从黄色到黑褐色。色泽深浅与密度大小有关，也与所含组分有关。石油分馏塔如图 5-9 所示。石油一般不直接利用，须在炼油厂经过加工，以制得汽油、煤油、柴油以及润滑油等诸多产品。在炼制原料油的过程中，同时产生各种气体，气体中的主要组分是碳三和碳四馏分，经过加压液化，即可制得有广泛用途的液化石油气。

5.1.2.3 液化石油气汽车的组成

以液化石油气为燃料的汽车称为液化石油气汽车。液化石油气汽车和天然气汽车结构类似，也是增加了一套燃气供给系统。

由于液化石油气几乎不含有不可燃烧成分，发热量高、燃烧充分、无粉尘灰渣，所以，液化石油气是一种清洁能源。使用液化石油气能减少空气污染，保护环境。液化石油气燃烧时释放的热量是常用燃气中最高的，因此非常适合当作车用燃料。

液化石油气轿车的液化石油气靠其自身的蒸气压力被压出容器，通过高压管路，在流经滤清器时将杂质滤掉，然后经电磁阀流入调节器，在调节器内被降压、汽化、调压，从而变成气态，最后通过混合器与空气混合，进入发动机。

（1）液化石油气气瓶

轿车用的液化石油气气瓶安装在车尾部的行李舱内。为防止在阀门等附件处的泄漏，保证安全，可采用两种方式来保护气瓶，即用整体式保护壳将气瓶全部罩住或用半体式保护壳将气瓶部分盖住。为了将偶尔泄漏的液化气排出车外，还设有排出管道，如图 5-10 所示。

图 5-10　液化石油气气瓶

（2）滤清器

由于液化石油气中含有多种杂质，故在气瓶和电磁阀之间设有滤清器以滤掉杂质，保证电磁阀的功能和调节器的减压、调压功能不下降。如图 5-11 所示，滤清器的滤芯可以拆卸，便于清除滤出的杂质，而且结构坚固，耐压性强。滤芯中央装有永久磁头，可以吸附滤掉通过了滤芯的微小悬浮铁粉，免除铁粉对电磁阀动作灵敏度的影响。

（3）电磁阀

电磁阀装在滤清器和调节器之间，靠电磁阀的动作保证发动机运转的燃料供给。结构如图 5-12 所示，在发动机停机或是发生失速时，电磁阀可切断燃料供给。电磁阀中的线圈通电时产生磁力，位于线圈中央的滑阀在磁力作用下克服弹簧力打开，这时就能供给燃料。当电流中断时，由于弹簧力和燃料压力的双重作用，滑阀关闭，于是燃料的供给被切断。

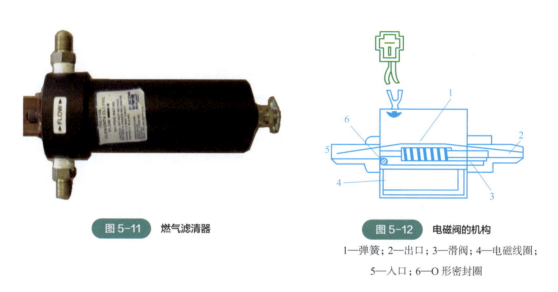

图 5-11　燃气滤清器

图 5-12　电磁阀的机构

1—弹簧；2—出口；3—滑阀；4—电磁线圈；
5—入口；6—O 形密封圈

（4）蒸发调压器

蒸发调压器亦称汽化器、蒸发器、减压器或转换器，如图 5-13 所示，其作用是将来自气瓶的液态液化石油气减压，使其汽化并保持一定的压力供给混合器。虽然不同厂家生产的调压器不尽相同，但其基本结构都包括 1 级减压室和 2 级减压室。前者在液化石油气汽化的同时进行减压，后者进一步起减压作用，使汽化的液化石油气压力接近大气压。为加速汽化，采用发动机的循环冷却水进行加热。

LPG 的单位质量比汽油所能提供的质量要高 8%。理论上来说配有 LPG 的车辆要比汽油驱动的车辆产生更高的效率，然而，这只是针对专门为 LPG 设计和改造的发动机而言。如果将一台现成的汽油发动机改成 LPG 发动机，将达不到增加效率的目的。在排放方面，LPG 虽然也有如同石油燃料发动机一样的一氧化碳、碳氢化合物、碳氧化合物排放，但数量低得多。在国内，LPG 在车辆方面的运用也仅仅是有政府扶持的公交车；而国外，除了商用车以外，在乘用车方面，也运用得较多。

图 5-13　蒸发调压器

5.2 生物燃料汽车

> 学习导入
>
> 你的一位朋友在马路上见到一种新型燃料的汽车,听说叫生物燃料汽车,既经济又环保,但是他对生物燃料汽车缺乏了解,作为汽车专业技术人才,你需要向他介绍生物燃料汽车的相关情况。

5.2.1 醇类燃料汽车

5.2.1.1 甲醇混合燃料汽车

（1）甲醇燃料特性

甲醇是一种无色、透明、易燃、易挥发的有毒液体,略有酒精气味,可混合溶于水、醇、醚等多种有机溶剂,遇热、明火或氧化剂易燃烧。甲醇可单独作为汽车燃料,也可与汽油混合作为混合燃料。表 5-2 为汽油、甲醇和乙醇理化指标比较表。

表 5-2 汽油、甲醇和乙醇理化指标比较表

项目	汽油	甲醇	乙醇
分子式	$C_4 \sim C_{12}$ 烃	CH_3OH	C_2H_5OH
密度 20℃ / (g/cm³)	0.69～0.80	0.7912	0.789
气味	汽油味道	轻微酒精气味,有毒	酒精气味
热值 / (kJ/kg)	44390	20100	27370
闪点（闭口）/℃	-43	11.1	12.8
含氧量（质量分数）/%	0	50	35
蒸发潜热 / (kJ/kg)	349	1101	913
辛烷值（RON/MOM）	80～97/70～88	122/93	121/97
自燃点 /℃	495	464	423
着火极限体积分数 /%	1.4～7.6	6.7～36.0	4.3～19.0

醇的理化性质表明,可以在内燃机中掺烧或全部烧醇,并可获得较好的性能,醇的辛烷值较高,有一定的挥发性,又较易和汽油混溶,较适合作汽油机的燃料。醇的十六烷值低,虽不易在柴油机中燃烧,但由于柴油机热效率高,利用现代技术也可在柴油机中掺烧醇,从而获得满意的结果。为了发动机利用醇燃料时能有良好的效果,要根据不同掺烧方式的需要调整燃料性质,改进发动机结构以及设计良好的掺烧及控制装置。

在燃料性质方面,例如调整汽油的组分或加入添加剂,以改善发动机的启动性能和避免汽阻,在醇燃料中加入着火改善剂,以改善在柴油机中使用时的着火性能。

甲醇汽车是指以甲醇作为发动机燃料的汽车。图 5-14 为甲醇燃料汽车,根据掺混的比例不同,可以分为低中比例甲醇汽车和全甲醇汽车。低中比例甲醇汽车一般指使用 M3/M5/M10/M15/

M30/M40/M50 类型甲醇燃料的汽车，其掺烧比少于等于 50%，使用这种燃料不需要改变发动机的结构，但是甲醇特性与汽油机不适应，需要改变甲醇的特性使之变成燃料甲醇，可与汽油搭配使用。使用 M85～M100 类型甲醇燃料的汽车称为全甲醇汽车，全甲醇汽车需要对发动机进行重新设计制造。

图 5-14　甲醇燃料汽车

（2）甲醇汽车发动机的结构特点

甲醇燃料的一些性质也会对发动机造成影响，汽油机在使用甲醇燃料时，发动机上的一些参数要在考虑甲醇的理化、燃烧特性的基础上进行选择，如甲醇的辛烷值、气化潜热、着火温度等。主要情况如下：

① 辛烷值比汽油高，因此可通过增大发动机的压缩比来提高发动机的热效率。

② 甲醇的燃烧速度和火焰传播速度比汽油快，所以燃烧的定容性好，燃烧持续期短，过后燃烧程度小，有利于热效率提高。

③ 甲醇具有较高的含氧量，使用甲醇汽油可以有效提高发动机的热效率，减少汽车一氧化碳及碳氢化合物的排放，只是未燃烧的甲醇及燃烧后的醛类排放物则比普通汽油有明显增加。

④ 甲醇的汽化热比汽油高两倍多，进入气缸后会吸收周围的热量才能汽化，吸热的过程降低了燃烧室内和气缸盖的温度，使外传热量减少，提高了发动机的热效率。

⑤ 甲醇的着火燃烧浓度界限范围比较宽，更容易稀燃，这将使发动机的工况范围比较宽，有利于提高排气净化性能和降低油耗。

⑥ 甲醇容易因炽热表面引起着火，最大火花塞温度易低于汽油机的火花塞温度，所以需要较冷型火花塞。尽管甲醇的着火界限宽，但是由于汽化潜热大，蒸气压低及各缸间混合气较大的不均匀性，在发动机较冷的状态下，难以稳定着火。

可能改善的措施包括：增加点火能量、延长点火时间、采用多电极及电极局部侧面有屏障的特种火花塞等。

⑦ 醇类内燃机的有关部件和油箱需要选用合适的防腐材料。原因是甲醇在生产过程中一般会含有酸性物质；在储存过程中，甲醇受到空气的氧化或细菌发酵也会产生少量的有机酸；自身的吸水性使之含有少量水分；燃烧后产生的甲醛、甲酸等都会对发动机产生较为严重的腐蚀和磨损影响。

甲醇燃料汽车由于也有冷启动的问题，所以甲醇用于汽车也多以与汽油混合的形式。最常见的是 M85，就是 85% 的甲醇和 15% 的汽油混合溶液。甲醇燃料汽车结构组成如图 5-15 所示。

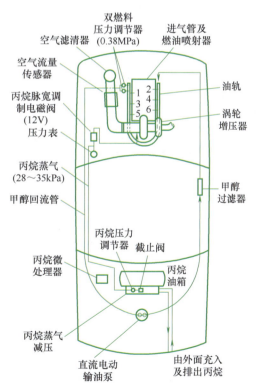

图 5-15　M85 甲醇燃料汽车结构组成

5.2.1.2 乙醇混合燃料汽车

（1）乙醇燃料特性

将燃料乙醇掺入汽油可以作为车用燃料，常规使用的是 E85 燃料，其按汽油 15% 和生物乙醇燃料 85% 的比例混合而成。丰田乙醇燃料汽车如图 5-16 所示，是既可以使用此种混合乙醇燃料又可以使用常规汽油的汽车，通常被称为灵活燃料汽车（FFV）。燃料乙醇是一种绿色可再生资源，随着科学技术的发展，粮食和各种植物纤维都可以加工生产出燃料乙醇，燃料乙醇的原料来源相当丰富，而且可以循环再生。

图 5-16　丰田乙醇燃料汽车

乙醇是无色、透明、具有特殊香味的易挥发液体，密度比水小，能跟水以任意比互溶，是一种重要的溶剂，能溶解醚、甘油等多种有机物和无机物。

乙醇和甲醇有很多共性，其可单独作为汽车燃料，也可与汽油混合作为混合燃料。

其特点如下。

① 乙醇的热值比汽油低，约为汽油的 61.5%，但含氧量高，存在自供氧效应，减少 CO 生存条件，使 CO 较多转变成 CO_2，CO 和 HC 排放量明显小于汽油，但 NO_x 排放量与汽油相当。

② 乙醇辛烷值远高于汽油，当汽油中加入一定量的乙醇后可提高混合燃料的辛烷值。

③ 乙醇的着火性差，十六烷值只有 8，在压燃式发动机中采用乙醇燃料要困难得多。

④ 乙醇的沸点比汽油低，对形成燃油与空气的混合气有利，但缺少高挥发性成分，对发动机冷启动不利。

⑤ 乙醇的汽化热是汽油的 3 倍，高的汽化热和低蒸气压对发动机冷启动不利，但可提高充气效率。

⑥ 乙醇的着火极限比汽油宽，能在较稀薄混合气状况下工作。

另外，乙醇的理化性质较接近汽油，又容易与汽油混溶，国外首先以低比例（一般小于 15% 体积比）的乙醇与汽油形成混合燃料用于汽车上，尽管动力性能比只用汽油时略有减少，为了用户方便，无混合燃料供应时，仍可只用汽油保持原来发动机性能，所以发动机不变动不调整。当需要以较多的乙醇代替汽油时，可以在汽油中掺入中比例或高比例的乙醇，如 E40、E50、E60 及 E85 等，但是需要对发动机乙醇混合气空燃比及点火提前角进行调整，这一点和甲醇混合燃料是类似的。

（2）乙醇混合燃料汽车发动机的结构特点

汽油机改用乙醇燃料后，发动机结构方面需要做一些变动和改进，这取决于乙醇燃料的理化性质、燃烧特点等。乙醇与甲醇同属于醇类燃料，在性质特点方面类似，所以发动机结构方面的变动和改进也与甲醇汽车类似。具体内容如下。

① 提高压缩比　要充分利用乙醇汽油辛烷值高、抗爆燃性好的特点，一般汽油机的压缩比可以提高到 12～14，同时提高压缩比要考虑燃烧室的形状、缸内气流运动方向及强度，与火花塞的位置配合，能否实现最佳的燃烧过程。从理论上分析，一般汽油机缸内有组织的气流运动较弱，在改用醇燃料，提高压缩比时，应组织较强的气流运动，使醇燃料与空气更有效地混合。

② 改善燃油分配均匀性及供油特性　乙醇的容积耗量在功率相等时比汽油大 1 倍多，因此选用乙醇燃料时，采用喷油器的汽车要考虑其流量特性是否满足要求及材料的相容性，重新确定混合气的空燃比。由于乙醇的汽化热高，每循环供应量大，在发动机实际运转时很难完全汽

化，如用单点喷射，各缸间分配不均匀性比汽油突出。各缸分配不均匀将导致燃烧不完善，负荷不均匀，功率下降及油耗增加。如果采用使各缸进气管长度及阻力尽可能一致，混合气进行预热等措施，则有可能改善混合气的形成及均匀分配。

③ 混合气空燃比的调整　醇燃料混合气的可燃界限范围宽，通常汽油机改用醇燃料后会提高压缩比，提高了缸内气流运动速度及压缩行程终点的缸内温度，这都有可能使用更稀的混合气。如果不采用三元催化器、不要求在理论空燃比附近工作时，汽油机改用醇燃料后，都需要调整混合气空燃比，使用更稀的混合气。

④ 点火时间的选择　由于乙醇的着火温度和汽化热比汽油高，致使乙醇滞燃期比汽油长，所以乙醇发动机相对于汽油发动机，点火时间应当提前才能使乙醇发动机输出最大功率。点火提前角对 CO 排放基本无影响，推迟点火，HC 和 NO_x 排放可以降低。

⑤ 进气预热以改善冷启动性能　在乙醇发动机未启动加热前，要利用电加热或其他加热系统为混合气预热，以保证乙醇发动机的冷启动。但是在发动机正常运转之后，维持乙醇发动机自然进气温度即可使发动机获得良好的性能指标。

5.2.2　生物质燃料汽车

生物质能是以生物质为载体的能量，即通过植物光合作用把太阳能以化学能的形式在生物质中存储的一种能量形式。生物柴油的来源如图 5-17 所示，碳水化合物是光能储藏库，生物质是光能循环转化的载体，生物质能是唯一可再生的碳源，它可以被转化成许多固态、液态和气态燃料或其他形式的能源，称为生物质能源。生物质能源是一种可再生能源，其消耗量居第 4 位，排在石油、煤炭和天然气之后。

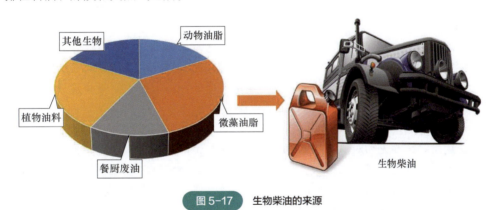

图 5-17　生物柴油的来源

当前最受人们关注的生物质燃料主要是乙醇和生物柴油。生物柴油是由各种油脂通过酯化反应制得，生物柴油的原料很多，大豆和油菜籽等油料作物、油棕和黄连木等油料林木果实、工程微藻等油料水生植物以及动物油脂、废餐饮油等都可作为制取生物柴油的原料。生物柴油是生物质能的一种，它是生物质利用热裂解等技术得到的一种长链脂肪酸的单烷基酯。生物柴油是含氧量极高的复杂有机成分混合物，这些混合物主要是一些分子质量大的有机物，几乎包括所有种类的含氧有机物，如醚、酯、醛、酮、酚、有机酸、醇等。生物柴油是一种优质清洁柴油，可从各种生物质提炼，因此可以说是取之不尽、用之不竭的能源，在资源日益枯竭的今天，有望取代石油成为替代燃料。

5.2.2.1　生物柴油的优点

① 生物柴油由动植物油脂及废烹调油转化的技术已基本成熟，不需要复杂的设备。生物柴

油的储存、运输及分配供应系统，可使用原来用于柴油的容器及设备，对材料没有特殊要求。

② 具有优良的环保特性。生物柴油和化石（石油化工生产）柴油相比含硫量低，使用后硫化物排放大大减少，硫化物的排放量可降低约30%。生物柴油不含对环境造成污染的芳香族化合物，燃烧尾气对人体的损害低于化石柴油，同时具有良好的生物降解特性。和化石柴油相比，柴油车尾气中有毒有机物排放量仅为 1/10，颗粒物为 20%，二氧化碳和一氧化碳的排放量仅为 10%。

③ 低温启动性能。和普通柴油相比，生物柴油具有良好的发动机低温启动性能，冷凝点达到 $-20℃$。

④ 生物柴油的润滑性能比柴油好。可以降低发动机供油系统和缸套的摩擦损失，增加发动机的使用寿命，从而间接降低发动机的成本。

⑤ 具有良好的安全性能。生物柴油不属于危险燃料，在运输、储存、使用等方面的优点明显。

⑥ 具有优良的燃烧性能。生物柴油的十六烷值比柴油高，因此燃料在使用时具有更好的燃烧抗爆性能，因此可以采用更高压缩比的发动机以提高其热效率。虽然生物柴油的热值比柴油低，但由于生物柴油中所含的氧元素能促进燃料的燃烧，可以提高发动机的热效率，这对功率的损失会有一定的弥补作用。

⑦ 具有可再生性。生物柴油资源丰富，是一种可再生能源，不像石油、煤炭那样会枯竭。

⑧ 具有经济性。使用生物柴油的系统投资少，原用柴油的发动机、加油设备、储存设备和保养设备无须改动。

⑨ 可调和性。生物柴油可按一定的比例与化石柴油配合使用，降低油耗，提高动力，降低尾气污染。

⑩ 可降解性。生物柴油具有良好的生物降解性，在环境中容易被微生物分解利用。

由于生物柴油燃烧时排放的二氧化碳远低于该植物生长过程中所吸收的二氧化碳，从而改善由于二氧化碳的排放而导致的全球变暖这一重大环境问题。因而生物柴油是一种真正的绿色柴油。

5.2.2.2　生物柴油汽车概况

由于使用生物柴油无须对原有柴油机进行较大调整，而且燃油本身良好的自润滑性能使其有利于降低磨损，相比于醚类和醇类代用燃料，有一定的优势。生物柴油汽车如图 5-18 所示。世界各国对生物柴油汽车的研究都得出了它能显著降低发动机污染物排放的结论。生物柴油车的排放性能不仅包括传统的排放物 CO、HC、NO_x 等，还包括非常规排放物如醛酮类、芳烃、硫化物等。多环芳香烃（PAHs）最突出的特点是致癌、致畸及致突变性，并且致癌性随着苯环数的增加而增加。当 PAHs 与—NO_2、—OH、—NH_x 等发生作用时，会生产致癌性更强的 PAHs 衍生物。

目前大多数国家都将多环芳香烃列为环境监测的重要内容之一，中国政府列出的"中国环境优先监测黑名单"中包括了 7 种 PAHs，汽车发动机尾气排放已成为 PAHs 污染的主要来源之一。对生物柴油汽车排放的研究中也包括了多环芳香烃。

一些研究机构和人员对生物柴油发动机的排放性能进行了研究，得出了一些具体的实验数据和结论。简要总结如下：

① 油耗及排放的影响。因生物柴油燃料热值的下降使得比油耗上升 12% 左右，但污染物排放明显下降，除 NO 比排放增加 5.6% 外，CO、HC 和颗粒物（PM）比排放分别降低了

41.4%、38.3%和38.7%，烟度排放降低了43.16%。另外，随着燃油中生物柴油掺混比例的增加，甲苯呈逐渐下降趋势。生物柴油与普通柴油可以以任意比例混合燃烧而不会改变它们各自的排放特性，因此可以通过不同比例的掺混来找到排放和油耗的平衡点。

② 随着负荷的增加，发动机燃用柴油、纯生物柴油、B20燃油的甲醛和乙醛排放均呈下降趋势。纯生物柴油的甲醛排放则明显高于柴油。纯生物柴油的乙醛排放在中低负荷也低于纯柴油，在高负荷时高于柴油及B20燃油。随着负荷的增加，发动机燃用B20燃油和纯生物柴油的丙酮排放要高于柴油，但排放量均较低。

③ 随着负荷增加，发动机的二氧化硫排放逐渐上升。随着燃油中生物柴油掺混比例的增加，二氧化硫呈逐渐下降趋势，纯生物柴油的二氧化硫排放大幅降低。

④ 随着生物柴油掺混比例的增加，发动机的二氧化碳略有降低。表明了生物柴油对降低温室气体有利，若考虑到其作为一种可再生燃料，可以实现二氧化碳排放的闭式循环，其对降低温室气体的效果更为显著。

⑤ 多环芳香烃（PAHs）最突出的特点是致癌、致畸及致突变性，并且致癌性随着苯环数的增加而增加。在大多数工况下，燃用生物柴油后，PAHs的排放浓度均有下降。生物柴油的PAHs平均排放浓度比柴油低26.9%，B20（指含20%生物柴油和80%普通柴油的掺混油）的下降幅度为10.0%。以BaP（苯并芘）为标准，柴油、B20、生物柴油的毒性当量分别为0.0052、0.0030和0.0016，生物柴油PAHs排放的毒性大大低于柴油，仅为柴油的30.8%。

图 5-18　生物柴油汽车

5.2.3　二甲醚汽车

5.2.3.1　二甲醚的特性

二甲醚（DME）又称甲醚，是由氢气和一氧化碳通过化学反应合成的，化学式为CH_3OCH_3，化学式及分子结构图如图5-19所示。二甲醚在常温常压下是一种无色气体，具有轻微醚香味。此外二甲醚作为一种含氧燃料，压缩性高，常温时可在0.5MPa时液化，具有与液化石油气相似的物理特性。

二甲醚具有良好的燃烧性能，可以替代柴油用作清洁的汽车燃料。十六烷值是评定柴油自燃性的指标，燃料自燃性对柴油机的启动性和燃烧过程都有影响。燃料的十六烷值高意味着它的自燃性好，用于柴油机时启动容易，工作柔和。但如果十六烷值过高，则柴油机排气冒黑烟，经济性下降；如果过低，则启动困难，运转粗暴。一般柴油机燃油的十六烷值在40～55

图 5-19　二甲醚化学式及分子结构图

范围之内。二甲醚具有最高的十六烷值,能在发动机缸内与空气迅速混合形成可燃混合气,因此发动机爆发力大,力学性能好,非常适合于压燃式发动机,可应用在城市公交车、出租车、家庭用车上,其动力性能与 93 号汽油相当,有优良的性价比,燃料成本可降低 10%。二甲醚的理化特性如表 5-3 所示。

表 5-3 二甲醚的理化特性

项目	内容	项目	内容
分子式	C_2H_6O	颜色、气味	在常温常压下为无色、有轻微醚香味、无毒气体
分子量	46.07	溶解性	溶于水、汽油、四氯化碳、苯等
密度(20℃)/(g/cm³)	0.67	汽化热(kJ/kg)	467
沸点 /℃	-24.9	十六烷值	55～66
闪点 /℃	-41.4	低热值(MJ/kg)	28.43

二甲醚的排放性能优于液化石油气。由于二甲醚分子结构中无 C—C 键的存在且其本身含氧量高达 34.8%,使得二甲醚容易氧化燃烧,并在燃烧过程中基本无碳烟形成,CO、NO 排放较少,不需要任何特殊处理即可达到相关排放标准,因此是一种理想的清洁燃料。

以二甲醚作为燃料的柴油机与直喷式柴油机热效率几乎相同,运转柔和。二甲醚作为超低排放代用燃料已经引起国内外行业的关注。二甲醚不需要辅助点火装置,碳烟排放为零。

在低燃油喷射压力下即可很好地燃烧,并且二甲醚发动机的噪声水平低于普通柴油机的水平,接近汽油机。

同时,二甲醚在燃料体积上相比其他替代燃料有很大的优势。在行驶相同里程数下,所花费的燃料体积是柴油的 1.7 倍,但比乙醇、液化天然气等体积都小。

二甲醚相变潜热比柴油高,液相二甲醚蒸发而吸收热量比柴油更加显著,可以达到降低燃烧室内混合气的温度,有利于减少 NO 的排放。

二甲醚的饱和蒸气压力比液化石油气低,二甲醚装置的设计承载压力为 1.2MPa,而液化石油气的承载压力为 1.77MPa。二甲醚在空气中的爆炸下限比液化石油气高出 1 倍。所以二甲醚在储存、运输、使用上比液化石油气更加安全。

二甲醚可以和传统矿物燃料以任何比例混合成高十六烷值的燃料。混合 10% 左右二甲醚可使碳烟排放降低接近 30%,NO 和 HC 排放也略有减少。柴油和二甲醚混合可获得良好的润滑和雾化性能。

通过多种燃料的分析比较,可以看到二甲醚具有如下的特点:

① 二甲醚的十六烷值高,作为柴油发动机的燃料,发动机热效率高,排放少。

② 二甲醚的自燃温度与柴油基本差不多,所以二甲醚在柴油发动机本身结构无须变动的情况下,就能够压燃。

③ 二甲醚的热值比柴油低,其热值仅为柴油的 70%。

④ 二甲醚的黏度低,与液化天然气相当。

⑤ 二甲醚发动机能够同时实现 NO 和 PM 排放物的降低,不需要尾气后处理,很容易达到排放法规要求。

5.2.3.2 二甲醚汽车的基本结构

现阶段,二甲醚燃料一般用在柴油机上,因此二甲醚汽车一般在载货汽车或者大客车的基础上改制而成。如图 5-20 所示,以上海申沃客车有限公司 SWB6115-3 系列城市公交客车为基础进行改制的二甲醚燃料客车,在设计上主要采取以下措施:

① 采用两只二甲醚储罐，其中一只为主燃料罐，布置在车辆左侧前后轮之间纵梁旁，另外一只辅燃料罐布置在车辆右前轮后、中客门之间的纵梁旁。

② 仪表板上增加了泄漏报警器。在每只二甲醚储罐上方和发动机上方设燃气泄漏报警传感器，以便及时发现可能发生的二甲醚泄漏。

③ 在仪表板上增设二甲醚管路压力指示灯并调整发动机启动电路。当车辆电路接通后电动增压泵首先工作，当二甲醚管路压力达到要求后，压力指示灯亮，发动机方能启动。

图 5-20　二甲醚公交车

④ 拆除原燃油箱和供油管路，适当调整蓄电池位置。

⑤ 为满足燃料电动增压泵对 12V 工作电压的要求，增加 DC/DC 转换器。

5.2.3.3　二甲醚发动机

二甲醚发动机作为二甲醚汽车的核心，研究其结构改进有着重要意义。

二甲醚十六烷值高，具有很好的压燃性，是非常适合于压燃式发动机使用的代用燃料。

国内外关于二甲醚作为柴油机代用燃料的研究重点集中在如何开发适合二甲醚燃料特性的发动机，实现高效清洁燃烧。丹麦技术大学、AMOCO、AVL 和 AIST 等在柴油机上先后进行了燃用二甲醚的试验研究，结果表明，燃用二甲醚燃料的发动机，在保持原柴油机效率和动力性的前提下，NO_x 排放显著下降，PM 排放几乎为零。

二甲醚汽车的燃油供给系统如图 5-21 所示；二甲醚汽车的供油系统主要由液化二甲醚燃料罐、油泵压力调节器、燃油冷却器、燃油过滤器、喷油泵、截止阀和回油冷却器及管路系统组成。

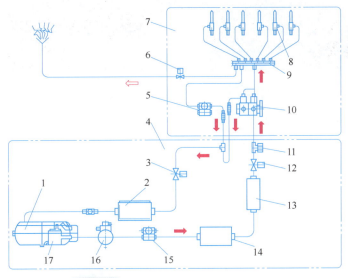

图 5-21　二甲醚汽车的燃油供给系统示意图

1—油箱；2—回油冷却器；3—燃油止回阀；4—底盘；5—压力调节器（15MPa）；6—排气阀；7—发动机；8—喷油器；9—燃油共轨管；10—燃油泵；11—过滤器；12—截止阀；13—主燃油冷却器；14—辅助燃油冷却器；15—压力调节器（3MPa）；16，17—输油泵

5.3 太阳能汽车

> 学习导入

你和你的朋友一起在马路上散步,这时开过一辆太阳能汽车,但是他对太阳能汽车缺乏了解,作为汽车专业技术型人才,你需要向他介绍太阳能汽车的相关情况。

5.3.1 太阳能汽车的特点

太阳能汽车耗能少,只需采用 3 ~ 4m² 的太阳电池组件便可行驶起来。燃油汽车在能量转换过程中要遵守卡诺循环的规律来做功,热效率比较低,只有 1/3 左右的能量消耗在推动车辆前进上,其余 2/3 左右的能量损失在发动机和驱动链上,而太阳能汽车的热量转换不受卡诺循环规律的限制,90% 的能量用于推动车辆前进。世界上第一辆太阳能汽车,如图 5-22 所示。

图 5-22　世界上第一辆太阳能汽车

太阳能汽车具有以下几个特点:

① 太阳能汽车把光能转换为电能驱动车辆,替代了传统车辆对石油能源的利用,因此可以节约有限的石油资源。白天有太阳光时,太阳能电池把光能转换为电能储存到蓄电池中;晚上没有太阳光时,可以利用现有市电(220V)直接对蓄电池充电。

② 无污染,无噪声。由于太阳能汽车没有传统车辆的内燃机,在行驶过程中就不会听到由内燃机工作而产生的轰鸣声,而没有内燃机也就不使用燃油,从而也就不会产生各种有害和污染气体排放到空气中去。

③ 耗能少。传统汽车利用燃油能量转换为机械能驱动车辆行驶过程中,需要遵守卡诺循环,而卡诺循环的转换效率比较低,只有 1/3 左右的能量用于驱动车辆,其余 2/3 的能量都消耗在发动机热耗散和传动链阻力上。但是,太阳能汽车利用光能转换为电能直接驱动车辆行驶,不需要进行卡诺循环,能量的转换效率要高很多。因此,一般一辆太阳能汽车只需要 3 ~ 4m² 的太阳能电池板就能驱动车辆行驶。

④ 易于驾驶和维护。太阳能汽车利用控制器控制电动机转速来改变车辆加速和减速，驾驶员只需踩动加速踏板就行，而且不需要换挡、踩离合器等步骤，大大简化了车辆的操纵，有利于驾驶员行车安全。由于太阳能汽车结构简单，在日常维护中，除了需要定期更换蓄电池外，不需要像传统汽车那样更换机油、添加冷却液等。而且一般太阳能汽车整车尺寸较小，更加容易停车和转向。

⑤ 太阳能汽车由于没有内燃机、离合器、变速器、传动轴、散热器、排气管等零部件，结构简单，制造难度降低。

5.3.2 太阳能汽车的结构原理

太阳能汽车的原理是由太阳能电池方阵接收来自太阳的光照，并将其转化为电能。电能通过控制器一方面可以传输到蓄电池组进行能量存储，另一方面也可以直接驱动电动机及其驱动器来使车辆行驶。

由于太阳能电池板输出的是直流电能，而蓄电源也是直流充电，两者的结合更能提高整个系统的效率。太阳能电池板在太阳光的照射下，其内部 PN 结会形成新的电子空穴对，在一个回路里就能产生直流电流。这个电流流入控制器，会以某种方式给蓄电池充电。蓄电池的充电完全只是通过太阳能来实现的，以确保最大限度使用太阳能。太阳能电池板进来后会首先经过一个开关 MOS 管连接到 DC/DC 变换器（蓄电池充电电路），此变换器的输出连接到蓄电池两端（实际电路里会先通过一个熔丝再连到蓄电池上）。加上开关管有两个作用：一是防止太阳能电池输出较低时由蓄电池过来的反充电流；二是当太阳能电池板极性接反时起到保护电路的作用。控制系统不仅要考虑太阳能电池板最大功率点电压和蓄电池最大电压，而且需要同时兼顾效率和成本。充电原理如图 5-23 所示。

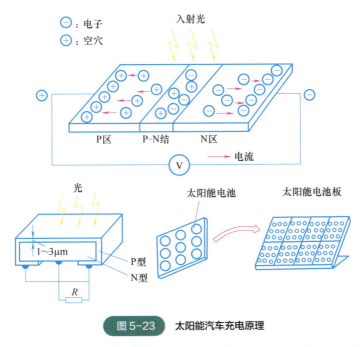

图 5-23　太阳能汽车充电原理

太阳能汽车只需踩踏加速踏板便可启动，利用控制器使车速变化。不需换挡、踩离合器，简化了驾驶的复杂性，避免了因操作失误而造成的事故隐患。太阳能汽车结构简单，除了定期更换蓄电池以外，基本上不需日常保养，省去了传统汽车必须经常更换机油、添加冷却水等定期保养的烦恼。在都市行车，为了等候交通信号灯，必须不断地停车和启动，既造成了大量的能源浪费，又加重了空气污染。使用太阳能汽车，减速停车时，可以不让电动机空转，大大提高了能源使用效率和减少了空气污染。

太阳能在汽车上应用一般只涉及汽车的辅助电源系统。太阳能电池所提供的能量只能用于车辆的电器、仪表等，或是对车载蓄电池进行充电。现今有部分量产车在其天窗顶部添加了太阳能电池，经控制器、逆变器驱动车载空调工作。

所有以太阳能作为驱动能源的专利产品中，太阳能所占的能源比例份额太少。国内有把太阳能用于电动自行车，也有用于微型车的例子，但太阳能所能提供的能量只占到所需驱动能量的 30% 以下。

图 5-24 "追日"号太阳能汽车

1996 年，清华大学参照日本能登竞赛规范，研制了"追日"号太阳能汽车，如图 5-24 所示。质量在 800kg 左右，最高车速达 80km/h，造价为 7.8 万美元。其采用的电池板是我国第五代产品。该车使用转换效率为 14% 的矩形单晶硅电池阵列，在光照条件良好的状况下（地面日照强度为 1000W/m^2），向直流永磁无刷电动机提供 800W 的动力。结构上采用前二后一的三轮式布置，后轮驱动。"追日"号是我国第一代参加国际大赛的太阳能赛车。2001 年，上海交通大学设计制造了"思源"号太阳能电动车。该车长、宽、高分别为 2100mm、860mm、800mm，满载质量 400kg。其结构、动力系统与"追日"号相仿，但由于使用的是串联电阻的调速方式，其能量利用率低，车速仅 20～36km/h，续驶能力也有限。在 2005 年举办的第九届全国大学生"挑战杯"赛上，上海交通大学的又一太阳能车参加了比赛。这些尝试都预示着太阳能汽车正逐渐走向成熟。

到目前为止，太阳能在汽车上的应用技术主要有两个方面：一是作为驱动力，二是用作汽车辅助设备的能源。作为驱动力这一应用方式，一般采用特殊装置吸收太阳能，再转化为电能驱动汽车运行；而作为汽车辅助能源，主要用在电气设备上的辅助应用，大部分还是靠燃料的供给。

太阳电池方阵是太阳能汽车的能源。方阵由许多 PV 光电池板（通常有好几百个）组成。方阵类型受到太阳能汽车尺寸和部件费用等的制约。目前，主要有两种类型的光电池板：硅电池和砷化合物电池。环绕地球卫星使用的太阳电池是典型的砷化合物电池，而硅电池则更为普遍地被地面基础设备所使用。一般等级的太阳能汽车通常使用硅电池板。许多独立的硅片（接近 1000 个）被组合，形成太阳电池方阵。依靠光伏电源供电动机驱动太阳能汽车。这些方阵的通常工作电压为 50～200V，并能提供 1000W 的电力。方阵输出功率的大小受到太阳、云层的覆盖度和温度的影响。超级太阳能汽车也能使用通常类型的太阳能光电板，但更多的是使用太空级光电板，这种板很小，但是比普通的硅片电池板要昂贵得多，使用效率也非常高。

一般情况下，汽车在运动时，被转换的太阳能被直接送到电动机控制系统。但有时提供的能量要大于电动机需求的电力，那么多余的能量就会被蓄电池储存以备后用。当太阳电池方阵不能提供足够的能量来驱动电动机时，蓄电池内的被储存的备用能量将会自动补充。当然，当太阳能汽车不运动时，所有能量都将通过太阳能光伏阵列储存在蓄电池内，也可以利用一些回流的能量来推动汽车。当太阳能汽车开始减速时，换用通用的机械制动，这时电动机将变成一个发电机，能量通过电动机控制器反向进入蓄电池内进行储存。回充到蓄电池中的能量是非常少的，但是非常实用。

太阳能汽车的心脏部位就是电力系统，它由蓄电池和电能组成，电力系统控制器管理全部电力的供应和收集工作。蓄电池组就相当于普通汽车的油箱。一个太阳能汽车使用蓄电池组来储存电能以便在必要时使用，太阳能汽车启动装置控制着蓄电池组，但是当太阳能汽车开动后，是通过太阳能阵列提供能量，从而再充到蓄电池组内的。剖面图如图5-25所示。

图 5-25　太阳能汽车剖面图

目前在太阳能汽车上所用的蓄电池主要有铅酸蓄电池、镍-镉电池、锂电池、锂聚合物电池。镍-镉电池、镍-氢电池和锂电池，与普通的铅酸蓄电池相比，蓄电能力大大提高，质量比普通电池要轻得多，但是它们很少在太阳能汽车中被广泛使用，主要是因为需要细心维护，并且很昂贵；另外一种能够提供强劲能量的蓄电池就是锂电池。今后蓄电池的储存能力将会更高。电池组是由几个独立的模块连接起来，并形成系统所需的电压。

比较有代表性的系统电压一般是在84～108V。蓄电池组由几个独立的模块连接起来，并形成系统所需的电压。

在太阳能汽车里最高级的组件部分就是电力系统。它们包括峰值电力监控仪、电动机控制器和数据采集系统。电力系统最基本的功能就是控制和管理整个系统中的电力。峰值电力监控仪电力来源于太阳能光伏阵列，光伏阵列把能量传递给另外的蓄电池用于储存或直接传递给电动机控制器用于推动电动机。当太阳能光伏阵列给蓄电池充电时，电池组电力监控仪会保护蓄电池组防止因过充而被损坏。峰值电力监控仪是由轻质材料构成，并且一般效率能达到95%以上。电动机控制器控制电动机的启动，而电动机启动信号是来自驾驶人的加速装置。对发动机控制器的电力管理是通过程序来完成的。电动机的启动需要配备不同型号的电动机控制器，使用的工作效率一般超过90%。很多太阳能汽车使用精确数据检测系统来管理整个太阳能汽车的电力系统，其中包括太阳能光伏阵列、蓄电池组、电动机控制器和电动机。从监控系统获得的数据常常用来判断太阳能汽车的状况，并用来解决太阳能汽车出现的问题。

在太阳能汽车里使用什么类型的电动机没有限制。大多数太阳能汽车使用的电动机是双线圈直流无刷电动机，在额定转速下达到98%的使用效率。

太阳能汽车真正走进大众生活，还有很多难题需要解决，比如太阳能的采集与转换问题和制价太高问题。

太阳能转换率只能达到20%左右，难以满足汽车高速行驶所需要的足够动力，而7~8m^{2}的太阳能电池板也导致车身过大转动不够灵活，内部空间过于狭小。除此之外，电动机、控制器也是太阳能汽车发展的关键技术。用于电动汽车的电动机有很多类型，目前太阳能车用电动机通常有直流电动机、交流诱导电动机、永磁同步电动机三种，其中交流诱导电动机存在效率滑落的缺点，永磁同步电动机目前价格过高，所以目前太阳能汽车多用直流电动机，而直流电动机的工作效率也有待提高。

为了使车体轻、速度快，太阳能汽车普遍采用质轻价高的航空、航天材料，造价昂贵，所以开发新的、经济的替代材料迫在眉睫。以清华大学的"追日"号为例，太阳能转化率只能达到14%，造价很高。

虽然太阳能汽车的发展仍存在着很多技术上的挑战，但不可否认的是在不可再生能源日益匮乏的今天，太阳能汽车是未来新能源应用的佼佼者。太阳能汽车可以应用于高尔夫球场、露天游乐场、野外观光、园林草坪修剪服务等。相信在不久的将来，太阳能定会在汽车上逐渐普及，利用太阳能驱动汽车完全可行。

 复习思考题

1. 简述天然气汽车发动机的组成及原理。
2. 简述液化石油气汽车燃气供给系统的组成。
3. 简述氢燃料电池汽车的分类。
4. 简述生物燃料汽车的种类及其特点。
5. 简述太阳能汽车的特点。
6. 简述太阳能电池板的基本原理。

模块 6
智能网联汽车

知识目标

1. 理解智能网联汽车的含义；
2. 了解国内外智能网联汽车的发展现状；
3. 熟悉视觉传感器在智能网联汽车中的应用；
4. 熟悉雷达在智能网联汽车中的应用；
5. 熟悉地图及定位技术在智能网联汽车中的应用；
6. 掌握网络通信技术在智能网联汽车中的应用。

能力目标

1. 能够识别各种视觉传感器；
2. 能解释智能网联汽车的关键技术；
3. 能够通过收集资料对比出各种网络通信技术的特点；
4. 能够依据维修手册，检测智能网联汽车故障。

职业素养

培养自主学习能力以及分析问题、解决问题能力，具备团队协作、爱岗敬业的精神，形成良好的职业素养。

6.1 认识智能网联汽车

学习导入

目前，我国汽车技术正朝着电动化、智能化、网联化、共享化的"四化"方向发展，这给汽车工业的发展带来了巨大的挑战和机遇。智能网联汽车不仅可提供更安全、更舒适、更节能、更环保的驾驶方式，还会带来汽车产品和技术的升级，从而重塑汽车及相关产业全业态和价值链体系。

6.1.1 智能网联汽车的定义

随着电子信息技术的发展，智能网联汽车成为汽车产业发展战略的重要方向。2017年12月由工信部、国家标准委共同制定的《国家车联网产业标准体系建设指南（智能网汽车）》明确了智能网联汽车定义：智能网联汽车是指搭载先进的车载传感器、控制器、执行器等装置，并融合现代通信与网络技术，实现车与X（人、车、路、云端等）智能信息交换、共享，具备复杂环境感知、智能决策、协同控制等功能，可实现安全、高效、舒适、节能行驶，并最终可实现替代人来操作的新一代汽车。智能网联汽车，即ICV（Intelligent Connected Vehicle），是车联网与智能驾驶汽车技术的有机结合，最终实现高度自动化、无人驾驶，如图6-1所示。

图6-1 智能网联汽车

根据2016年10月中国汽车工程学会发布的《节能与新能源汽车技术路线图》的解释，智能网联汽车具有智能化、网联化两个技术层面。

6.1.1.1 智能化层面

智能化主要指汽车自主获取信息、自主决策和自动控制能力。

在智能化层面，汽车配备了多种传感器（摄像头、超声波雷达、毫米波雷达、激光雷达），实现对周围环境的自主感知，通过一系列传感器信息处理和决策，汽车按照一定控制算法，实现预定的驾驶任务。

根据我国相关标准、指南文件的定义：在汽车智能化方面，将智能化分为五个层次，即驾驶辅助（DA）、部分自动驾驶（PA）、有条件自动驾驶（CA）、高度自动驾驶（HA）和完全自动驾驶（FA），如表6-1所示。

6.1.1.2 网联化层面

网联化是指汽车与X（人、车、路、云端等）之间通过通信和网络技术进行信息交换。

表 6-1 我国汽车智能化分级

智能化等级	等级名称	等级定义	控制	监视	失效应对	典型工况
1	驾驶辅助（DA）	通过环境信息对方向和加减速中的一项操作提供支援，其他驾驶操作都由人操作	人与系统	人	人	车道内正常行驶，高速公路无车道干涉路段，泊车工况
2	部分自动驾驶（PA）	通过环境信息对方向和加减速中的多项操作提供支援，其他驾驶操作都由人操作	人与系统	人	人	高速公路及市区无车道干涉路段，换道、环岛绕行、拥堵跟车等工况
3	有条件自动驾驶（CA）	由无人驾驶系统完成所有驾驶操作，根据系统请求，驾驶员需要提供适当的干预	系统	系统	人	高速公路正常行驶工况，市区无车道干涉路段
4	高度自动驾驶（HA）	由无人驾驶系统完成所有驾驶操作，特定环境下系统会向驾驶员提出响应请求，驾驶员可以对系统请求不进行响应	系统	系统	系统	高速公路全部工况及市区有车道干涉路段
5	完全自动驾驶（FA）	无人驾驶系统可以完成驾驶员能够完成的所有道路环境下的驾驶操作	系统	系统	系统	所有形式工况

在网联化层面，车辆采用新一代移动通信技术（LTE-V、5G 等），实现车辆位置信息、车速信息、外部信息等车辆信息之间的交互，并由控制器进行计算，通过决策模块计算后控制车辆按照预先设定的指令行驶，进一步增强车辆的智能化程度和自动驾驶能力。

根据我国相关标准、指南文件的定义：在汽车网联化方面，将网联化分为网联辅助信息交互、网联协同感知、网联协同决策与控制三个层次，如表 6-2 所示。

表 6-2 网联化分级

网联化等级	等级名称	等级定义	控制	典型信息	传输需求
1	网联辅助信息交互	基于车-路、车-后台通信，实现导航等辅助信息的获取以及车辆行驶与驾驶员操作等数据的上传	人	地图、交通流量、交通标志、油耗、里程等信息	传输实时性、可靠性要求较低
2	网联协同感知	基于车-车、车-路、车-人、车-后台通信，实时获取车辆周边交通环境信息，与车载传感器的感知信息融合，作为车辆自动驾驶决策与控制系统的输入	人与系统	周边车辆/行人/非机动车位置、信号灯相位、道路预警等信息	传输实时性、可靠性要求较高
3	网联协同决策与控制	基于车-车、车-路、车-人、车-后台通信，实时并可靠获取车辆周边交通环境信息及车辆决策信息，车-车、车-路等各交通参与者之间信息进行交互融合，形成车-车、车-路等各交通参与者之间的协同决策与控制	人与系统	车-车、车-路间的协同控制信息	传输实时性、可靠性要求最高

6.1.2 智能网联汽车的系统组成

车联网架起了智能汽车与其他对象之间的信息沟通桥梁的作用，智能网联汽车结合了智能汽车和车联网的特点，通过车联网获得智能交通系统的信息，通过车内网络通信获得自车状态与周边环境感知信息，并通过车联网分享智能交通信息。

智能网联汽车智能驾驶的关键技术可以划分为环境感知层、智能决策层、控制执行层，如图 6-2 所示。

（1）环境感知层

环境感知层的主要功能是通过车载环境感知技术（如视觉、雷达、高精度定位与导航等）、车内技术、4G/5G 及 V2X 无线通信技术等，实现对车内与车外静、动态信息的提取和收集，并向智能决策层输送信息，这是智能网联汽车各类功能实现的前提，如图 6-3 所示。

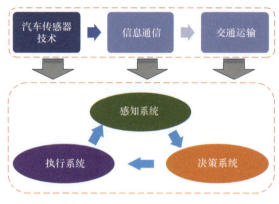

图 6-2　智能网联汽车智能驾驶的关键技术

图 6-3　智能网联汽车中的 V2X 系统

（2）智能决策层

智能决策层的主要功能是接收环境感知层的信息并进行分析、处理，做出自动驾驶行为决策。智能决策层对道路、车辆、行人、交通标志和交通信号等进行识别，理解驾驶环境，分析和判断车辆驾驶模式，决策将要执行的操作，并向控制执行层输送指令，如图 6-4 所示。

（3）控制执行层

控制执行层的主要功能是根据智能决策层的指令，对车辆进行操作和控制，并通过交互系统向驾乘人员提供道路交通信息、安全信息、娱乐信息、救援信息、商务办公、在线消费等信息与服务，提供安全驾驶、舒适驾驶和智能交互等功能。

控制执行层主要依赖于车辆底盘线控和车身电子电器实现车辆的自动控制，以及智能网联系统与车内驾乘人员的交互，如图 6-5 所示。

图 6-4　智能决策系统

6.1.3　智能网联汽车的发展

6.1.3.1　国外智能网联汽车的发展

国外在智能网联汽车方面的研究相对较早，比如美国、日本、德国等国家，他们对网联汽车的研究依托于智能交通系统的整体发展。总体来看，美国、日本、一些欧洲国家智能网联汽车的发展受到各国政府的高度重视，相继出台了以车辆智能化、网联化为核心的发展战略。

图 6-5　车内网络与车外网络之间的信息交换

（1）美国

美国自 1991 年开始着手建设智能交通系统（Intelligent Traffic System，ITS），此后便开启了美国 ITS 的大规模研究。美国交通运输部于 2011 年 10 月开始主持研究、测试"网联汽车技术"，经过几个月的研究和实践，肯定了网联汽车技术具有安全性的潜力优势。至此，美国正式拉开了网联汽车研究与应用部署的序幕。

2013 年，美国国家高速公路交通安全管理局（NHTSA）发布了《关于自动驾驶车辆政策的初步声明》，这是第一个关于自动驾驶汽车的政策，该政策明确了 NHTSA 在自动驾驶领域支持的研究方向，主要包含人为因素的研究、系统性能需求开发、电控系统安全性三个方面。

2014 年，美国交通运输部与 ITS 联合项目办公室共同提出《ITS 战略计划 2015—2019》，提出了互联网信息服务未来五年的发展目标和方向。这是《ITS 战略计划 2010—2014》的升级版，美国 ITS 战略从单纯的汽车网联化升级为汽车网联化与智能化（自动化）的双重发展战略。

2017 年 10 月，美国交通部正式发布《自动驾驶系统：安全愿景 2.0》，明确自动驾驶开发设计、测试部署的 12 项安全评估要素。

2018 年 10 月，美国交通部正式发布《准备迎接未来交通：自动驾驶汽车 3.0》，这是第一份涵盖地面交通系统多种运输模式自动化技术的综合性指导文件，提出将自动驾驶技术与地面多模式交通系统融合开发与应用，调整对"驾驶者"和"操作者"的定义，承认两者所指包含自动驾驶系统。

2019 年美国最大的福布斯网站公布的美国无人驾驶企业路测实验数据显示，谷歌与通用这两家公司的无人驾驶道路累积测试历程已经超过了 58 万公里，经过开展大密度的测试，这些公司获得了大量真实有效的无人驾驶动态数据信息。2020 年 1 月美国交通部发布了《确保美国自动驾驶汽车技术领导地位：自动驾驶汽车 4.0，AV4.0》，整合 38 个联邦政府部门/机构的自动驾驶相关工作，明确提出推动自动驾驶技术发展 10 项原则，以确保美国在自动驾驶领域的技术领先地位。

2021 年 1 月美国交通部发布了《自动驾驶汽车综合计划》，这份综合计划制定了美国交通部的多式联运战略，以促进合作和透明度，使监管环境更加现代化，并为自动驾驶车辆的安全融入准备运输系统。这份综合计划是美国探索实现安全自动驾驶交通的思考，是一种具有战略性和灵活性的方法，也是他国发展安全自动驾驶交通系统的范本。

2022 年，美国国家公路交通安全管理局更新了《联邦机动车安全标准》的乘员保护标准。根据新规定，自动驾驶汽车制造商无需再为满足碰撞标准，为全自动驾驶汽车配备传统的方向盘、制动或油门踏板等手动控制装置。此举释放了一个重要信号，即人们在汽车驾驶中的绝对控制权，今后可以开始交给机器了。

（2）德国

欧盟于 2012 年颁布法规，要求所有商用车在 2013 年 11 月前安装紧急自动制动系统（AEB）。自 2014 年起，在欧盟市场销售的所有新车都必须配备 AEB，没有该系统的车辆将很难获得 E-NCAP 五星级安全认证。

自德国加入《维也纳道路交通公约》要求驾驶人始终控制车辆以来，德国的自驾汽车道路试验已在海外开展。截至 2016 年 3 月，联合国修订并签署了《维也纳道路交通公约》，补充了第 8 条，允许"自动驾驶系统根据需要控制车辆，驾驶人可以随时接管"。在德国，只有德国汽车公司才能具备自动驾驶本土化测试条件。2017 年 5 月，德国通过联邦参议院决议，对《德国交通法案》进行修订，首次将自动驾驶汽车测试的相关法律纳入其中，这是德国首部关于自动驾驶的法律。2018 年，德国政府推出了关于自动驾驶技术的首套道德伦理标准，该标准让自动驾驶车辆针对事故场景做出优先级的判断，并加入系统的自我学习中。

与美国工厂企业由无人驾驶的市场应用探索并从中析出低级驾驶辅助技术不同，德国的自动驾驶采取了一种由低级的驾驶辅助逐渐向最高等级驾驶升级的渐进式发展路线。

2021年7月，德国联邦发布了《自动驾驶法》，这部法律的正式生效标志着从2022年开始，德国将允许L4级自动驾驶车辆在德国公共道路上的指定区域内行驶。

（3）英国

2017年2月，英国政府颁布了《汽车技术与航空法》，从保险法规的角度保护人民的安全，减轻汽车制造商和软件开发商的压力，加快智能汽车技术的发展。

2017年8月，英国交通部和国家基础设施保护中心发布了《联网和自主车辆网络安全的关键原则》，涵盖了个人数据安全、远程车辆控制等技术的基本原则，以确保智能车的设计、开发和制造过程中的网络安全和信息安全。

2019年3月英国交通部《未来出行：城市战略》提出将移动出行作为发展重点，通过城市转型基金为英国10个城市提供6000万～9000万英镑的资金支持，激励政府、企业和相关人员进行移动出行技术开发与应用的积极性，并在此基础上提出了未来出行的生态系统框架。

2022年1月，英国法律委员会和苏格兰法律委员会发布了最终报告，为自动驾驶汽车的安全提出了建议。该报告建议引入新的自动驾驶汽车法，以规范自动驾驶的车辆。

（4）法国

2014年，法国就公布了自动驾驶汽车的路线图。2016年8月，法国通过了一项法令，允许对自动驾驶汽车进行道路试验，但对试验路段和试验等级有明确要求。随后，法国将自动启动"人工智能发展计划"和"促进增长和企业变革行动计划"，推动自动驾驶技术的发展。

法国是首批支持自动驾驶的国家之一，2018年就发布了自动驾驶国家战略。2019年12月颁布了《出行指导法》，允许高度自动化的车辆在实验性场景之外行驶。

2021年1月发布《2020—2022年自动驾驶国家战略》，在2018年版战略基础上进行了更新，提出约30项措施，共分为四个模块：一是立法和监管，二是技术理论和安全标准，三是支持创新和研究，四是培训、交流和推广，旨在推动法国自动驾驶车辆、系统和配套服务的发展。

（5）日本

日本把自动驾驶作为一项重要的发展战略，是重视人工智能应用和发展汽车工业的国家之一。在智能化方面，日本从1991年开始支持先进安全汽车（Advanced Safety Vehicle，简称ASV）项目。

1996年制定了《智能交通系统（ITS）全体构想》，提出未来20年ITS发展构想。2013年，日本启动《战略性创新创造促进计划》（SIP）计划，明确无人驾驶汽车商用化时间节点：2015～2017年，完成L2级别的相关技术商业化普及；2020～2025年，完成L3级别的自动合流系统技术商业化普及；2025～2030年，完成L4级别的商业化普及。在此基础上，提出了2014～2030年ITS技术发展路线图。而2016年发布的《官民ITS构想及路线图》，更是细化了自动驾驶技术场景化推进目标，明确自动驾驶推进时间表：2025年，实现私家车和卡车在高速公路L4级别的完全自动驾驶。

6.1.3.2 我国智能网联汽车的发展

相较于国外，我国在智能网联汽车领域的研究起步较晚，但是国家一直非常重视智能网联汽车的发展，并逐渐上升到国家的战略层面。我国智能网联汽车的发展历程见表6-3。

表 6-3 我国智能网联汽车的发展历程

时间	发展阶段	主要事件
1989～1999 年	小范围研发阶段	1. 自动驾驶研发主要集中在少数高校; 2. 一些整车企业开始与高校联合开展自动驾驶的研发工作
2000～2009 年	国家层面支持研发阶段	1. 国家开始设立智能交通攻关立项,如推进"863 计划"设立"智能交通系统关键技术开发和示范工程""现代交通技术领域"等; 2. 更多高校与企业进入自动驾驶研发,如 2003 年国防科技大学与一汽集团完成红旗 CA7460 无人驾驶平台;2005 年上海交通大学研发城市交通的自动驾驶车辆的应用
2010～2015 年	车联网发展阶段	1. 国家推动车联网技术发展,如"基于移动中心技术的车辆通信网络的研究""车路协同系统设计信息交互和集成验证研究""车联网应用技术研究"等国家级课题; 2. 国内车联网技术创新着力大范围合作,如中国汽车工程学会主导成立车联网技术创新技术联盟等
2015 年以后	智能网联概念发展阶段	国家出台智能网联汽车的一系列宏观政策,着力发展智能网联汽车,明确智能网联汽车将成为智能交通系统的重要组成部分

2016 年,发布了《节能与新能源汽车技术路线图》,明确了我国智能网联汽车技术路线图,以指导汽车制造商的发展和未来的产业发展。

2017 年,《新一代人工智能发展规划》进一步明确了自动驾驶技术自主应用的战略目标。

2018 年 1 月,国家发改委发布了《智能汽车创新发展战略》计划。根据该计划,到 2020 年,我国汽车市场新型智能汽车比例将达到 50%,中高端智能汽车将以市场为导向;智能道路交通系统建设取得了积极进展,大城市和公路 LTE-V2X 无线通信网络覆盖率约为 90%。

2018 年 5 月,工信部、公安部、交通部联合发布了《智能网联汽车管理规范(试行)》,批准了全国 20 个智能网联汽车测试示范区,如表 6-4 所示。《智能网联汽车管理规范(试行)》是指导智能网联汽车测试的指导性文件。

表 6-4 2018 年全国 20 个智能网联汽车测试示范区

区域	数量/个	示范区名称
北京	1	国家智能汽车与智慧交通(京冀)示范区
吉林	1	国家智能网联汽车应用(北方)示范区(长春)
辽宁	1	北汽盘锦无人驾驶汽车运营项目
江苏	2	国家智能交通综合测试基地(无锡)
		常熟中国智能车综合技术研发与测试中心
上海	1	国家智能网联汽车(上海)A NICE CITY 示范区
浙江	3	杭州云栖小镇 LTE-V 车联网示范区
		桐乡乌镇示范区
		嘉善产业新城智能网联汽车测试场
福建	2	平潭无人驾驶汽车测试基地
		漳州无人驾驶汽车社会实验室(厦门)
广东	2	深圳无人驾驶示范区
		广州智联汽车与智慧交通应用示范区
四川	2	德阳 Decity 智能网联汽车测试与示范运营基地
		成都中德智能网联汽车四川试验基地
重庆	2	重庆 i-VISTA 智能汽车集成系统试验区
		重庆中国汽研智能网联汽车试验基地
武汉	2	武汉"智慧小镇"示范区
		武汉雷诺自动驾驶示范区
湖南	1	湘江新区智能系统测试区

2020年11月，国家智能网联汽车创新中心在2020世界智能网联汽车大会上公布了《智能网联汽车技术路线图2.0》，对智能网联产业顶层设计和市场化应用目标做出详细的规划部署。该路线图是支撑政府自动驾驶产业规划、推动行业技术创新、引导社会资源集聚的重要工作，并为中国汽车产业紧抓历史机遇、加速转型升级、支撑制造强国建设指明发展方向，提供决策参考。

2020年12月《关于促进道路交通自动驾驶技术发展和应用的指导意见》：鼓励自动驾驶新业态发展，鼓励有条件的地方开展自动驾驶车辆共享、摆渡接驳、智能泊车等试运行及商业运营服务，支持开展便捷高效、安全有序的自动驾驶出行模式开发与应用，促进"出行即服务"产业综合发展，研究自动驾驶车辆营运条件及管理办法，探索建立自动驾驶营运车辆运行安全监管体系。

2021年1月《智能网联汽车道路测试与示范应用管理规范（试行）》：拟将自动驾驶汽车道路测试及示范应用范围拓宽覆盖高速公路，同时指导进一步打通各省市之间的测试互认工作。

2021年5月，住房和城乡建设部办公厅、工业和信息化部办公厅共同发布《关于组织开展智慧城市基础设施与智能网联汽车协同发展试点工作的通知》，确定北京、上海、广州、武汉、长沙、无锡等6个城市为智慧城市基础设施与智能网联汽车协同发展第一批试点城市，进一步确定了智能网联汽车具有良好的发展前景。

我国智能网联汽车的推进如表6-5所示，可分为四个阶段：自动驾驶辅助、网联驾驶辅助、人机共驾和高度自动化/无人驾驶。

表6-5 我国智能网联汽车的发展阶段

阶段	技术实现	不同阶段功能及技术状态说明
1	自动驾驶辅助	自动驾驶辅助系统是指以车辆环境传感系统为依托，辅助驾驶操作系统有两种类型：预警系统和控制系统。其中，预警系统包括正面碰撞预警系统（FCW）、车道偏离预警系统（LDW）、盲区预警系统（BSW）、驾驶人疲劳预警系统（DFM）、全景观测系统（MVC）、胎压监测系统（TPMS）等，控制系统包括车道保持系统（LKA）、自动停车辅助系统（PLA）、自动紧急制动系统（AEB）、自适应巡航系统（ACC）等。 目前，自动驾驶辅助系统的核心技术和产品仍然掌握在国外公司手中，特别是在基础车辆传感器和执行器领域
2	网联驾驶辅助	网联驾驶辅助系统是一种依靠信息和通信技术来感知车辆周围环境并预测周围车辆未来运动来帮助驾驶人驾驶的系统。通过现代通信和网络技术，汽车、道路、行人等交通参与者不再孤立，所有参与者都成为智能交通系统中的信息节点。 我国清华大学、同济大学等高校和长安汽车等企业也开展了车路协同技术应用研究与示范试验，2015年以来，在工信部的支持下，上海、北京、重庆等地开始积极建设智能网联汽车测试示范区。我国华为公司和大唐公司推出的LTE-V系统具有兼容蜂窝网络和顺利过渡到5G系统的优点，在国际市场上与DSRC（专用短程通信技术）形成了竞争优势。但是，国内相关产业也存在一些问题，缺乏美国、日本、欧洲等国家大型项目的支持，企业之间没有协同效应。因此，网联驾驶辅助系统的发展相对缓慢
3	人机共驾	人机共驾是指驾驶人与智能系统同时共享对车辆的控制，人机结合完成驾驶任务。与普通驾驶辅助系统中驾驶人人工控制的优先级高于智能系统相比，人机共驾中人工控制与智能系统具有同等的优先级，将智能化水平提升到更高的等级，人机同时具备独立完成驾驶任务的能力。 人机共驾包括三个层次：感知层、决策层和控制层。 感知层主要利用特定的超声波雷达、摄像机、红外热电等传感器为驾驶人提供环境信息，增强驾驶人的感知能力，提高车辆的安全性。

续表

阶段	技术实现	不同阶段功能及技术状态说明
3	人机共驾	决策层的主要技术包括驾驶人决策意图识别、驾驶决策辅助和轨迹引导。例如,采用多层压缩方法,根据实际道路建立驾驶人换道意图的预测模型,有效预测驾驶人在实际换道行为发生前 3s 换道的意图。针对交通控制和物理避障的约束条件,结合车辆的非线性动力学特性,得到一种基于模型预测控制方法的预测轨迹制导模型,以辅助驾驶人决策,并利用人机交互进行轨迹制导。 控制层中人机控制状态的转换是相互协同、相互制约的,要求智能系统具有更高的并行智力程度。该系统不仅能识别驾驶人的意图,而且能达到相同的驾驶决策速度,提高车辆的感知、决策、控制水平,降低驾驶人的操作负荷
4	高度自动化/无人驾驶	驾驶人不需要参与车辆操作,车辆将在所有条件下自动完成驾驶。其中,L4 级别自动驾驶遇到无法控制的驾驶条件时,车辆将提示驾驶人接管。如果驾驶人不接管,车辆将采用保守的方式,如侧边停车,以确保安全。在 L5 级别自动驾驶阶段,车辆没有驾驶人,需要在所有驾驶条件下自动驾驶并确保安全。目前,以百度为代表的 L4 级别自动驾驶系统已经开始投入试产

6.2
智能网联汽车的关键技术及应用

 学习导入

> 智能网联汽车在传统汽车技术基础上融合大量信息感知、智能决策、车辆自动控制、网络通信等新技术,对相关技术发展提出了巨大挑战。在诸多的技术中,新型电子电器信息架构、多类别传感器融合感知、新型智能终端、车载智能计算平台、车用无线通信网络、高精度地图与定位、云控基础平台等共性关键技术的突破直接决定了我国智能网联汽车产业的整体发展水平。

6.2.1 视觉传感器在智能网联汽车中的应用

要实现汽车的自动驾驶功能,必须使汽车具有环境感知功能,充分了解和认识环境。视觉传感器成本低廉,获取的环境信息直观,在车载领域得到了广泛应用。

6.2.1.1 视觉传感器的定义

视觉传感器又叫摄像头,主要由光源、镜头、图像传感器、模数转换器、图像处理器、图像存储器等组成,如图 6-6 所示。其主要功能是获取足够的机器视觉系统要处理的原始图像。把光、摄像机、图像处理器、标准的控制与通信接口等集成一体的视觉传感器常称为一个智能图像采集与处理单元。内部程序存储器可存储图像处理算法,并能使用计算机,利用专用组态软件编制各种算法并下载到视觉传感器的程序存储器中,视觉传感器将计算机的灵活性、PLC 的可靠性、分布式网络技术结合在一起,用这样的视觉传感器和 PLC 可以更容易地构成机器视觉系统。

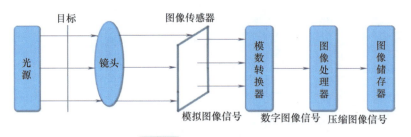

图 6-6　视觉传感器的组成

6.2.1.2　视觉传感器的特点

① 视觉图像的信息量极为丰富，尤其是彩色图像，不仅包含视野内物体的距离信息，而且还有物体的颜色、纹理、深度和形状等信息。

② 在视野范围内可同时实现道路检测、车辆检测、行人检测、交通标志检测、交通信号灯检测等，信息获取面积大。当多辆智能网联汽车同时工作时，不会出现相互干扰的现象。

③ 视觉信息获取的是实时的场景图像，提供的信息不依赖于先验知识，比如 GPS 导航依赖地图信息，有较强的适应环境的能力。

④ 视觉传感器应用广泛，在智能网联汽车中可以前视、后视、侧视、内视、环视等。以前视为例，夜视、车道偏离预警、碰撞预警、交通标志识别等要求视觉系统在各种天气、路况条件下，能够清晰识别车道线、车辆、障碍物、交通标志等。

6.2.1.3　视觉传感器的类型

视觉传感器在智能网联汽车上应用是以摄像头方式出现的，主要用于车道偏离预警系统、车道保持辅助系统、盲区监测系统、自动制动辅助系统中的障碍物检测和道路检测等。

摄像头一般分为单目、双目、三目和环视摄像头等。

（1）单目摄像头

单目摄像头，如图 6-7 所示。一般安装在前风玻璃上部，用于探测车辆前方环境，识别道路、车辆、行人等，先通过图像匹配进行目标识别（各种车型、行人、物体等），再通过目标在图像中的大小去估算目标距离。这就要求对目标教学准确识别，然后要建立并不断维护一个庞大的样本特征数据库，保证这个数据库包含待识别目标的全部特征数据。如果缺乏待识别目标的特征数据，就无法估算目标的距离，导致 ADAS（高级驾驶辅助系统）的漏报。

图 6-7　单目摄像头

单目摄像头的优点是成本低廉，能够识别具体障碍物的种类，且识别准确；缺点是由于其识别原理导致其无法识别没有明显轮廓的障碍物，工作准确率与外部光线条件有关，并且受限于数据库，没有自学习功能。

（2）双目摄像头

双目摄像头（图 6-8）是通过对两幅图像视差的计算，直接对前方景物（图像所拍摄到的范围）进行距离测量，而无须判断前方出现的是什么类型的障碍物。依靠两个平行布置的摄像头产生的视差，找到同一个物体所有的点，依赖精确的三角测距，就能够算出摄像头与前方障碍物的距离，实现更高的识别精度和更远的探测范围。使用这种方案，需要两个摄像头有较高的同步率和采样率，因此技术难点在于双目标定及双目定位。相比单目摄像头，双目摄像头没有识别率的限制，无须先识别，可直接进行测量，直接利用视差计算距离精度更高，无须维护样本数据库。但因为检测原理上的差异，双目视觉方案在距离测算上相比于单目，其硬件成本和计算量级都大幅增加。

（3）三目摄像头

三目摄像头，如图 6-9 所示，三目摄像头感知范围更大，但同时标定三个摄像头，工作量较大。

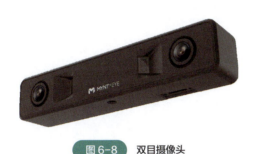

图 6-8　双目摄像头

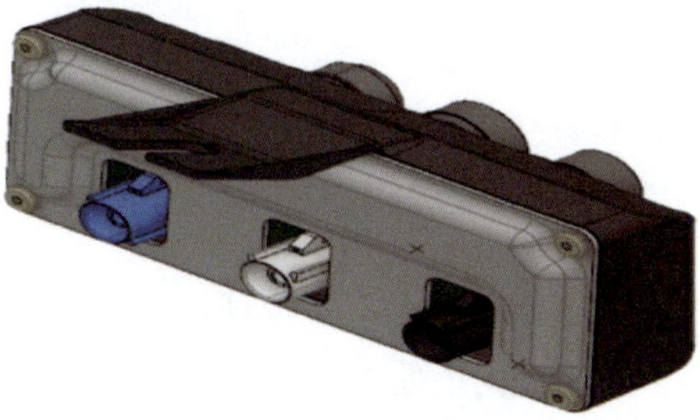

图 6-9　三目摄像头

（4）环视摄像头

环视摄像头，如图 6-10 所示，一般至少有 4 个摄像头，实现 360° 环境感知。

摄像头分为红外摄像头和普通摄像头。红外摄像头既适合于白天工作，也适合于夜间工作。普通摄像头只适合于白天工作，不适合黑夜工作。目前车辆上使用的主要是红外摄像头。

6.2.1.4　视觉传感器的功能

视觉传感器具有车道线识别、障碍物检测、交通标志和地面标志识别、交通信号灯识别、可通行空间检测等功能。

图 6-10　环视摄像头

（1）车道线识别

车道线是视觉传感器能够感知的最基本信息，拥有车道线识别功能，即可实现高速公路的车道保持功能。

（2）障碍物检测

障碍物种类很多，如汽车、行人、自行车、动物、建筑物等，有了障碍物信息，无人驾驶汽车即可完成车道内的跟车行驶。

（3）交通标志和地面标志识别

交通标志和地面标志识别可作为道路特征与高精度地图匹配后辅助定位，也可以基于这些感知结果进行地图的更新。

（4）交通信号灯识别

交通信号灯状态的感知能力对于城区行驶的无人驾驶汽车十分重要。

（5）可通行空间检测

可通行空间表示无人驾驶汽车可以正常行驶的区域。

6.2.1.5　视觉传感器的环境感知流程

视觉传感器环境感知流程，如图 6-11 所示，一般包括图像采集、图像预处理、图像特征提取、图像模式识别、结果传输等，根据具体识别对象和采用的识别方法不同，环境感知流程也会有所不同。

图像采集 → 图像预处理 → 图像特征提取 → 图像模式识别 → 结果传输

图 6-11　视觉传感器环境感知流程

（1）图像采集

图像采集主要是通过摄像头采集图像，如果是模拟信号，要把模拟信号转换为数字信号，并把数字图像以一定格式表现出来，根据具体研究对象和应用场合，选择性价比高的摄像头。

（2）图像预处理

图像预处理包含的内容较多，有图像压缩、图像增强与复原、图像分割等，要根据具体实际情况进行选择。

（3）图像特征提取

为了完成图像中目标的识别，要在图像分割的基础上，提取需要的特征，并将这些特征计算、测量、分类，以便于计算机根据特征值进行图像分类和识别。

（4）图像模式识别

图像模式识别的方法很多，从图像模式识别提取的特征对象来看，图像识别方法可分为基于形状特征的识别技术、基于色彩特征的识别技术以及基于纹理特征的识别技术等。

（5）结果传输

通过环境感知系统识别的信息，传输到车辆其他控制系统或者传输到车辆周围的其他车辆，完成相应的控制功能。

利用视觉传感器进行道路识别的流程，如图 6-12 所示。

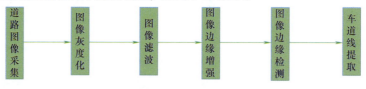

图 6-12　视觉传感器道路识别流程

6.2.1.6　视觉传感器的应用

视觉传感器是智能网联汽车实现众多预警、识别等功能的 ADAS 功能的基础，见表 6-6。

表 6-6　视觉传感器在智能网联汽车上的应用

ADAS	使用摄像头	功能应用
车道偏离预警系统	前视	检测车辆即将偏离车道线时预警
盲区监测系统	侧视	将后视盲区的影像显示在后视镜或驾驶舱内
自动泊车辅助系统	后视	将车尾影像显示在驾驶舱内
全景泊车系统	前视、侧视、后视	将摄像头采集的影像组成周边全景图
驾驶人疲劳预警系统	内置	检测驾驶人是否疲劳、闭眼等发出警告
行人碰撞预警系统	前视	检测车辆与前方行人可能发生碰撞预警
车道保持辅助系统	前视	检测到即将偏离车道线时，发出警告并纠正
交通标志识别系统	前视、后视	识别前方和道路两侧的交通标志
前向碰撞预警系统	前视	检测到与前车距离小于安全距离并预警

6.2.2　雷达在智能网联汽车中的应用

6.2.2.1　雷达的定义

雷达是一个采用无线电波来确定物体的范围、角度或速度的探测系统。雷达能够主动探测周边环境，比视觉传感器受外界环境影响更小，是自动驾驶汽车的重要传感器之一。雷达通过向目标发射电磁波并接收回波,从而获取目标距离、方位、距离变化等数据。

6.2.2.2 雷达的分类

根据电磁波波段,雷达可细分为超声波雷达、毫米波雷达、激光雷达三类,如图 6-13 所示。

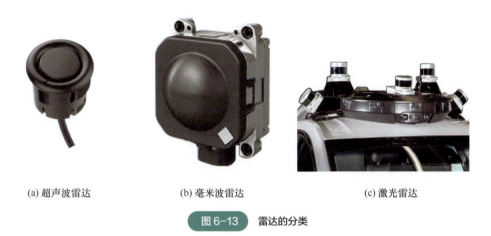

(a) 超声波雷达　　(b) 毫米波雷达　　(c) 激光雷达

图 6-13　雷达的分类

不同雷达的特征频率、波形和扫描特点对比如图 6-14 所示。雷达的原理不同,其性能特点也有各自的优点,在智能网联汽车领域,需要根据各雷达的特点进行选型和配置,以满足不同阶段和场景的市场化需求,实现智能网联汽车的功能。

6.2.2.3 超声波雷达

超声波雷达工作在 20kHz 以上,多用于精准测距,基本原理是通过测量超声波脉冲和接收脉冲的时间差,结合空气中超声波传输速度计算相对距离。

（1）超声波雷达的定义

声音以波的形式传播称为声波。按频率分类,频率低于 20Hz 的声波称为次声波;频率为 20Hz～20kHz 的声波称为可听波,即人耳能分辨的声波;频率大于 20kHz 的声波称为超声波。

超声波雷达是利用超声波的特性研制而成的传感器,是在超声频率范围内将交变的电信号转换成声信号或者将外界声场中的声信号转换为电信号的能量转换器件。超声波雷达有一个发射头和一个接收头,安装在同一面上。在有效的检测距离内,发射头发射特定频率的超声波,遇到检测面反射部分超声波;接收头接收返回的超声波,由芯片记录声波的往返时间,并计算出距离值,如图 6-15 所示。

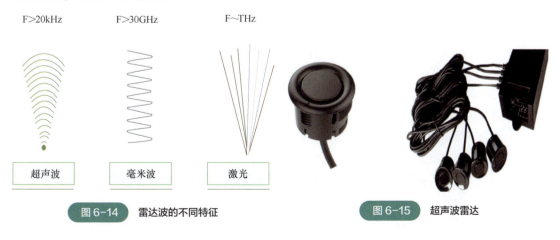

图 6-14　雷达波的不同特征　　　　图 6-15　超声波雷达

（2）超声波雷达的特点

① 超声波雷达有效探测距离一般在 5～10m 之间，但会有一个最小探测盲区，一般为几十毫米，如图 6-16 所示。

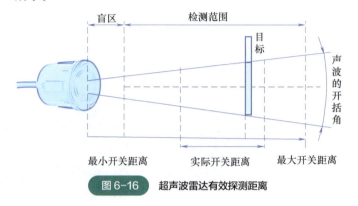

图 6-16　超声波雷达有效探测距离

② 超声波对色彩、光照度不敏感，可用于识别透明、半透明及漫反射差的物体。

③ 超声波对外界光线和电磁场不敏感，可用于黑暗、有灰尘或烟雾、电磁干扰强、有毒等恶劣环境中。

④ 超声波雷达结构简单、体积小、成本低，信息处理简单可靠，易于小型化与集成化，并且可以进行实时控制。

（3）超声波雷达的测距原理

超声波雷达测距时，超声波发射器发出的超声波脉冲，经媒质（空气）传到障碍物表面，反射后通过媒质（空气）传到接收器，测出超声脉冲从发射到接收所需的时间，根据媒质中的声速，求得从探头到障碍物表面之间的距离。设探头到障碍物表面的距离为 L，超声波在空气中的传播速度为 v（约为 340m/s），从发射到接收所需的传播时间为 t，当发射器和接收器之间的距离远小于探头到障碍物之间的距离时，则有 $L=\dfrac{vt}{2}$。

（4）超声波雷达的类型

常见的超声波雷达有两种。

① 安装于汽车前后保险杠上，用于测量汽车前后障碍物。探测距离一般为 15～250cm，称为 PDC（停车距离控制）传感器，也称为 UPA（驻车辅助传感器）；

② 安装于汽车侧面，用于测量停车位长度。探测距离一般为 30～500cm，称为 PLA（自动泊车辅助）雷达，也称为 APA（泊车辅助传感器）。

（5）超声波雷达的主要参数

① 测量范围　超声波雷达的测量范围取决于其使用的波长和频率。波长越长，频率越小，检测距离越大，如具有毫米级波长的紧凑型传感器的测量范围为 300～500mm，波长大于 5mm 的传感器测量范围可达 10m。

② 测量精度　测量精度是指传感器测量值与真实值的偏差。超声波雷达测量精度主要受被测物体体积、表面形状、表面材料等影响。被测物体体积过小、表面形状凹凸不平、物体材料吸收声波等情况都会降低超声波雷达的测量精度。测量精度越高，感知信息越可靠。

③ 波束角　超声波雷达产生的超声波以一定角度向外发出，超声波沿雷达中轴线方向上的超声射线能量最大，能量向其他方向逐渐减弱。以雷达中轴线的延长线为轴线，到一侧能量强度减小一半处的角度称为波束角。波束角越小，指向性越好。一些超声波雷达具有较窄（6°）

的波束角，更适合精确测量相对较小的物体。一些波束角在12°～15°的超声波雷达能够检测具有较大倾角的物体。

④ 工作频率　工作频率直接影响超声波的扩散和吸收损失、障碍物反射损失、背景噪声，并直接决定雷达的尺寸。一般选择在40kHz左右，这样雷达方向性尖锐，且避开噪声，提高信噪比；虽然传播损失相对低频有所增加，但不会给发射和接收带来困难。

⑤ 抗干扰性能　超声波为机械波，使用环境中的噪声会干扰超声波雷达接收物体反射回来的超声波，因此要求超声波雷达具有一定的抗干扰能力。

（6）超声波雷达的应用

超声波雷达在智能网联汽车中最常见的应用是自动泊车辅助系统。自动泊车辅助系统包含8个PDC传感器（用于探测周围障碍物）和4个PLA传感器（用于测量停车位的长度）。当驾驶人驾驶汽车以30km/h以下速度行驶，且侧面与其间距保持在0.5～1.5m时，PLA传感器会自动检测两侧外部空间，探测到的所有合适的空间都会被系统储存下来，按下换挡手柄右侧功能键便可在仪表板显示屏上显示此时的周围状态。如果空间足够泊车，驾驶人可以停车后挂入倒挡，并慢速倒车。系统会按照事先计算好的轨迹自动控制前轮转向，无须驾驶人操纵转向盘。在自动泊车完成之后，驾驶人还可以在前后PDC传感器的帮助下将车进一步停正。

雷达在智能网联汽车领域中是不可或缺的，它相当于人类的"眼睛"，帮助确定物体的位置、大小、外部形貌甚至于材质，在整个人工智能产业中充当着举足轻重的位置。

6.2.2.4　毫米波雷达

毫米波雷达是高阶自动驾驶的标配。毫米波雷达指工作在30～300GHz频域的雷达，具有体积小、质量轻和空间分辨率高等优点，具有全天候、全天时等优秀特性，能够同时识别多个小目标，可以穿透雾、烟、灰尘等环节，精准测量目标的相对距离和相对速度，被广泛应用于自动驾驶汽车车间距离探测，但易受干扰。

（1）毫米波雷达的定义

毫米波雷达是工作在毫米波频段的雷达，如图6-17所示。毫米波是指波长在1～10mm的电磁波，对应的频率范围为30～300GHz。毫米波雷达是ADAS核心传感器，主要用于自适应巡航控制系统、自动紧急制动系统、盲区监测系统、行人检测系统等。

毫米波位于微波与远红外波相交叠的波长范围，所以毫米波兼有这两种波谱的优点，同时也有自己独特的性质，根据波的传播理论，频率越高，波长越短，分辨率越高，穿透力越强，但在传播过程中的损耗也越大，传输距离越短；相反，频率越低，波长越长，绕射能力越强，传输距离越远。所以与微波相比，毫米波的分辨率高，指向性好，抗干扰能力强和探测性能好。与红外波相比，毫米波的大气衰减小，对烟雾和灰尘具有更好的穿透性，受天气影响小。

图6-17　毫米波雷达

（2）毫米波雷达的特点

① 探测距离远　毫米波雷达探测距离远，最远可达250m左右。

② 响应速度快　毫米波的传播速度与光速一样，并且其调制简单，配合高速信号处理系

统，可以快速地测量出目标的角度、距离、速度等信息。

③ 适应能力强　毫米波具有很强的穿透能力，在雨、雪、大雾等恶劣天气下依然可以正常工作，而且不受颜色与温度的影响。

毫米波雷达的缺点是覆盖区域呈扇形，有盲点区域；无法识别道路标线、交通标志和交通信号灯。

（3）毫米波雷达的类型

毫米波雷达可以按照工作原理、探测距离和频段进行分类。

① 按工作原理分类　毫米波雷达按工作原理的不同可以分为脉冲式毫米波雷达与调频式连续毫米波雷达两类。脉冲式毫米波雷达通过发射脉冲信号与接收脉冲信号之间的时间差来计算目标距离；调频式连续毫米波雷达是利用多普勒效应测量得出不同目标的距离和速度。脉冲式测量原理简单，但由于受技术、元器件等方面的影响，实际应用中很难实现。目前，大多数车载毫米波雷达都采用调频式连续毫米波雷达。

② 按探测距离分类　毫米波雷达按探测距离可分为近距离（SRR）、中距离（MRR）和远距离（LRR）毫米波雷达，如图6-18所示。

③ 按频段分类　毫米波雷达按采用的毫米波频段不同，划分有24GHz、60GHz、77GHz和79GHz毫米波雷达，主流可用频段为24GHz和77GHz。79GHz有可能是未来发展趋势。

图 6-18　毫米波雷达的探测距离

（4）毫米波雷达的测量原理

调频式连续毫米波雷达是利用多普勒效应测量得出不同目标的距离和速度，它通过发射源向给定目标发射毫米波信号，并分析发射信号时间、频率和反射信号时间、频率之间的差值，精确测量出目标相对于雷达的距离和运动速度等信息。

雷达调制器通过天线发射毫米波信号，发射信号遇到目标后，经目标的反射会产生回波信号，发射信号与回波信号相比形状相同，时间上存在差值；当目标与雷达信号发射源之间存在相对运行时，发射信号与回波信号之间除存在时间差外，还会产生多普勒频率。

（5）毫米波雷达的应用

毫米波雷达广泛应用于智能网联汽车的自适应巡航控制系统、前向碰撞预警系统、自动紧急制动系统、盲区监测系统、自动泊车辅助系统、变道辅助系统等高级驾驶辅助系统（ADAS）中。

为了满足不同距离范围的探测需要，一辆汽车上会安装多个近距离、中距离和远距离毫米波雷达。其中24GHz雷达系统主要实现近距离（SRR）探测，77GHz雷达系统主要实现中距离（MRR）和远距离（LRR）探测。不同的毫米波雷达在车辆前方、侧方和后方发挥不同的作用。例如自适应巡航控制需要三个毫米波雷达，车辆正中间一个77GHz的LRR，探测距离为 150 ～ 250m，角度约为 10°；车辆两侧各一个 24GHz 的 SRR，角度都为 30°，探测距离为 50 ～ 70m。

6.2.2.5 激光雷达

（1）激光雷达的定义

激光雷达是工作在光频波段的雷达，它利用光频波段的电磁波先向目标发射探测信号，然后将其接收到的回波信号与发射信号相比较，从而获得目标的位置（距离、方位和高度）、运动状态（速度、姿态）等信息，实现对目标的探测、跟踪和识别，如图 6-19 所示。

（2）激光雷达的类型

① 激光雷达按有无机械旋转部件，可分为机械激光雷达、固态激光雷达和混合固态激光雷达。

a. 机械激光雷达。机械激光雷达带有控制激光发射角度的旋转部件，体积较大，价格昂贵，测量精度相对较高，一般置于汽车顶部。

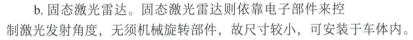

图 6-19　激光雷达

b. 固态激光雷达。固态激光雷达则依靠电子部件来控制激光发射角度，无须机械旋转部件，故尺寸较小，可安装于车体内。

c. 混合固态激光雷达。混合固态激光雷达没有大体积旋转结构，采用固定激光光源通过内部玻璃片旋转的方式改变激光光束方向，实现多角度检测的需要，并且采用嵌入式安装。

② 根据线束数量的多少，激光雷达又可分为单线束激光雷达与多线束激光雷达。

a. 单线束激光雷达。单线束激光雷达扫描一次只产生一条扫描线，其所获得的数据为 2D 数据，因此无法区别有关目标物体的 3D 信息。但由于单线束激光雷达具有测量速度快、数据处理量少等特点，多被应用于安全防护、地形测绘等领域。

b. 多线束激光雷达。多线束激光雷达扫描一次可产生多条扫描线。目前市场上多线束激光雷达产品包括 4 线束、8 线束、16 线束、32 线束、64 线束等，其细分可分为 2.5D 激光雷达及 3D 激光雷达。2.5D 激光雷达与 3D 激光雷达最大的区别在于激光雷达垂直视野的范围，前者垂直视野范围一般不超过 10°，而后者可达到 30°甚至 40°以上，这也就导致两者对于激光雷达在汽车上的安装位置要求有所不同。图 6-20 为机械激光雷达和固态激光雷达以及 64 线束、32 线束和 16 线束的激光雷达。

(a) 机械激光雷达

(b) 固态激光雷达

(c) 多线束激光雷达

图 6-20　激光雷达的类型

（3）激光雷达的特点

① 分辨率高　激光雷达可以获得极高的角度、距离和速度分辨率。通常激光雷达的角分辨率不低于 0.1mard，也就是说可以分辨 3km 距离上相距 0.3m 的两个目标，并可同时跟踪多个目

标；距离分辨率可达 0.1m；速度分辨率能达到 10m/s 以内。

② 探测范围广　探测距离可达 300m 左右。

③ 信息量丰富　可直接获取探测目标的距离、角度、反射强度、速度等信息，生成目标多维度图像。

④ 全天候工作　激光主动探测，不依赖于外界光照条件或目标本身的辐射特性，它只需发射自己的激光束，通过探测发射激光束的回波信号来获取目标信息；但容易受到大件以及工作环境烟尘的影响，且不具备摄像头能识别交通标志的功能。

（4）激光雷达系统的组成

智能网联汽车激光雷达系统由收发天线、收发前端、信号处理模块、汽车控制装置和报警模块组成，如图 6-21 所示。

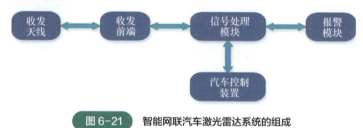

图 6-21　智能网联汽车激光雷达系统的组成

① 收发天线　收发天线可安装于车辆保险杠内，向车辆前方发出发射信号，并接收反射信号。

② 收发前端　收发前端是雷达系统的核心部件，负责信号调制、射频信号的发射接收及接收信号解调。

③ 信号处理模块　信号处理模块自动分析、计算出与前方车辆的距离和相对速度，并且防止转弯时错误测量临近车道车辆的情况发生。

④ 汽车控制装置　汽车控制装置是控制汽车的自动操作系统，达到自动减速慢速行车，或紧急制动。通过限制发动机输出转矩、调节制动力及变速器挡位，控制汽车的行驶速度。

⑤ 报警模块　根据设定的安全车距和报警距离，以适当方式给驾驶人报警，保障汽车安全行驶。

（5）激光雷达的测距原理

激光雷达测距的基本原理是通过测算激光发射信号与激光回波信号的往返时间，从而计算出目标的距离。首先，激光雷达发出激光束，激光束碰到障碍物后被反射回来，被激光接收系统进行接收和处理，从而得知激光从发射至被反射回来并接收之间的时间，即激光的飞行时间，根据飞行时间，可以计算出障碍物的距离。根据所发射激光信号的不同形式，激光测距方式可分为脉冲法激光测距和相位法激光测距两大类，如图 6-22 所示。

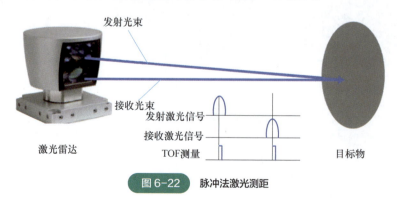

图 6-22　脉冲法激光测距

① 脉冲法激光测距　脉冲法是通过激光雷达的发射器发出脉冲激光照射到障碍物后有部分激光反射回来，由激光雷达的接收器接收。同时激光雷达内部可以记录发射和接收的飞行时间间隔，根据光速可以计算出要测量的距离。

② 相位法激光测距　相位法由激光发射器发出强度调制的连续激光信号，照射到障碍物后反射回来，测量光束在往返中会产生相位的变化，通过计算激光信号在雷达与障碍物之间来回飞行产生的相位差，换算出障碍物的距离。

（6）激光雷达的应用

激光雷达具有高精度电子地图和定位、障碍物识别、可通行空间检测、障碍物轨迹预测等功能。

① 高精度电子地图和定位　利用多线束激光雷达的点云信息与车载组合惯导采集的信息，进行高精度电子地图制作。无人驾驶汽车利用激光点云信息与高精度电子地图匹配，以此实现高精度定位。

② 障碍物识别　利用高精度电子地图限定感兴趣区域（ROI）后，根据障碍物特征和识别算法，进行障碍物检测与识别。

③ 可通行空间检测　利用高精度电子地图限定 ROI 后，可以对 ROI 内部（比如可行驶道路和交叉口）点云的高度及连续性信息判断点云处是否可通行。

④ 障碍物轨迹预测　根据激光雷达的感知数据与障碍物所在车道的拓扑关系（道路连接关系）进行障碍物的轨迹预测，以此作为无人驾驶汽车规划（避障、换道、超车等）的判断依据。

6.2.3　高精度地图及定位技术在智能网联汽车中的应用

6.2.3.1　高精度地图在智能网联汽车中的应用

（1）高精度地图

地图是地理信息空间的载体，它是将客观现实世界中的空间特征以一定的数学法则（即模式化）符号化、抽象化，将空间特征表示为形象符号模型或称为图形数学模型。

高精度地图是指高分辨率地图（High Definition Map）。通俗来讲就是精度更高、数据维度更多的电子地图。精度更高体现在精确到厘米级别，数据维度更多体现在其包括了除道路信息之外的与交通相关的周围静态信息。它是适合高度自动驾驶的地图，高精度地图要在自动驾驶环境中实现它的价值，高精度地图有它特有的地图内容。

（2）高精度地图的功能

对于自动驾驶系统，导航系统需要提供更高精度的路径，引导车辆到达目的地，需要将环境中尽可能丰富的信息提供给自动驾驶系统。作为存储静态、准静态交通信息的数据库，为了满足自动驾驶系统的导航、路径规划要求，高精度地图需要提供更精细、精确的交通信息，如图 6-23 所示。

高精度地图在自动驾驶中，可以作为自动驾驶的记忆系统，不仅可以用于导航、路径规划，还可以为环境感知和理解提供先验知识，辅助车载传感器实现高精度定位。它是 L3 级及以上自动驾驶不可缺少的关键技术，总的来讲具备以下三种功能，如图 6-24 所示。

① 高精度定位　高精度地图可以提供道路中特征物（如标志牌、龙门架等）的形状、尺寸、高精度位置等语义信息，车载传感器在检测到响应特征物时，就可根据检测到的特征物信息去匹配上述语义信息，由车辆与特征物间的相对位置推算出当前车辆的绝对高精度位置信息。高精度定位是高精度地图有效应用的重要方向，也是自动驾驶系统自主导航、自动驾驶的重要前提。在车载传感器定位受限情况下，高精度地图可以为自动驾驶系统提供有效的辅助定位信息。

图 6-23　高精度地图　　　　　　图 6-24　高精度地图功能

图 6-25　高精度地图中车辆与物体间相对位置信息

② 辅助环境感知　高精度地图能够提高自动驾驶车辆数据处理效率，自动驾驶车辆感知重构周围三维场景时，可以利用高精度地图作为先验知识减少数据处理时的搜索范围，如图 6-25 所示。在高精度三维地图上标记详细的道路信息，可以为车载感知系统提供有效的辅助识别，可以优化感知系统的计算效率，提高识别精度、减少误识别的发生等。

③ 路径规划　高精度地图可以看成一种超视距传感器，它提供了极远距离的道路信息，用于智能驾驶系统的全局路径规划，并对局部路径规划作出有效的辅助。

（3）高精度地图的特点

普通电子地图是显示给人看的，高精度地图是给车机设备理解的。在传统的导航领域，导航设备主要是给驾驶人员提供引导，为了更好地引导驾驶人，电子地图忽略道路细节，将道路抽象为一条线，用颜色区分道路等级，在路口处用语音和示意图引导。高精度地图主要是给自动驾驶汽车设备理解的，描述了精细的车道标线信息及道路参考线和车道参考线信息，也包含了复杂的车道交换引导参考线。

与普通电子地图相比，高精度地图信息的丰富性和准确性都有显著的提升。高精度地图的信息具有以下特点：

① 道路参考线　为了实现车道级导航、路径规划功能，需要在原始地图数据中抽象道路结构，形成由顶点组成的拓扑图形结构，同时为了优化数据的存储，需要将道路用连续的曲线段来表示。

② 道路连通性　除道路参考线外，高精度地图还应描述道路的连通性。比如路口中没有车道线的部分，需要将所有可能的行驶路径抽象成道路参考线，在高精度地图数据库中体现。

③ 车道模型　除了记录道路参考线、车道边缘（标线）和停车线外，高精度地图数据库还需要记录无车道道路的拓扑结构，且除车道的几何特性外，道路模型还包括车道数、道路坡度、功能属性等。

④ 对象模型　如图 6-26 所示，对象模型记录道路和车道行驶空间范围边界区域的元素，模型属性包括对象的位置、形状和属性值。这些地图元素包括路牙、护栏、互通式立交桥、隧道、龙门架、交通标志、可变信息标志、轮廓标志、收费站、电线杆、交通灯、墙壁、箭头、文字、符号、警告区、分流区等。

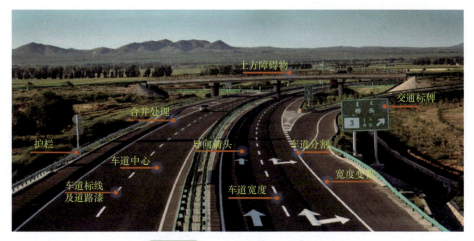

图 6-26　高精度地图的对象模型元素

（4）高精度地图的采集

高精度地图与传统地图相比，具有不同的采集原理和数据存储结构。传统地图依赖于拓扑结构和传统的数据库，将各种元素作为对象堆放在地图上，将道路存储为路径。高精度地图，为了提高存储效率和机器可读性，地图在存储时分为矢量层和对象层。

在高精度地图生产过程中，通过提取车辆上传感器采集的原始数据，获取高精度地图特征值，构成特征地图。在此基础上，进一步提取、处理和标注矢量图形，包括道路网络信息、道路属性信息、道路几何信息和道路上主要标志的抽象信息。高精度地图数据采集过程包括以下三个环节。

① 实地采集　通常称为"外业"，是制作高精度地图的第一步，往往通过采集车的实地采集完成。采集的核心设备为激光雷达传感器，通过激光的反射形成环境点云从而完成对环境各对象的识别。

② 处理　通常称为"内业"，通过对采集到的数据进行处理，提取高精度地图所需要表达的信息，形成高精度地图数据库。它包括人工处理、深度学习的感知算法（图像识别）等。一般来说，采集的设备越精密，采集的数据越完整，所需要算法去降低的不确定性就越低。而采集的数据越不完整，就越需要算法去弥补数据的缺陷，当然也会有更大的误差。因此，为了保证获取数据的精确性，提高采集数据的利用率，实地采集所用到的设备较昂贵。如图 6-27 所示，是一台集成了卫星定位、激光雷达、惯性导航与数据处理系统的高精度地图采集设备。

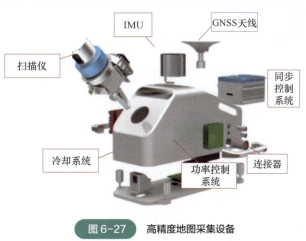

图 6-27　高精度地图采集设备

③ 后续更新　随着时间的变化，道路会由于破损、翻修、规划等原因发生变化。为保证高精度地图中信息的可靠性和有效性，需要对地图进行周期性，或者由一定原因触发的更新。可以采取的高精度地图更新方式有：众包方式、与政府实时交通处理部门合作等。

（5）高精度地图在智能网联汽车中的应用

高精度地图数据中提供道路甚至车道的曲率值，当车辆转弯时，可以根据曲率进行提前减速，控制传感器甚至前照灯辅助转向。高精度地图也提供隧道等详细信息，车辆在进入前，提前开启前照灯或调整传感器感光参数。高精度地图提供了坡度，能够辅助车辆控制加速踏板节省能源。高精度地图提供了各种交通标志和提示信息标牌的精确位置及形状，能够辅助车辆进行高精度定位。高精度地图的限速信息精确到车道，能够为车辆提供精准的限速信息，智能网联汽车用以精准控制执行器操作。车辆可以根据高精度地图进行自主变道。高精度地图还能为车辆提供各种危险区域信息，车辆可以提前做出应急方案。以上所列仅仅是高精度地图很少一部分跟智能网联汽车相关的属性，高精度地图的充分运用可以助力智能网联汽车获取各方面的先验传感参数，为自动驾驶提供诸多数值化的决策依据。

① 高精度地图在智能网联驾驶中的作用　高精度地图主要服务于自动驾驶汽车，车辆通过地图云中心接收车辆报告的经过传感器实时采集的数据与高精度地图的变化，根据变化融合成新的地图信息，并将信息分发共享给其他车辆。

高精度地图对于 L4、L5 级别的智能网联驾驶是必选项，对于 L3 是可选项（对应 ADAS 地图是必选），对于 L2、L1 基本不需要；智能网联汽车的自动化、智能化程度越高，对高精度地图的依赖越大。

② 高精度地图基础上的高精度定位　高精度地图能够辅助车辆进行高精度定位。其辅助高精度定位原理与 GPS 定位相似。车辆只要识别出至少三个要素，就可以通过车辆与三个要素的距离画球面，三个球面相交点就是车辆所在可能位置，再通过 GPS 定位信息确定最终位置。

通过基于高精度地图的辅助感知，自动驾驶车辆能准确知道周边的物体（对象）的高精度位置坐标，同时通过传感器得到车辆与周边物体的相对距离，自动驾驶车辆即可基于探测到的物体（对象）高精度坐标和相对距离反算出车辆的高精度位置坐标，从而实现对自身位置的持续修正。

③ 高精度地图对智能网联驾驶规划的作用　高精度地图能够辅助车辆进行车道级动态路径规划，车辆在拥有高精度定位功能前提下，在无外部环境干扰的情况下可以根据高精度地图的车道参考线前进到达目的地。由于现实中道路环境存在各种干扰情况，包括其他车辆、行人等，因此车辆需要更复杂的传感器进行感知决策。

④ 高精度地图在 V2X 中的作用　V2X 是智能网联汽车在网联化方面的基础。在 V2X 环境中，V2X 系统与高精度地图分工合作，通过路侧基础设施（信号灯、标识牌等路侧单元）与车辆进行通信，车辆能够直接获取道路基础环境信息，并能够利用基础设施进行高精度定位。高精度地图主要用于车道规划和辅助对不能发射信号的基础设施的感知，如路肩、隔离带等。

高精度地图云中心可以通过与基础设施中的道路边缘计算网格进行通信，实现信息的收集与分发。道路边缘计算网格与车辆进行实时通信，车辆从道路边缘计算网格获取道路环境信息，并上报车辆传感器识别变化的信息，道路边缘计算网格经过初步处理后将数据发送到高精度地图云中心，云中心综合多方证据信息进行处理，提前预测道路环境变化，并将可能引起道路交通恶化的预测信息发送给边缘计算网格通知车辆，车辆可以提前做出决策。

6.2.3.2　高精度定位技术在智能网联汽车中的应用

（1）高精度定位的定义

在智能网联汽车领域的高精度定位是指在车辆实时运动状态中连续获取车辆高精度位置信息的单一或多种模式混合定位的体系。

智能网联汽车需要全球卫星导航系统、惯性导航系统、高精度地图等，将智能网联汽车与周边交通环境有机结合，实现超视距感知，降低车载感知传感器的计算压力。

高精度定位是高精度地图有效应用的重要前提，也是智能驾驶系统自主导航、自动驾驶的重要前提。在车载传感器定位受限情况下，可以为智能驾驶系统提供有效的辅助定位信息。

（2）高精度定位的分类

卫星定位系统是一种使用卫星对目标物进行准确定位的技术，它从最初的定位精度低、不能实时定位、难以提供及时的导航服务，发展到现如今的高精度 GNSS 全球定位系统，实现了在任意时刻、地球上任意一点都可以同时观测到 4 颗卫星，以便实现导航、定位、授时等功能。

① 全局定位　全局定位（也称为绝对定位）是指通过定位系统直接获取目标在全球坐标系下的位置信息（含三维坐标、速度、方向、时间等全局信息）。定位中常用到的有全球卫星导航系统（GNSS）、实时动态载波相位差分技术（RTK/CORS/VRS）、惯性导航系统（INS）、星基增强系统（SBAS）。

② 局部定位　局部定位（也称相对定位）是指在智能网联汽车运行的局部环境中，通过对周边环境中特殊物体的图像识别或特征匹配，与事先保存的地图信息进行比对获得环境物体和自车的局部相对位置；或者通过传感器探测周边静态物体、运动目标的相对距离和相对角度及相对速度等信息，解算出自车与动态静态目标物之间的相对位置。局部定位最终可以还原出全局位置信息。

（3）高精度定位体系架构

网络 RTK 也称基准站 RTK，是近年来在常规 RTK 和差分 GPS 的基础上建立起来的一种新技术，目前尚处于试验、发展阶段。通常把在一个区域内建立多个（一般为三个或三个以上）GNSS 参考站，对该区域构成网状覆盖，并以这些基准站中的一个或多个为基准计算和播发 GNSS 改正信息，从而对该地区内的 GNSS 用户进行实时改正的定位方式称为 GNSS 网络 RTK。

① 整体架构　网络 RTK 是由差分基准站网、运营中心和接收机组成的。它的基本原理是在一个较大的区域内稀疏地、较均匀地布设多个基准站，构成一个基准站网，那么我们就能借鉴广域差分 GNSS 和具有多个基准站的局域差分 GNSS 中的基本原理和方法来设法消除或削弱各种系统误差的影响，获得高精度的定位结果。

② 差分站　差分基准站上应配备全频点 GNSS 接收机，该接收机应能同时提供精确的双频伪距观测值。差分基准站的站坐标应精确已知，其坐标可采用长时间 GNSS 静态相对定位等方法来确定。此外，这些站还应配备数据通信设备及气象仪器等。差分基准站应按规定的采样率进行连续观测，并通过数据通信链实时将观测资料传送给数据处理中心。

③ 运营中心　运营中心根据接收终端送来的近似坐标（可据伪距法单点定位求得）判断出该站位于由哪三个差分基准站所组成的三角形内。然后根据这三个差分基准站的观测资料求出接收终端所处位置的系统误差，并播发给接收终端来进行修正以获得精确的结果。在必要时可将上述过程迭代一次。差分基准站与运营中心间的数据通信可采用数字数据网 DDN 或无线通信等方法进行。接收终端和运营中心间的双向数据通信则可通过电信网络等方式进行通信。

④ 接收终端　接收终端不仅通过数据链接收来自运营中心的数据，还要采集 GNSS 观测数据，并在系统内组成差分观测值进行实时处理，同时给出厘米级定位结果。接收终端可处于静止状态，也可处于运动状态，可在固定点上先进行初始化后再进入动态作业，也可在动态条件下直接开机，并在动态环境下完成整周模糊度的搜索求解。在整周未知数解固定后，即可进行每个历元的实时处理，只要能保持四颗以上卫星相位观测值的跟踪和必要的几何图形，则接收终端可随时给出厘米级定位结果。

（4）智能网联汽车高精度定位的应用

智能网联汽车，尤其是在 L4、L5 级的体系中，对实时动态高精度定位能力的需要是刚性的、不可或缺的，定位精度一般要求达到厘米级，实时性要求 100Hz 以上，系统可用性要求达到 99.99999% 的级别。

① 高精度定位在自动驾驶路径规划中的作用　自动驾驶的路径规划是继环境感知识别之后，决策和执行环节需要频繁迭代调用的核心功能，而高精度定位为路径规划提供了起止点的精确位置，是路径对话的必要前提。尤其是车道级的路径规划、避障规划、可行驶区域迭代、执行过程中的规划补偿等关键环节，无一不需要高精度定位能力的随时可用。

② 高精度定位在自动驾驶决策控制中的作用　高精度定位不仅仅在环境感知和规划环境需要用到，在自动驾驶的决策控制环节同样也需要在更精细的维度上频繁迭代调用，以适应自动驾驶自车和环境的动态变化。

③ V2X 中的实时位置信息广播　自动驾驶汽车在单车足够智能化的前提下，为了适应整个交通体系的智能化，需要同时朝网联化方向发展。V2X 是智能网联汽车不可或缺的技术。高精度定位信息是 V2X 上最频繁不间断传输的基础信息，构成了 V2X 上运转的众多行驶信息的基础平台。

④ 即时定位与地图构建 SLAM 技术　在新一代的智能汽车感知决策技术中，从机器人技术中发展而来的 SLAM 将是最有前景的新技术之一。而基于多种传感器及其融合的高精度定位技术，是智能汽车 SLAM 的基石。全局实时动态的高精度定位能力是自动驾驶的必备能力，这已成为业界共识。基于 GNSS 系统，结合地基增强系统、传感器融合技术，以达成高精度定位能力，这个模式已成为高精度定位解决方案的首选。

6.2.4　网络通信技术在智能网联汽车中的应用

6.2.4.1　V2X

V2X 是 Vehicle to Everything 的意思，即车辆自身和外界事物之间的信息交换。V2X 是智能网联汽车通信技术的核心，包含了移动通信技术和物联网无线通信技术。车辆自身主要与以下外界事物进行信息交换。

（1）V2V

V2V 是 Vehicle to Vehicle 的英文缩写，如图 6-28 所示，即车辆自身与其他车辆之间的信息交换。

车辆自身与外界车辆之间的信息交换内容，主要包括以下几点：

① 当前本体车辆的行驶速度与附近范围内车辆的行驶速度进行信息内容的交换。

② 当前本体车辆的行驶方向与附近范围内车辆的行驶方向进行信息内容的交换。

③ 当前本体车辆紧急状况与附近范围内车辆的行驶状况进行信息内容的交换。

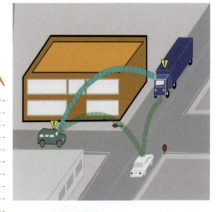

图 6-28　V2V 应用场景

（2）V2I

V2I 是 Vehicle to Infrastructure 的英文缩写，如图 6-29 所示，即车辆自身与基础设施之间的信息交换。

基础设施主要包括红绿灯、公交站台、交通指示牌、立交桥、隧道、停车场等。

车辆自身与基础设施之间的信息交换内容，主要包括以下几点：
① 车辆的行驶状态与前方红绿灯的实际状况进行信息内容的交换。
② 车辆的行驶状态与途经公交站台的实际情况进行信息内容的交换。
③ 车辆当前行驶的方向和速度与前方交通标志牌所提示的内容进行信息上的交换。
④ 车辆的行驶状态与前方立交桥或隧道的监控情况进行信息内容的交换。
⑤ 车辆的导航目的地与停车场空位情况进行信息内容的交换。

（3）V2P

V2P 是 Vehicle to Pedestrian 的英文缩写，如图 6-30 所示，即车辆自身与外界行人之间的信息交换。

图 6-29　V2I 应用场景

图 6-30　V2P 应用场景

车辆自身与外界行人之间的信息交换内容，主要包括以下几点：
① 车辆自身的行驶速度与行人当前位置进行信息内容的交换。
② 车辆自身的行驶方向与行人当前位置进行信息内容的交换。

（4）V2R

V2R 是 Vehicle to Road 的英文缩写，如图 6-31 所示，即车辆自身与道路之间的信息交换。

按照道路的特殊性，V2R 又可分为两大类型，一类是车辆自身与城市道路之间的信息交换；另一类是车辆自身与高速道路之间的信息交换。

车辆自身与道路之间的信息交换内容，主要包括以下几点：

① 车辆自身的行驶路线与道路当前路况进行信息内容的交换。

图 6-31　V2R 应用场景

② 车辆自身的行驶方向与前方道路发生的事故进行信息内容的交换。
③ 车辆行驶的导航信息与道路前方的路标牌进行信息内容的交换。

（5）V2N

V2N 是 Vehicle to Network 的英文缩写，如图 6-32 所示，即车辆自身或驾驶人与互联网之间的信息交换。

车辆驾驶人与互联网之间的信息交换，主要包括：车辆驾驶人通过车载终端系统向互联

网发送需求，从而实现诸如娱乐应用、新闻资讯、车载通信等功能；车辆驾驶人通过应用软件可及时从互联网上获取车辆的防盗信息。

车辆自身与互联网之间的信息交换，主要包括：

① 车辆自身的行驶信息和传感器数据，与互联网分析的大数据结果进行信息内容的交换。

② 车辆终端系统与互联网上的资源进行信息内容的交换。

③ 车辆自身的故障系统与互联网远程求助系统进行信息内容的交换。

图6-32　V2N应用场景

智能网联汽车V2X功能的实现条件是必须首先实现车辆自身的智能化，车辆的智能化主要包括车载传感器的感知功能、汽车数据通信处理能力，以及数据分析后的决策功能。只有在实现了车辆智能化的基础上，才能利用网络通信技术实现智能网联汽车V2X的功能。

目前，实现智能网联汽车V2X功能的网络通信技术主要有移动网络通信技术和物联网无线通信技术。

6.2.4.2　移动网络通信技术

（1）移动网络通信技术的发展

移动网络通信技术是一种综合技术的应用，它是由有线通信技术和无线通信技术融合而成，具体是指通过移动网络信号系统，作为主体的人或设备可在不受位置约束的条件下，与固定位置或正在发生位移的另方主体人或设备进行通信的方式。移动网络通信技术系统主要由空间系统（如卫星等）、地面系统（如地面基站、交换中心等）两大部分组成，如图6-33所示。

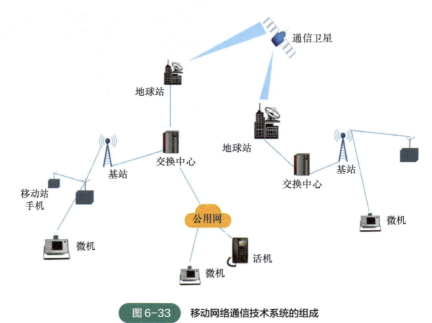

图6-33　移动网络通信技术系统的组成

到目前为止，移动网络通信在技术上已经历经了 5 次更新换代，见表 6-7。

表 6-7　移动网络通信技术

技术名称	出现年份	最高传输速率
第一代移动通信网络（1G）	1980 年	2.4Kbit/s
第二代移动通信网络（2G）	1990 年	150Kbit/s
第三代移动通信网络（3G）	2000 年	6Mbit/s
第四代移动通信网络（4G）	2010 年	100Mbit/s
第五代移动通信网络（5G）	2020 年	20Gbit/s

（2）5G 网络通信技术在 V2X 中的应用

① 5G 网络的关键技术

a. 设备到设备的通信。D2D 是 Device to Device 的英文缩写，即设备到设备的通信。D2D 通信是指在一定距离范围内，设备之间的直接通信，如图 6-34 所示。

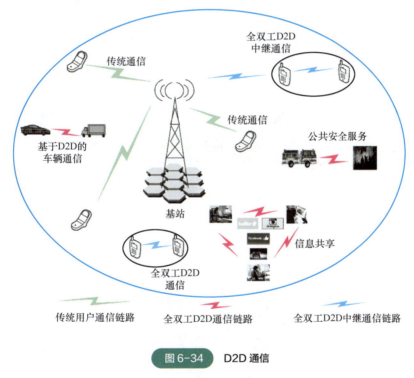

图 6-34　D2D 通信

b. 大规模输入输出技术。5G 网络环境下的大规模输入输出技术是指通过大规模天线阵列进行信号的发射和接收，如图 6-35 所示。

c. 高频段传输。由于 2G、3G、4G 网络通信频率都在 3GHz 以下，导致低频率的可用频段资源极为有限。所以 5G 网络的建设分为两大频谱，分别为低频段和高频段，如图 6-36 所示。低频段是指在 3GHz 以上且小于 6GHz 的频段，而高频段是指大于 30GHz 频段的毫米波移动通信技术。

d. 高密集组网。由于高频段导致网络覆盖面积减少，所以为了增加网络的覆盖范围，需要采用高密集度的组网建设方式，如图 6-37 所示。

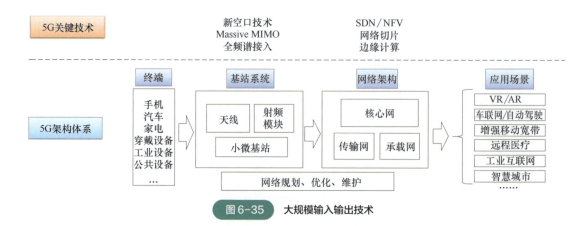

图6-35 大规模输入输出技术

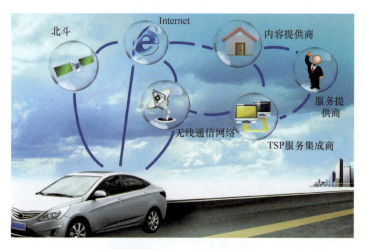

图6-36 5G网络传输频谱

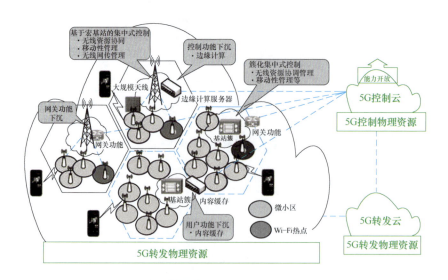

图6-37 5G高密集度的组网

② 5G网络在V2X中的应用　5G支持大数据传输宽带、支持本地点对点通信，提高信息

传输可靠性，具有极低延迟和容错性，这为智能网联汽车的生态系统带来一系列优势。利用增加的数据传输能力，可以提高车辆运输的安全性，这包括在智能网联汽车之间共享传感器数据，使用宽带支持改善定位，以及为自动驾驶共享高精度三维地图等。

针对 V2X 的应用需求，5G 大容量传输可用于采集海量的道路环境数据或车辆与云端之间的环境感知数据传输，如图 6-38 所示。低延迟直接连接可以实现 V2X：车辆与车辆、车辆与道路、车辆与人、人与道路的协同通信，解决通信数据安全和用户隐私信息保护问题，提高 V2X 通信的利用率。

在车辆组网应用场景中，车辆终端通过感知无线通信环境获取当前的频谱信息，快速接入空闲频谱，并与其他终端进行有效通信。动态频谱的接入提高了频谱资源的利用率。

智能网联汽车结合了大数据和通信技术，通过 5G 网络可实现车辆本身与外界物体的通信功能。车辆本身在实现智能化的前提下，可自动激活识别和被识别功能，主要包括自动开启环境感知功能、自动开启数据处理的决策功能、自动开启车辆的控制功能。

智能网联汽车技术真正的难点是安全问题，5G 技术应用的真正目的其实就是解决车辆安全驾驶的问题，以达到最大限度地减少或减免交通事故的发生，保护车辆数据安全，收集数据，集成数据，实现最大化的安全策略。

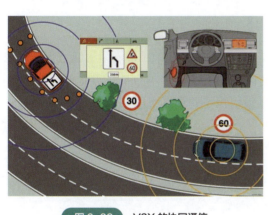

图 6-38　V2X 的协同通信

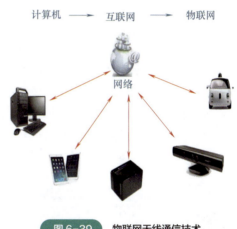

图 6-39　物联网无线通信技术

6.2.4.3　物联网无线通信技术

物联网无线通信技术是指车辆、硬件设备、家用电器、公共设施与电子产品、应用软件、控制器、传感器等，分别连接到互联网当中，并通过无线网络技术进行信息交换，如图 6-39 所示。

无线网络通信是在移动网络通信技术的基础上建立而成的，无线网络与移动网络之间的关系如图 6-40 所示。无线网络通信技术按照连接方式，大致可以分为两类：一类是设备之间可以直接进行通信，不需要借助任何的中间设备进行连接，如蓝牙通信技术和红外线通信技术等。另一类是设备之间进行通信时，需要借助中间设备进行连接，如 Wi-Fi 通信技术等。

根据不同的需求，物联网无线通信技术大致可分为两类，短距离无线通信技术和低功耗广域网通信技术。

（1）短距离无线通信技术

适用于物联网的短距离通信技术主要包括 Wi-Fi、蓝牙、射频识别以及 Zigbee 等通信技术。

图 6-40　无线网络和移动网络之间的关系

① Wi-Fi 通信技术　Wi-Fi 是 Wireless Fidelity 的英文缩写，是无线局域网络认证标准。Wi-Fi 又称之为 IEEE802.11 标准，IEEE802.11 标准是全球目前无线局域网的通用标准。最早的 IEEE802.11 标准发表于 1997 年，标准中定义了 WLAN 的 MAC 层和物理地址标准。MAC 是 Media Access Control 的英文缩写，即媒介访问控制。MAC 地址又称局域网地址或以太网地址。MAC 地址是出厂时设定好的，不可以自行进行修改，另外它具有唯一性的特点。目前常用的版本为 IEEE802.11n、IEEE802.11p、IEEE802.11ac，而 IEEE802.11p 是车用电子的无线通信标准。

Wi-Fi 通信的必要条件是无线路由器和具有无线网卡的硬件设备。Wi-Fi 通信技术的优势在于：无线电波覆盖范围较广，在室内最远覆盖距离可达 100m 左右，室外最远覆盖距离为 400m 左右；传输速率较高；无线数据传播模式。Wi-Fi 通信技术也存在一定的缺点：安全性较低、易受干扰、功耗较高、组网能力低。

② 蓝牙通信技术　蓝牙是一种适用于短距离范围内的无线通信标准。目前最新版本为蓝牙 5.3 标准，2021 年由蓝牙技术联盟提出。蓝牙的优点在于：功耗低、低延时，具有较高的安全性、有效范围内可无视障碍物进行连接。蓝牙的缺点在于：传输距离较短、传输速率不高。

③ 射频识别通信技术　RFID 是 Radio Frequency Identification 的英文缩写，即射频识别。射频识别技术在物联网应用中是一种较为常用的短距离通信技术，它通过无线电信号对目标物体进行自动识别以及数据信息的读取工作。RFID 通信由电子标签、读写器和应用软件三部分构成，如图 6-41 所示。

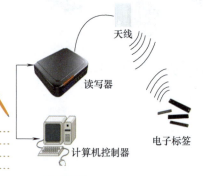

图 6-41　RFID 的构成

RFID 通信技术具有七大特性：

a. RFID 通信具有超强的抗干扰性；

b. RFID 电子标签具有相对较高的存储空间，最高可扩充至 1MB 以上；

c. 可通过编程技术对 RFID 电子标签的数据信息进行动态修改；

d. 具有较长的使用寿命；

e. 对障碍物的穿透能力较强；

f. 可对 RFID 产品设置密码，因此 RFID 通信技术具有较高的安全性；

g. 可同时对多个 RFID 产品进行快速扫描及数据信息的读取。

根据 RFID 技术的特性，可将 RFID 产品分为三大类：无源 RFID 产品、有源 RFID 产品和半有源 RFID 产品。

④ Zigbee 通信技术　Zigbee 又称"紫蜂协议"，该技术是一种小范围、低功耗、低速率、低成本的无线自组织网络技术。Zigbee 是基于 IEEE802.15.4 标准的局域网协议，它所应用的领域范围为自动化领域和远程控制领域。

Zigbee 协议框架总体上来说由两部分构成，一部分是 IEEE802.15.4 定义的底层标准协议，另一部分是由 Zigbee 联盟在 IEEE802.15.4 的基础上进行扩充的标准协议。IEE802.15.4 标准中共两种物理层。第一种是 869/915MHz 的物理层，其传输速率较低分别为 20Kbit/s 和 40Kbit/s；第二种是 2.4GHz 的物理层，其传输速率相对较高为 250Kbit/s。

Zigbee 通信技术中的网络节点按照功能可分为协调器、路由器和终端设备，如图 6-42 所示。

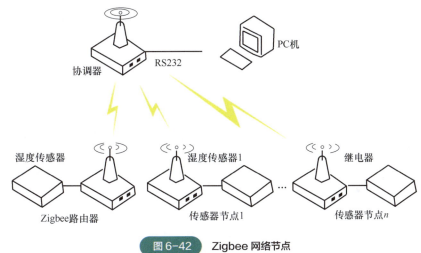

图 6-42　Zigbee 网络节点

Zigbee 按照网络结构，可以划分为星状网络、树状网络和网状网络，如图 6-43 所示。

(a) 星状网络拓扑结构　　(b) 树状网络拓扑结构　　(c) 网状网络拓扑结构

图 6-43　Zigbee 网络拓扑结构

（2）低功耗广域网通信技术

低功耗广域网络（Low-Power Wide-Area Network，LPWAN）技术在物联网应用中可实现大范围网络覆盖。LPWAN 技术具有低带宽、低功耗、远距离、海量连接的特点。LPWAN 技术可分为两类，一类是在未获得授权频段下使用的技术，如 LoRa 通信技术；另一类是在授权频段下使用的技术，如 NB-IoT 通信技术。

① LoRa 通信技术　LoRa 是 Long Range 的英文缩写，即远距离大范围无线通信，又称为

劳拉。LoRa 通信技术在物联网行业中被广泛应用。LoRa 主要在 ISM 频段中进行应用。ISM 是 Industrial Scientific Medical 的英文缩写，即工业的、科学的、医学的。ISM 中的频段只对工业、科学以及医学机构进行开放，其最大的特点就是无须进行授权或缴纳任何费用。

LoRaWan 是 Long Range Wide Area Network 的英文缩写，即 LoRa 广域网标准。LoRaWAN 属于开放式标准，它规范了 LoRa 技术在 LPWAN 中的通信协议。

LoRa 网络由 LoRa 终端设备、基站、应用服务器和云服务器构成，如图 6-44 所示。

图 6-44　LoRa 网络的结构

LoRa 通信技术的特点：远距离通信，最远可达 20km；低功耗；多节点，网络节点可达十万级。LoRa 通信技术面临的挑战：频段易受到干扰，因此增大了网络部署的难度，需重新建设网络信号塔和基站。

② NB-IoT 通信技术　NB-IoT 是 NarrowBand Internet of Things 的英文缩写，即窄带物联网技术。NB-IoT 构建于蜂窝网络，只消耗大约 180kHz 的带宽，可直接部署于 GSM 网络、UMTS 网络或 LTE 网络，以降低部署成本、实现平滑升级。NB-IoT 通信技术属于物联网领域的一种新技术，它具有广覆盖、低成本、低功耗、支持海量连接等特点。从应用开发角度，NB-IoT 应用架构由 NB-IoT 终端、NB-IoT 信息邮局、NB-IoT 人机交互系统三部分组成，如图 6-45 所示。

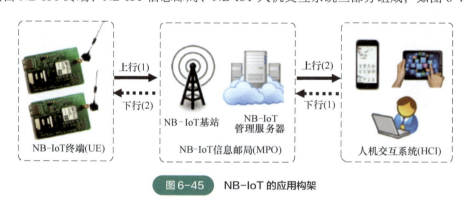

图 6-45　NB-IoT 的应用构架

LoRa 通信技术与 NB-IoT 通信技术的重要参数之间的数据对比如表 6-8 所示。

表 6-8　LoRa 与 NB-IoT 的参数对比

技术参数	NB-IoT	LoRa
技术特点	蜂窝网络	线性扩频
网络部署	可复用现有蜂窝基站	需重新建设信号塔和基站
使用频段	运营商频段	ISM 频段
传输距离	远距离	1～20km
速率	小于 200Kbit/s	0.3～50Kbit/s

续表

技术参数	NB-IoT	LoRa
连接数量	每小区 20 万个连接	每基站 20～30 万连接
终端电池持续工作时间	约 10 年	约 10 年
终端设备中模块的成本	约 40～100 元人民币	约 10～50 元人民币

6.2.4.4　物联网无线通信技术在智能网联汽车中的应用

智能网联汽车是物联网应用中的一个重要领域。智能网联汽车将导航系统、终端系统以及多种传感器设备通过无线网络技术进行连接,并最终实现车与车、车与公共设施、车与人、车与路、车与云平台之间的信息交换。

车辆在行驶过程中需要进行快速位移活动,因此对网络数据信息的实时性有着较高的要求。所以说,建设一个低延迟、覆盖广、多连接的无线通信网络,是实现并普及智能网联汽车的关键环节。

采用物联网无线通信技术实现智能网联汽车 V2X 功能的优势在于:继承移动网络的全部优点;根据硬件设备或需求的不同,可采用多种技术进行组合应用;低功耗;覆盖范围广。

物联网无线通信技术在智能网联汽车中的应用,可表现为以下几个方面:

① 智能网联汽车在行驶过程中遇到前方出现了紧急情况时,可通过蓝牙通信技术向驾驶人发出提示信息。

② 智能网联汽车在行驶过程中突然发生故障时,可以有两种解决办法。第一种解决方案是通过 Wi-Fi 通信技术,使用车辆终端系统向服务器平台发送支援请求。第二种解决方案是通过 Zigbee 网络技术向附近车辆发出支援请求。

③ 智能网联汽车在自动驾驶中,可通过射频识别技术获取前方道路信息并对行驶方向进行控制与调整。

④ 可通过 RoLa 和 NB-IoT 通信技术,打造车与车、车与路、车与互联网的低功耗广域网络。

随着移动网络通信技术和物联网无线通信技术在汽车中的应用,智能网联汽车的 V2X 功能将全面实现。

复习思考题

1. 什么是智能网联汽车?
2. 智能网联汽车所涉及的关键技术有哪些?
3. 智能网联汽车与传统汽车相比具有哪些典型功能?
4. 请简述视觉传感器在智能网联汽车中的作用。
5. 举例说明超声波雷达在智能网联汽车中的应用。
6. 举例说明毫米波雷达在智能网联汽车中的应用。
7. 简述激光雷达的结构、原理、分类及特点。
8. 举例说明激光雷达在智能网联汽车中的应用。
9. 高精度地图在智能网联汽车应用领域的作用有哪些?
10. 高精度地图的采集和生成过程包括哪些内容?
11. 实现智能网联汽车 V2X 功能的网络通信技术有哪些?
12. 5G 网络在 V2X 中有哪些具体的应用?
13. 物联网无线通信技术在智能网联汽车中有哪些具体应用?

模块 7
新能源汽车的使用维护与高压安全

知识目标

1. 掌握新能源汽车 PDI 检测的项目及流程；
2. 掌握新能源汽车的充电方式；
3. 了解电对人体的危害；
4. 懂得基本的触电急救知识；
5. 掌握新能源汽车的高压保护防护方法。

能力目标

1. 能够对新能源汽车进行 PDI 检查；
2. 能够解释新能源汽车的充电方法，并进行充电操作；
3. 能解释电对人体的危害及触电急救的方法；
4. 能够对新能源汽车进行高压安全防护。

职业素养

培养自主学习能力以及分析问题、解决问题能力，具备团队协作、爱岗敬业的精神，形成良好的职业素养。

7.1 新能源汽车的使用维护

> 学习导入

某品牌新能源 4S 店销售出一辆纯电动汽车,你作为 4S 店的技术服务人员,请在车辆交付前对车辆进行 PDI 检查,并向客户进行车辆使用及充电操作指导。

7.1.1 新能源汽车的使用

7.1.1.1 新能源汽车的驾驶

(1)电动汽车驾驶操作

在驾驶传统的燃油汽车和纯电动汽车时,两者驾驶方法大部分都是一样,这也是为什么想要驾驶纯电动汽车也需要取得中华人民共和国机动车驾驶证,才可以驾驶与驾驶证准驾车型相符合的电动汽车上路。但是电动汽车因为其动力系统与传统燃油汽车不同,变速箱也不一样,因此其启动过程略有不同。如图 7-1 所示为电动汽车的启动过程。

启动以后的驾驶方式如加速、制动、转向等操作与传统燃油车一样。只是在行驶过程中,当我们放开加速踏板后,会有明显的减速感,是因为电机转化为发电机充电,又因为电动车本身的车重的因素,所以其减速感明显。

(2)电动汽车换挡操作

目前,电动汽车大多采用的是电子换挡装置,如图 7-2 所示,任意挡位换挡后,手松开,换挡杆会自动返回至中间位置。

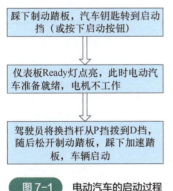

图 7-1 电动汽车的启动过程

图 7-2 电动汽车电子换挡装置

整车启动、READY 灯点亮后,默认初始为 N 挡状态,当第一次换入 D 挡或 R 挡之前,须踩下制动踏板;后续换挡之前则无需踩制动踏板。当换挡杆处于 R 挡状态或 D 挡状态,向前推动换挡杆或向后推动换挡杆,则挡位均切换为 N 挡状态。

(3)电动汽车驾驶的注意事项

① 电动汽车启动时,不允许先踩加速踏板,后闭合高压开关。

② 电动汽车行驶时，一般情况下都不要猛加速、猛减速，尽可能保持匀速行驶或间断滑行。当高速行驶需要减速时，应轻踩制动踏板用电制动进行减速。如需车辆停止，则继续踩下制动踏板进行电压和气压制动或用驻车制动器使车辆停住。

③ 在车辆行驶状态下，不能切换挡位。

④ 电动汽车在雨天行驶时，涉水深度不能超过150mm，涉水时行驶速度不应超过5km/h。

⑤ 当需要拖车时，要挂入空挡，否则反拖电机可能会造成电机及电机控制器烧损。

⑥ 电动汽车转向时，转向盘转到极限位置后不能再继续用力转动转向盘，也不要长时间使转向盘处于转动的极限位置。

⑦ 行驶过程中要注意观察动力电池系统的状态，如电压、电量、电流和温度参数。

7.1.1.2　新能源汽车使用注意事项

（1）夏季使用注意事项

① 雨季行车前应先做好行车前检查，主要检查雨刷器、车辆空调除雾功能是否正常。

② 行驶速度尽量不要超过60km/h，暴雨天气尽量不要行驶，车速不应超过20km/h。

③ 当雨季行驶时车辆发生故障无法行驶后，应当靠边停车将三脚架放好等待救援，严禁自行维修。

④ 在泥泞路面行驶时，不要猛踩加速踏板，以免发生侧滑。

⑤ 请勿驶入深水中，以免发生漏电短路事故。

⑥ 当车辆被积水浸泡时，不要考虑继续行驶，应迅速断电并离开车内，尽量不要与车身金属接触，以免发生触电。

⑦ 避免高温充电。因动力电池温度特性，车辆高速行驶后，夏季建议停放30min后，在阴凉通风处进行充电。

⑧ 暴雨打雷时尽量不要充电，车辆在露天或者地势较低的地方充电时，下雨后应终止充电，以免积水高度超过充电口发生短路。

⑨ 避免车辆暴晒。建议将车辆停放在阴凉通风处，以防车内温度过高，造成安全隐患。

（2）冬季使用注意事项

① 纯电动车辆在冬季低温行驶后，建议及时充电，避免因长时间停驶导致动力电池温度低，造成用电浪费和充电延时。

② 车辆充电时，建议尽量将车辆停放于避风朝阳且温度较高的环境存放。

③ 充电时预防雪水淋湿充电接口，更不要将充电插头直接暴露在雪水下，防止发生短路。

④ 避免因冬季气温较低导致充电异常等情况的出现，建议车辆充电后检查车辆充电是否开启。检查充电桩充电电流，若充电电流达到12A以上，充电已开启。

（3）车辆起火时的注意事项

车辆行驶中机舱电器起火，主要为：电机控制器出故障，元件温度失控起火；电线接头接触不良，通电时打火引燃电线，绝缘层破损及动力电池内部故障起火。当出现车辆起火时，按照如下步骤冷静处理起火事故：

① 迅速停车；

② 切断电源；

③ 取下随车灭火器；

④ 依据实际情况采用不同灭火方式。

（4）拖车注意事项

① 拖车救援。车辆在需要求援时，应首先选择专业拖车公司，不得盲目自行拖拽，以免对车辆造成不可逆损坏。

② 如无专业拖车公司时，在保证安全的前提下，选择自行拖车应保证车辆钥匙处于ON挡，换挡手柄置于N挡。

③ 建议使用硬拖，选择合适的拖车杠。在自行拖车时，因车辆特性需控制拖车时车速不超过15km/h。

（5）车辆托底时的注意事项

在遭遇凹凸不平的路面时，应减速通过，尽量避免托底情况的发生，一旦发生严重托底，操作如下：

① 检查电池外观是否发生损坏；

② 若无损坏，重新启动车辆行驶；

③ 车辆无法启动时，应及时拨打售后服务电话，待救援人员赶赴现场处理。

7.1.2 新能源汽车充电

现阶段，除了电池、电动机等问题，充电技术也是阻碍电动车普及的因素之一。对电动汽车而言，充电技术要能满足安全性、便利性、经济成本、效率等多方面的要求。如何智能、快速地为电动车充电是众多汽车厂商研发的重中之重。

7.1.2.1 电动汽车的充换电技术

纯电动汽车或插电式混合动力电动汽车的动力电池补充电能主要通过电网的交流电能转换为动力电池需要的直流电能。目前给动力电池进行补给的技术主要是充换电技术。充换电技术分为充电技术和换电技术，其中，充电技术可分为交流充电、直流充电和无线充电，如图7-3所示。

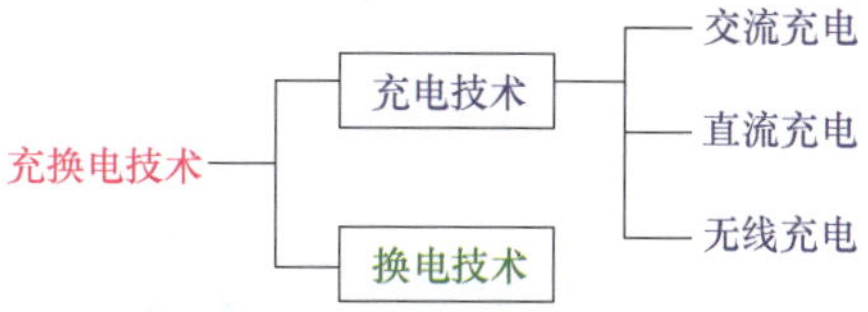

（1）充电技术

① 交流充电 也称为慢充，即市电电网通过交流充电桩经车载充电器给动力电池充电的交流充电技术，如图7-4所示。

图 7-3　电动汽车的充换电技术

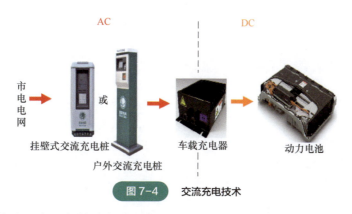

图 7-4　交流充电技术

目前，电动汽车配备了便携式充电设备，车主可使用车上自带的便携式充电设备，利用民电或商电为车辆补充电能，也可以到专用充电站、充电桩进行充电。随车搭配的便携式充电设备允许电流多为16A，利用这些便携式充电设备就可以使用家中的插座进行充电，不过需要注意的是，家中的插座也有 10A 以及 16A 的区分，空调专用插座一般为 16A，其余大部分用电器的插座是 10A，充电时应选用 16A 插座。

② 直流充电　交流充电方式为电池充满电的时间约为 8h，当需要极短时间内给电池充满电时，交流充电方式便无法满足要求，这时就需要采用直流充电方式。

直流充电也称为快充，就是市电电网通过直流充电桩转换为直流电后为动力电池充电，如图 7-5 所示。

直流充电方式一般以高充电电流在短时间内为电池充电，虽然在设备安装成本上相比常规充电方式要高，但其充电时间与内燃机加注燃油的时间十分接近。不过需要注意的是并非所有电动车都可以进行快速充电，这是由于快速充电时，短时间内电池会承受较大电流的冲击，因此会导致普通电池出现过热现象，存在安全隐患。

③ 无线充电　前面的两种充电方式中，无论是交流充电，还是直流充电，充电装置以及充电时使用的线路令其多少会受到场地制约，无线充电则在一定程度上解决了这个问题。

无线充电不再需要电源插座或充电电缆，利用车外充电器，将工频电压临时转换成 100kHz 高频交流电，变压器一次线圈和二次线圈分别设在充电机的连接器一端和车辆一侧的连接器上，通过电磁感应传递电力，实现给电动汽车的动力电池充电，如图 7-6 所示。

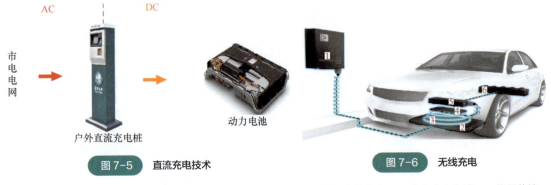

图 7-5　直流充电技术

图 7-6　无线充电

1—挂壁式充电盒；2—充电感应底板；3—能量传输；
4—车载充电板；5—控制器；
6—动力蓄电池

（2）换电技术

换电技术是一种动力电池快速更换的方式，即在动力电池更换站内用电量充足的动力电池替换电量不足的动力电池。这样，可有效克服现阶段动力电池性能的限制，为电动汽车的运行创造有利条件。

根据应用车型的不同，电池更换技术可分为商用车换电技术和乘用车换电技术，如图 7-7 所示。

图 7-7　电动汽车的换电技术

两侧更换、后备厢更换基本上是半自动为主，底盘换电速度很快，可实现全自动换电，目前底盘换电时间可控制在 3min 之内。

7.1.2.2　电动汽车充电操作

（1）充电线的使用

充电线总成主要由充电线、2 个充电枪、转换接头组成，如图 7-8 所示。

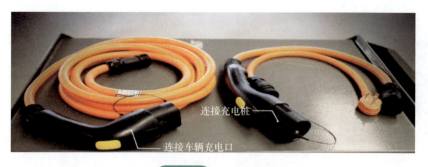

图 7-8　充电线总成

车辆充电前,请全面检查充电线外观有无损坏,防止漏电等情况发生。使用转换接头前,务必将转接头拧紧,防止雨水进入,对人身安全造成影响,如图7-9所示。

图 7-9　转换接头的使用

（2）充电流程

电动汽车的充电流程如图 7-10 所示。

① 按下车内充电口盖板开关,打开充电口盖板。

图 7-10　电动汽车的充电流程

模块 7
新能源汽车的使用维护与高压安全

② 打开充电门板。

③ 从充电桩上取下充电枪，插入车辆充电口，开始充电。

④ 充电完成后，拔下充电枪，放置到指定位置。

（3）充电指示灯

插电式混合动力与纯电动汽车充电时可以通过充电接口的充电指示灯、220V 家用充电的集成式电缆箱、充电桩（机）用户操作界面或按钮指示灯等几个方面进行充电状态的识别。

图 7-11　充电状态指示灯

① 充电接口的充电指示灯　充电接口的充电指示灯常见单个 LED 指示灯和 C 形光导纤维 LED 指示灯。奇瑞 S15EV 采用了单个 LED 指示灯，位于充电接口下方，打开加油口盖和充电口盖就可以看到，如图 7-11 所示。

充电状态指示灯闪烁方式见表 7-1。

表 7-1　充电状态指示灯闪烁方式

序号	充电状态	指示灯状态
1	正在充电	红灯常亮
2	满电	绿灯常亮
3	充电暂停	黄灯常亮
4	故障	不亮

宝马插电式混合动力汽车与纯电动汽车有一个 C 形光导纤维围绕在车辆充电接口周围，通过其可显示出充电状态；同时光导纤维还用作充电接口定向照明。

充电接口定向照明装置用于插上和拔下充电电缆时为驾驶员提供方向引导。充电接口盖打开后，两个 LED 就会发出白光，如图 7-12 所示。识别出正确插入充电插头后，就会关闭定向照明装置并显示初始化状态。

正确插入充电插头后就会立即开始初始化。初始化阶段最长持续 10s。期间 LED 以频率为 1Hz 的橙色闪烁，如图 7-13 所示。成功进行初始化后可开始为动力电池组充电。

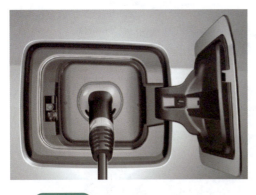

图 7-12　定向照明状态指示灯（白光）

图 7-13　初始化状态指示灯（黄光）

LED 以蓝色闪烁表示目前正处于动力电池组充电过程，如图 7-14 所示。闪烁频率约为

0.7Hz。如果初始化阶段已顺利完成且当前不打算充电（例如设定夜间低谷时充电），充电暂停或充电就绪。

充电结束时 LED 以绿色持续亮起时表示动力电池组充电状态"已完全充电"，如图 7-15 所示。

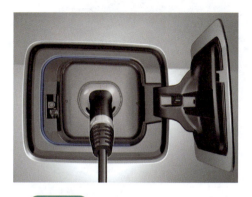
图 7-14　正常充电状态指示灯（蓝光）

图 7-15　充电结束状态指示灯（绿光）

如果在充电过程中出现故障，就会通过 LED 以红色闪烁表示相关状态，如图 7-16 所示。在此 LED 以约 0.5Hz 的频率闪烁三次，每三组暂停约 0.8s。

② 充电桩 / 充电机指示灯　充电桩 / 充电机指示灯分为智能型和非智能型。智能型带有用户操作界面直接显示（例如比亚迪 100A 的直流充电机）。充电时，蓝色充电指示灯不断闪烁，如图 7-17 所示。

当车辆充满电时，充电机自动停止充电，此时粉色充满指示灯闪烁，如图 7-18 所示。

图 7-16　充电时故障状态指示灯（红光）

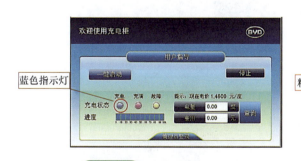
图 7-17　充电状态指示灯

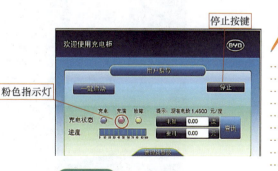
图 7-18　充满电状态指示灯

非智能型不带用户操作界面，只能通过按钮背景指示灯进行识别。连接正常后，向右旋开充电机侧面的急停按钮，此时充电机为待机状态，中间 LED 指示灯闪烁为红色；充电时，中间 LED 指示灯和启动 / 停止按钮为绿色；当电动车充满电时，充电机自动停止充电，此时中间 LED 指示灯闪烁为红色；如充电过程中或是启动充电时出现故障，充电机中间 LED 指示灯闪烁为黄色，如图 7-19 所示。

7.1.2.3 充电系统的组成

电动汽车充电系统主要包括充电桩、充电插口、车载充电器、高压控制盒（PDU）、动力电池及高压导线，如图 7-20 所示。因车型的不同高压控制盒可能单独设置，也可能集成在其他控制单元中。

（1）充电桩

常见的充电桩主要有交流充电桩、直流充电桩和交直流一体充电桩。在我国，固定安装式交流电充电桩包括落地式和挂壁式两种，如图 7-21 所示。

图 7-19　充电机中间 LED 指示灯

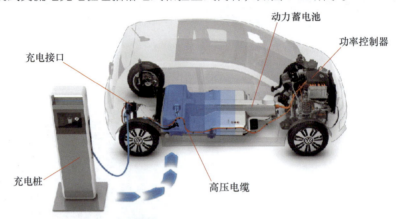

图 7-20　电动汽车充电系统的组成

(a) 落地式充电桩

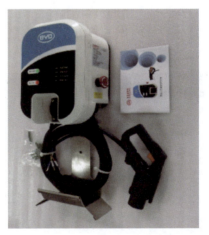
(b) 挂壁式充电桩

图 7-21　充电桩

（2）充电插口

为了保证电动汽车充电迅速高效，使用特定的充电接口进行充电，像在传统车辆上必须打开燃油箱盖一样，按压充电接口盖或操作遥控钥匙开锁按钮从而使充电接口盖开锁。此外，充电时需要保证整车防水密封性要求，通过另一个端盖防止真正的充电接口受潮和弄脏，如图7-22所示。并且要保证车载充电接口能够承受瞬时大电流的充电过程。

图7-22　充电插口防潮保护装置

① 充电插口的组成　充电插口是指用于连接活动电缆和电动汽车的充电部件，主要由充电插座与充电插头两部分组成，如图7-23所示。

插头　　　　插座

图7-23　充电插口的组成

② 充电插口的要求　在电动汽车的产业化过程中，充电接口的标准化非常重要。充电接口应该满足以下几方面要求。

a. 能够实现较大电流的传输和传导，避免由于电流过大引起插座发热和故障。

b. 插头能够与插座充分耦合，接触电阻小，以免接触不良引起火花烧蚀或虚接。

c. 能够实现必要的通信功能，方便电动汽车CAN通信或者电池管理系统与充电机对接。

d. 具备防误插功能。因为电动汽车使用的充电设备或者电池的型号和性能不同，所以所需要的电源就不一样，同时，因为各插头的性能不同，插头的电极不能插错，这就要求不同的电源插头要有一定的识别功能。

e. 具备合理的外形，方便执行插拔作业。

③ 充电插口的安装位置　车载充电接口一般设置在车辆的侧面（原加油口位置）或前面（车标后面），不同厂家在充电接口位置设置时略有不同。

慢充口大多数在传统汽车的加油口位置，用于连接慢充桩—充电线，如图7-24所示。

快充口一般位于机舱盖前方车标内部，用于连接快充桩输出端的充电插头，如图7-25所示。

当充电口盖板打开时，仪表充电指示灯应常亮，当关闭充电口盖板时仪表充电指示灯应熄灭。如果充电口盖板出现问题，车辆无法正常启动。

④ 充电口的标准　充电插口上，世界不同国家和不同地区都有各自的标准，目前美、欧、中三大充电插口标准成为主要标准。

中国的国标GB/T 20234—2015规定了交流与直流接口的标准。交流充电接口采用的是七针的设计，如图7-26所示。

交流充电接口定义如下：

CC：充电连接确认；

CP：控制确认；

L：交流电源；

N：中线；

PE：保护接地；

NC1：备用端子；

NC2：备用端子。

直流充电接口采用的九针的设计，如图 7-27 所示。

图 7-24　慢充口位置

图 7-25　快充口位置

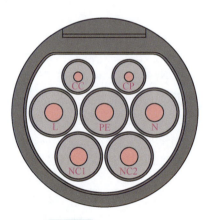

图 7-26　交流充电接口

图 7-27　直流充电接口

直流充电接口定义如下：

DC-：高压输出负极，经过高压控制盒快充负继电器，输出到动力电池高压负极。

DC+：高压输出正极，经过高压控制盒快充正继电器，输出到动力电池高压正极。

PE（GND）：保护接地，接蓄电池负极。

A-：低压辅助电源负极，接蓄电池负极。

A+：低压辅助电源正极，为 12V 快充唤醒信号，经过熔丝 FB27。

CC1：快充连接确认线，属内部电路，CC1 与 PE 之间有一个 1000Ω 的电阻。

CC2：快充连接确认线，接 VCU T121/17 脚。

S+：快充 CANH，与动力电池管理系统 BMS 及数据采集终端通信。

S-：快充 CANL，与动力电池管理系统 BMS 及数据采集终端通信。

（3）车载充电器

车载充电器是指将 AC/DC 整流器安装在插电式混合动力或纯电动汽车上，采用地面交流电网或车载电源对动力电池组进行充电的装置。车载充电器通常使用结构简单、控制方便的接触式充电器，也可以称为感应充电器，如图 7-28 所示。

车载充电器主要功能如下：

① 将外部交流电转换成直流电给动力电池充电；

② 充电时，车载充电器根据车辆控制单元（VCU）的指令确定充电模式；

③ 车载充电器内部有滤波装置，可以抑制交流电网波动对车载充电机的干扰。

（4）高压控制盒

高压控制盒将由快充线束输入的高压直流电经过动力电池高压线束输送到动力电池，同时完成动力电池电源的输出及分配，实现对支路用电器的保护及切断。

高压控制盒内有 PTC 控制板、PTC 熔断器、空调压缩机熔断器、DC/DC 熔断器、车载充电机熔断器和快充继电器等，如图 7-29 所示。熔断器烧断，则无电流输出，快充继电器不闭合，则无法快充，起到保护高压附件的作用。

图 7-28　车载充电器

图 7-29　高压控制盒内部结构

7.1.3　新能源汽车 PDI 检查

7.1.3.1　PDI 定义

PDI（Pre-Delivery Inspection）：售时整备，即商品车交付客户之前的检查。

PDI 检查的意义如下：

① 使用户对车辆有初步了解。

② 提高经销商的服务质量和形象。

③ 提高用户对汽车产品的满意度。

④ 对售后出现的纠纷起依据作用。

⑤ 发现、消除质量缺陷的重要环节。

7.1.3.2　PDI 检查项目及内容

新能源汽车 PDI 检查的项目及内容见表 7-2。

表 7-2 新能源商品车三级 PDI 检查内容表

检查项目	检查内容
A 基本检查	
1. 外观检查	全车漆面，前后风挡，左右车窗，前后车灯表面无磕碰、划伤；车顶装饰条粘贴良好无损坏；车门、机盖、灯具安装各部缝隙均匀，过渡无明显阶差
2. 轮胎	轮胎表面无割伤，胎压正常；轮辋及螺栓无划伤、生锈；翼子板内衬齐全
3. 内饰检查	门内侧、门框、方向盘、仪表台、挡位、中央扶手箱、座椅、地毯、车顶内饰安装可靠，无划伤，无脏污，车内无杂物
B 前机舱内检查	
1. 整体目视检查	前机舱中的部件有无渗漏及损伤
2. 冷却液液位	液位应在 MAX～MIN 之间
3. 制动液	储液罐及软管有无漏液或损伤，液位应在 MAX～MIN 之间
4. 玻璃水水位	液位应在 MAX～MIN 之间
5. 蓄电池	状态、电压，蓄电池接线螺栓是否紧固
6. 线束/配管	不干涉，不松动，各线束接头连接有效锁止；高压线束无死弯；护套无破损；DC/DC 负极与车身搭铁螺丝紧固正常
C 车辆功能检查	
1. 遥控器及钥匙	遥控器及机械钥匙可以有效锁闭及开启 5 门；锁闭后后视镜收起，闪烁灯
2. 车门及后备厢	4 个车门及后备厢开启和关闭正常
3. 车门窗	4 个车窗的玻璃升降正常
4. 中控门锁	使用正常
5. 主驾和副驾座椅	座椅调节正常，安全带拉伸及锁闭正常
6. 仪表盘各项指示灯	上电后各项检测指示灯数秒后正常熄灭
7. 导航仪及收音机	使用正常
8. 方向盘	上下调节正常，喇叭正常，媒体调节按钮使用正常，方向盘安装正常
9. 照明灯光	远光灯、近光灯、雾灯、行李箱灯、光束调节系统使用正常
指示灯光	转向灯、警示灯、刹车灯、倒车灯、牌照灯、示廓灯使用正常
10. 雨刷	喷水器正常，前后雨刷刷水正常
11. 空调	制冷和制热正常，风量调节正常，各出风口正常
12. 后视镜	两侧及车内后视镜是否正常调节
13. 天窗，车内灯	天窗开关正常，车内灯使用正常
14. 遮阳板及化妆镜	使用正常
15. 机舱盖，充电口盖	开启、闭合正常
16. 倒车雷达/影像	使用正常
17. 换挡机构及驻车制动器	操作功能正常
18. 数据采集终端	平台是否可以监控
19. 充电功能	快、慢充功能正常
20. 10km 路试	转向、制动、能量回收功能、驻坡能力（20% 坡度）、制动真空泵启动正常；行驶有无跑偏、摆振；直线行驶方向盘是否对正
D 配备检查	
1. 铭牌及随车资料	铭牌有粘贴；随车资料齐全，资料信息与车辆一致
2. 随车工具	备胎、工具三件套、千斤顶等随车工具齐全

7.1.3.3 PDI 作业标准

（1）基本检查

① 实车 VIN 码 VIN 码位置：前风挡右下角的仪表台上贴有 VIN 标签，如图 7-30 所示。

② 油漆，电镀部件，车内、外装饰件是否有划痕、锈蚀等 外观绕车一圈检查车辆的外观是否有碰撞、变形，漆面是否有色差、掉漆、锈蚀等，如图 7-31 所示。

图 7-30　VIN 码位置

图 7-31　车辆外观检查

③ 行李箱　行李箱（尾门）护板、外后视镜后边缘处、外后视镜三角块无毛刺；尾灯无破损；前后保险杠与车身配合良好，间隙均匀，如图 7-32 所示。

④ 方向盘　喇叭按钮、组合开关手柄是否有毛刺，如图 7-33 所示。

⑤ 仪表板　面板上部是否有划痕，无明显的海绵条，表面无毛刺；除霜除雾出风口、左侧储物盒边缘、仪表上罩盖边缘无毛刺；手套箱表面无划痕，边缘无毛刺，闭合后边缘平整；仪表左右下护板间隙均匀，无毛刺，如图 7-34 所示。

图 7-32　行李箱检查

图 7-33　方向盘检查

图 7-34　仪表板检查

⑥ 内后视镜　内后视镜边缘处无毛刺，如图 7-35 所示。

⑦ 手制动拉杆　手制动拉杆无毛刺，如图 7-36 所示。

图 7-35　内后视镜检查

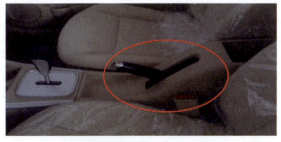

图 7-36　手制动拉杆检查

⑧ 座椅侧板　座椅调节手柄有无毛刺，如图 7-37 所示。

⑨ A、B、C 柱护板　A、B、C 柱护板无毛刺，各柱护板配合处间隙均匀，如图 7-38 所示。

⑩ 车门　门洞密封条与车身服帖完整；门护板表面有无划痕；钣金配合是否有缺口；储物盒边缘、玻璃升降开关面板、保险手柄座、内开把手、扬声器面罩是否有毛刺；车门密封

图 7-37　座椅侧板检查

条、门洞密封条服帖，完整无变形；泥槽是否有变形、不服帖现象，如图 7-39 所示。

⑪ 天线　天线安装牢固，如图 7-40 所示。

图 7-38　A、B、C 柱护板检查

新能源汽车 PDI 作业标准之基本检查与前机舱检查

图 7-39　车门检查　　　　　　　　图 7-40　天线检查

⑫ 轮胎　检查轮胎表面是否刮伤、破损（因运输过程中发生刮擦）；检查轮辋及螺栓有无划伤、生锈；检查翼子板内衬是否齐全；检查轮胎压力（包括备胎）是否有明显的缺气；在车辆静止时检查前后轮胎压力，目测或用脚踩踏在轮胎上检查胎压是否明显偏低；在车底尾部检查备胎胎压。若胎压明显偏低，则需要按照轮胎压力标签上所示气压值进行充气，如图 7-41 所示。

（2）前机舱内检查

① 整体目视检查　检查前机舱中的部件有无渗漏及损伤，如图 7-42 所示。

② 冷却液位　要求冷却液面在正常的高度（在最大刻度 MAX 和最小刻度 MIN 之间），冷却液没有变质现象，如图 7-43 所示。在冷车下，可打开散热器盖查看里面液面高度，液面必须高过散热器上水室接近盖颈部，不够则需补充。

③ 制动液位　制动液位应处于在正常的高度（在最大刻度 MAX 和最小刻度 MIN 之间），如图 7-44 所示。不足时用同种制动液补足，不得用其他液压油替代。

图 7-41　轮胎检查

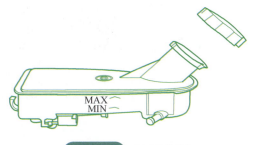

图 7-42　整体目视检查

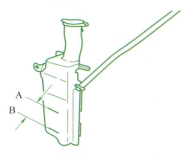

图 7-43　冷却液位检查

图 7-44　制动液位检查

④ 洗涤器液位　打开前雨刮清洗电机，要求电机喷水正常。必要时添加风窗玻璃清洗液，如图 7-45 所示。

⑤ 蓄电池　检查电极接头是否按要求安装到位，接头螺栓是否紧固；主地线搭铁牢固等；检查蓄电池的表面是否有电解液渗漏现象，如图 7-46 所示。

用万用表检查蓄电池电压是否在 11.8V 以上。

⑥ 线束 / 配管　不干涉，不松动，各线束接头连接有效锁止；高压线束无死弯，护套无破损；DC/DC 负极与车身搭铁。

图 7-45　洗涤器液位

新能源汽车 PDI 作业标准之车辆功能检查

（3）车辆功能检查

① 遥控器及钥匙　遥控器及钥匙可以有效锁闭及开启车门，锁闭后闪烁灯亮，如图 7-47 所示。

图 7-46　蓄电池检查

图 7-47　遥控器及钥匙检查

② 车门　检查左、右前门打开和关闭是否顺畅，门铰链有无锈蚀、功能完好，车门限位器各挡位是否能明显限位，外开把手和内开手柄是否操作顺畅、功能完好，车门锁开闭是否正常。

检查后背门打开和关闭是否顺畅，后背门气弹簧工作是否正常，铰链有无锈蚀，铰链功能是否完好，后背门锁开闭是否正常。

③ 电动车窗、门锁　检查电动车窗升降是否正常，门锁开、关是否正常，遥控器是否失灵等，如图7-48所示。

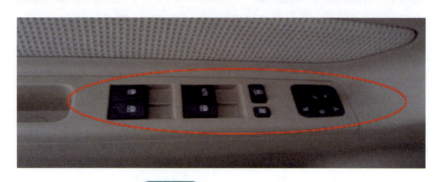

图7-48　电动车窗、门锁检查

④ 座椅、座椅头枕　检查前、后排（若有此配置）座椅及头枕不得有脏污、破损、材料不一致等现象；座椅高度、前后位置、靠背角度在调节时应当轻松、平顺、无卡滞现象；后排座椅以及中排小座椅（若有此配置）是否能够正常折叠；头枕上、下调节轻便，不歪斜，定位牢靠，不得漏装或错装。

⑤ 安全带　检查驾驶员侧安全带、副驾驶侧安全带以及后排安全带是否已切断或磨损，安全带是否能够平稳拉出，迅速拉出安全带时是否能够锁止，松开安全带时是否能够自动地平滑回收。

将安全带的舌板插入安全带锁扣中应听到咔嗒声，并确认是否能锁定；当按下安全带锁扣上的红色按钮时，检查安全带舌板能否自动弹出。

⑥ 组合仪表　将车钥匙置于START挡，仪表上所有检测指示灯数秒后正常熄灭。

检查警示类信号：驻车制动指示灯、座椅安全带未系警示灯、车门未关警示灯、制动系统故障警示灯、安全气囊故障指示灯、整车系统故障灯、动力蓄电池切断故障指示灯、动力蓄电池故障指示灯、动力蓄电池绝缘电阻低指示灯、电机及控制器过热指示灯。

检查指示类信号：远光灯指示灯、转向指示灯、雾灯指示灯、蓄电池充电指示灯、驱动电机转速表、车速表、LED显示屏、ECO指示灯、READY指示灯、动力电池电流表、动力电池电量表、充电口打开指示灯、动力电池充电提醒指示灯。

⑦ 收音机/CD机/导航仪　检查音响系统工作正常，收音机调节功能正常；CD机可以正常工作，扬声器无杂音；导航仪无卡滞、死屏，运行流畅。

⑧ 方向盘附件　喇叭开关按钮按动灵便，转动方向盘时接触簧片应无异常声。喇叭与各接插件应装配可靠。按下喇叭开关，喇叭能够正常工作，声音清脆、洪亮，无沙哑的迹象。媒体调节按钮使用正常，音量大小调节、换台调节功能正常，如图7-49所示。

⑨ 前、后雨刮器　打开前后雨刮器，前后雨刮器进入工作状态，刮片在玻璃上运动顺畅，无异响、跳动情况，喷水器工作正常，如图7-50所示。

⑩ 转向灯　打开转向灯开关，所有转向灯（包括仪表转向指示灯）工作正常，在方向盘回位时，转向灯开关可以自动回位，转向灯工作结束，如图7-51所示。

图 7-49　方向盘附件检查

图 7-50　前、后雨刮器检查

⑪ 位置灯、危险报警灯　打开小灯开关，前后位置灯是否点亮；关闭小灯开关，前后位置灯是否熄灭。

按下危险报警开关，所有的转向灯是否工作，关闭危险报警开关，所有的转向灯是否熄灭，如图 7-52 所示。

⑫ 前照灯　打开近光灯开关，车辆近光灯正常工作；打开远光灯开关或闪光开关，车辆远光灯正常工作，并且远光灯指示灯同时亮起，关闭大灯开关，大灯熄灭，如图 7-53 所示。

图 7-51　转向灯检查

图 7-52　位置灯、危险报警灯检查

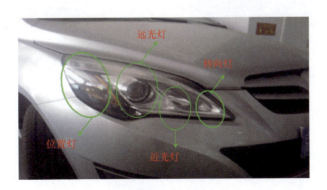

图 7-53　前照灯检查

⑬ 雾灯、制动灯、倒车灯、牌照灯　打开相应的开关，雾灯、制动灯、倒车灯、牌照灯工作正常，如图 7-54 所示。

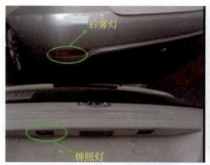

图 7-54　雾灯、制动灯、倒车灯、牌照灯检查

⑭ 夜光灯及其调节功能　打开小灯开关，车辆夜光背景灯能正常工作，调节灯光调节开关，车辆夜光背景灯的亮度应该能够相应地变化，关闭小灯开关，车辆夜光背景灯熄灭，如图 7-55 所示。

图 7-55　夜光灯及其调节功能检查

⑮ 前、后顶灯　顶灯开关在 DOOR 挡时，顶灯在车门未关情况下应能点亮，在四门都关闭情况下能自动熄灭；开关处在 ON 挡时，顶灯应一直亮，如图 7-56 所示。

⑯ 点烟器　按下点烟器，点烟器在 20s 以内能够弹起，如图 7-57 所示。

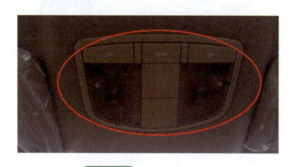

图 7-56　前、后顶灯检查

图 7-57　点烟器检查

⑰ 空调　打开鼓风机，检查内外循环是否可以正常转换（可通过出风口的风量变化判断）、气流分配开关工作正常（吹面、吹脚、除霜的转换可以按照面板上的指示完成），打开 A/C 开关，空调压缩机可以正常工作，制冷效果明显，如图 7-58 所示。

打开 PTC（电加热暖风），2min 后，出风口暖风效果明显。

⑱ 遮阳板、内、外后视镜　如图 7-59 所示，检查左、右遮阳板的内外表面是否有划痕或破损，化妆镜是否有破损，遮阳板固定座是否牢固，左、右遮阳板向下和分别向左右方向翻转是否自如，并且在翻转过程中有一定的阻力，遮阳板可以翻转在中间任意位置，并能够保持不动。调节时不得有发卡、异响等现象。

检查内后视镜外观有无划痕和破损，镜片成像是否正常，角度能否正常调节。能否整体向内折收 90°左右。

调节电动后视镜，左右电动后视镜均可以在上下、左右两个方向上调整。

图 7-58　PTC 检查

图 7-59　遮阳板、内、外后视镜检查

用手拨动内后视镜，不得有松动现象，防眩目不得失效。

⑲ 充电口盖　在主驾驶下门框附件有解锁扳手，打开和关闭充电口盖，检查充电口盖锁功能是否完好，打开充电口盖时要求轻松、平顺、无卡滞现象。

⑳ 充电功能　首先进行正确充电操作，待充电桩液晶显示屏，慢充显示 12A 以上；快充显示 40A 以上后，能继续充电 8min 以上，表明快、慢充电功能正常，若以上操作无法正常充电，则需要对故障进行排查。

（4）路试检查

① 车辆启动及挂、退挡　挡手柄置于 N 挡位，将钥匙拧到"LOCK"位置等待 1～2s 后再启动，如果中控仪表台"READY"指示灯点亮，说明车辆启动正常。若以上操作无法启动车辆，则需要对故障原因进行排查。

车辆在行驶中，将换挡手柄逐一挂入各前进挡位，在车辆静止时将换挡手柄挂入倒挡，检查挂挡和退挡是否平顺、无卡滞现象，在合适的换挡时机下正确进行换挡操作，检查车身有无明显抖动、异响等现象。

② 转向及方向盘　检查带有转向助力功能（液压助力或 EPS）的车辆，行驶中转动方向盘感觉是否轻便；检查所有车辆在行驶中是否转向灵敏，有无转向不足或过度现象；转过一定角度后无需驾驶员操作方向盘时，方向盘能否自动回正；在平坦笔直路面，将方向盘摆正并且不加以修正方向行驶一段距离，观察车辆有无明显跑偏现象。如果发生跑偏或摇摆现象，应检查以下各项内容：

　　a. 两前轮轮胎气压是否一样。

　　b. 轮胎是否已磨损，磨损是否均匀。

　　c. 悬挂部件是否松动或磨损。

　　d. 转向部件是否松动或磨损。

　　e. 车轮定位参数是否正确。

③ 制动及共振异响　检查车辆行车制动：在行驶中采取点刹和急刹的方式检查制动效果和制动力大小，检查行车制动时是否有噪声、抖动、跑偏、抱死等现象。

检查驻车制动：在有坡度的道路上检查车辆驻车制动性能是否良好。

在平坦、颠簸等路况下，以各种工况进行路试，注意观察驱动电机总成有无明显抖动、共振、异响等现象，如有上述现象则应检查悬置、驱动电机、传动部件等系统，及时排查故障。

（5）配备检查

① 随车工具及资料　打开随车工具包检查各工具是否齐全。

检查随车资料：质量保证书、使用说明书（导航手册）是否齐全。

② 充电附件及随车物品　检查车钥匙、灭火器、备胎是否缺失。

（6）最终检查

① 各运动件、安全件的连接螺栓　对底盘部分的各个连接螺栓进行复紧（控制臂、转向节、转向横拉杆、减振器、驱动动力装置支架、传动轴、后桥、钢板弹簧、副车架等部位）。

② 各接插件　对各个部件、控制器线束接插件进行复紧（动力电池系统、驱动电机及控制器、高压控制盒、车载充电机、DC/DC 转换器、电动助力转向系统、制动助力装置、水泵、空调压缩机等部件）。

③ 车内　检查车内是否有杂物，检查仪表台、座椅、地板、行李箱、各储物空间内有无非随车物品，如果发现有杂物则应及时从车内清理掉，同时对脚踏板、地板表面进行清洁。

④ 车身　检查车身、前后风挡、门窗、外后视镜、灯具、格栅、前后保险杠装饰罩、轮辋或车轮装饰罩等整车外观表面有无明显灰尘、泥水、油污，如果有脏污则需进行清洗，保持洁净。

7.2 新能源汽车高压安全

 学习导入

> 一名技师在维修电动汽车高压系统时，没有按照操作安全规程进行操作导致触电，作为车间的技术员请你对这名技师进行现场救助。

7.2.1　电的危害及触电急救

7.2.1.1　电气事故及原因

发生电气事故的原因主要有违章操作、施工不规范和产品质量不合格三种。

（1）违章操作

① 违反停电检修安全工作制度，因误合闸造成维修人员触电。

② 违反带电检修安全操作规程，使操作人员触及电器的带电部分。

③ 带电移动电气设备。

④ 用水冲洗或用湿布擦拭电气设备。

⑤ 违章救护他人触电，造成救护者一起触电。

⑥ 对有高压电容的线路检修时未进行放电处理导致触电。

（2）施工不规范

① 误将电源保护接地与零线相接，且插座火线、零线位置接反使机壳带电。

② 插头接线不合理，造成电源线外露，导致触电。

③ 照明电路的中线接触不良，造成中线断开，导致电器损坏。
④ 照明线路敷射不合规范造成搭接物带电。
⑤ 随意加大熔丝的规格，失去短路保护作用，导致电器损坏。
⑥ 施工中未对电气设备进行接地保护处理。

（3）产品质量不合格
① 电气设备缺少保护设施造成电器在正常情况下损坏和触电。
② 带电作业时，使用不合理的工具或绝缘设施造成维修人员触电。
③ 产品使用劣质材料，使绝缘等级、抗老化能力很低，容易造成触电。
④ 生产工艺粗制滥造。
⑤ 电热器具使用塑料电源线。

7.2.1.2 电流对人体的危害

人碰到带电的导线，电流通过人体就叫触电。触电后，会对于人体和内部组织造成不同程度的损伤。触电时，让人体受伤的是电流而不是电压。电流对人体的伤害有三种：电击、电伤和电磁场伤害。

（1）电击
电击是指电流通过人体，破坏人体心脏、肺及神经系统的正常功能。
电击使人致死的原因有三方面：
① 流过心脏的电流过大、持续时间过长引起心室纤维性颤动而致死。
② 电流作用使人窒息而死亡。
③ 电流作用使心脏停止跳动而死亡。

（2）电伤
电伤指电流的热效应、化学效用和机械效应对人体的伤害。
热效应：电流导入导出点处会发生烧伤和焦化，也会发生内部烧伤。结果是导致肾脏负荷过大，甚至造成致命的伤害。
化学效应：血液和细胞液成为电解液并被电解。结果发生严重的中毒，中毒情况在几天后才能被发现，因此伤害极大。
机械效应是所有的身体功能和人体肌肉运动都是由大脑通过神经系统的电刺激来控制。如果通过人体的电流过高，肌肉开始抽搐，大脑就再也无法控制肌肉组织。
对于高于 1kV 以上的高压电气设备，当人体过分接近它时，高压电可将空气电离，然后通过空气进入人体，此时还伴有高电弧，能把人烧伤。

（3）电磁场伤害
电磁场伤害指在高频磁场的作用下，人会出现头晕、乏力、记忆力减退、失眠、多梦等。

（4）电击电流的大小及危害
电击是由于电流流过人体而造成的。电流流过人体时，对人体造成的伤害程度和很多因素都有关，比如个体的体质、电流的大小、持续时间等。当人体通过大约 0.6mA 的电流就会引起人体麻刺的感觉；通过 50mA 的电流就会有生命危险。一般人体流过不同的电流后，身体的反应情况见表 7-3。

（5）电流流过人体的路径及危害
① 电流通过头部可使人昏迷；

表 7-3 流过不同的电流后身体的反应情况表

流过人体的电流	人体的反应
0.6~1.5mA	手指开始感觉发麻
2~3mA	手指感觉强烈发麻
5~7mA	手指肌肉感觉痉挛 手指感觉灼热和刺痛
8~10mA	手指关节与手掌感觉痛,手已难以脱离电源
20~25mA	手指感觉剧痛,迅速麻痹,不能摆脱电源,呼吸困难
50~80mA	呼吸麻痹,心房开始震颤、强烈灼痛,呼吸困难
90~100mA	呼吸麻痹,持续 3s 后或更长时间后,心脏麻痹或心房停止跳动

② 电流通过脊髓可能导致瘫痪;

③ 电流通过心脏会造成心跳停止,血液循环中断;

④ 电流通过呼吸系统会造成窒息。

因此,从左手到胸部是最危险的电流路径,从手到手、从手到脚也是很危险的电流路径,从脚到脚是危险性较小的电流路径。电流由一手进入,另一手或一足通出,电流通过心脏,即可立即引起室颤;通过左手触电比通过右手触电严重,因为这时心脏、肺部、脊髓等重要器官都处于电路内。

(6) 电流的类别及危害

① 感知电流 在一定概率下,通过人体引起人的任何感觉的最小电流称为感知电流。感知电流与个体生理特征、人体与电极的接触面积等因素有关。对应于概率 50% 的感知电流成年男子约为 1.1mA,成年女子约为 0.7mA。感知阈值定为 0.5mA。感知电流一般不会对人体造成伤害。

② 摆脱电流 人在触电后能够自行摆脱带电体的最大电流叫摆脱电流。成年男性平均摆脱电流约为 16mA,成年女性平均摆脱电流约为 10.5mA,儿童的摆脱电流较成人要小。

摆脱电流是人体可以忍受而一般不会造成危险的电流。若通过人体的电流超过摆脱电流且时间过长,会造成昏迷、窒息,甚至死亡。

③ 致命电流 在短时间内危及生命的最小电流为致命电流,其最小电流即致命阈值。致命电流与电流持续时间关系密切。当电流持续时间超过心脏周期时,致命电流仅为 50mA 左右,当电流持续时间短于心脏周期时,致命电流为数百毫安。

通过人体的电流所引发的后果取决于接触位置电压的强度、流动的电流强度、电流的持续时间、电流的路径、电流的频率等因素。如图 7-60 所示为电流的大小和通电时间长短对人体的影响。

(7) 交流电对人体的危害

工频交流电的危害性大于直流电,因为交流电主要是麻痹破坏神经系统,往往难以自主摆脱。一般认为 40~60Hz 的交流电对人最危险。随着频率的增加,危险性将降低。当电源频率大于 2000Hz 时,所产生的损害明显减小,但高压高频电流对人体仍然是十分危险的。对于交流电,如果电流在心脏的滞留时间达到大约 10~15ms,就会致命(心室纤维化颤动)。

电流的类型不同对人体的损伤也不同。直流电一般引起电伤,而交流电则是电伤与电击同时发生。

(8) 安全电压

虽然电流是让人受伤的罪魁祸首,但人体可等效成一个电阻,根据欧姆定律 ($I = U/R$) 可知,流经人体电流的大小与外加电压和人体的电阻有关。

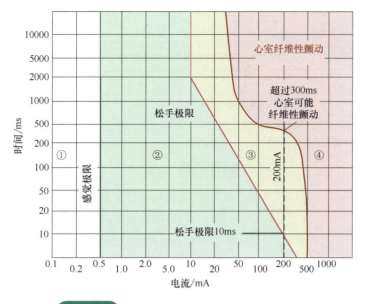

图 7-60 电流的大小和通电时间长短对人体的影响

影响人体电阻的因素很多，通常流经人体电流的大小无法事先计算出来。因此，为确定安全条件，往往不采用安全电流，而是采用安全电压来进行估算。

根据 GB 4943—2011（等效于 EN60950 或 IEC 60950）规定：在干燥的条件下，相当于人的一只手的接触面积上，峰值电压高达交流 42.4V 或直流电压高达 60V 的稳态电压视为不具危险的电压，即安全电压。

（9）人体的电阻

人体电阻是不确定的电阻，皮肤干燥时一般为几千欧姆左右，而一旦潮湿可降到 1kΩ。冬季及皮肤干燥时，人体电阻可达 1.5kΩ～7kΩ，皮肤裂开或破损时，电阻可降至 300～500Ω。人体各部位电阻值的大小如图 7-61 所示。

人体不同，对电流的敏感程度也不一样，一般地说，儿童较成年人敏感，女性较男性敏感。患有心脏病者，触电后的死亡可能性就更大，身体越强健，受电流伤害的程度越轻。因此，触电时女性比男性受伤害更重；儿童比成人更危险；患病的人比健康的人遭受电击的危险性更大。

7.2.1.3 人体触电的方式

人体触电有直接触电（单线触电、两线触电）和间接触电（跨步电压触电、其他触电形式）两种方式。

（1）直接触电

直接触电指人体直接接触或过分靠近电气设备及线路的带电导体而发生的触电现象。

① 单线（相）触电　单线触电是在人体与大地之间互不绝缘情况下，人体的某一部位触及三相电源线中的任意一根导线，电流从带电导线经过人体流入大地而造成的触电伤害。分为电源中性点接地的单线触电和电源中性点不接地的单线触电，如图 7-62 所示。

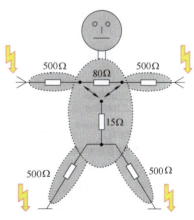

图 7-61 人体各部位电阻值的大小

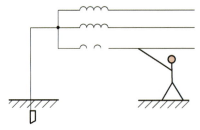
中性点接地系统的单相触电

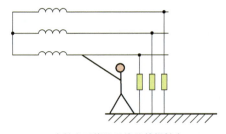
中性点不接地系统的单相触电

图 7-62　单线触电

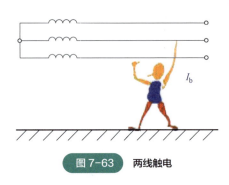

图 7-63　两线触电

② 两线触电　两线触电，也叫相间触电，这是指在人体与大地绝缘的情况下，同时接触到两根不同的相线，或者人体同时触及电气设备的两个不同相的带电部位时，电流由一根相线经过人体到另一根相线，形成闭合回路，如图 7-63 所示。

人体承受的线电压将比单相触电时高，危险性更大。

（2）间接触电

间接触电指人体触及了在正常运行时不带电，而在意外情况下带电的金属部分造成的触电。

① 跨步电压触电　跨步电压触电是指高压电网接地点或防雷接地点及高压相线断落或绝缘损坏处，有电流流入地下时，强大的电流在接地点周围的土壤中产生电压降。

如果误入接地点附近，应双脚并拢或单脚跳出危险区。从安全防护的角度而言，在查找接地故障点时，应穿绝缘靴，以防跨步电压电击。

② 其他触电形式　其他触电形式包括感应电压触电、剩余电荷触电、静电触电、雷电电击等。

7.2.1.4　触电急救

人触电后，电流可能直接流过人体的内部器官，导致心脏、呼吸和中枢神经系统机能紊乱，形成电击，或者电流的热效应、化学效应和机械效应对人体的表面造成电伤。无论是电击还是电伤，都会带来严重的伤害，甚至危及生命。因此，触电的现场急救方法是必须熟练掌握的急救技术。

（1）触电急救的方法

触电急救的第一步是使触电者迅速脱离电源，第二步是现场救护。

① 脱离电源　发生了触电事故，切不可惊慌失措，要立即使触电者脱离电源。使触电者脱离低压电源应采取的方法如下：

a. 就近拉开电源开关，拔出插销或保险，切断电源。要注意单级开关是否装在火线上，若是错误地装在零线上不能认为已切断电源。

b. 用带有绝缘柄的利器切断电源线。

c. 找不到开关或插头时，可用干燥的木棒、竹竿等绝缘体将电线拨开，使触电者脱离电源。

d. 可用干燥的木板垫在触电者的身体下面，使其与地绝缘。如遇高压触电事故，应立即通知有关部门停电。要因地制宜，灵活运用各种方法，快速切断电源。

② 现场救护

a. 若触电者呼吸和心跳均未停止，此时应将触电者就地躺平，安静休息，不要让触电者走动，以减轻心脏负担，并应严密观察呼吸和心跳的变化。

b. 若触电者心跳停止、呼吸尚存，则应对触电者做胸外按压。

c. 若触电者呼吸停止、心跳尚存，则应对触电者做人工呼吸。

d. 若触电者呼吸和心跳均停止，应立即按心肺复苏方法进行抢救。

触电急救流程如图 7-64 所示。

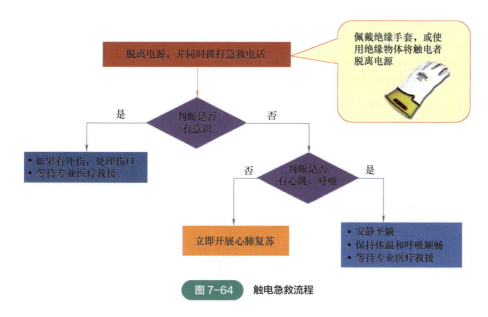

图 7-64　触电急救流程

（2）触电急救时的注意事项

① 动作一定要快，尽量缩短触电者的带电时间。

② 切不可用手或金属和潮湿的导电物体直接触碰触电者的身体或与触电者接触的电线，以免引起抢救人员自身触电。

③ 解脱电源的动作要用力适当，防止因用力过猛导致带电电线击伤在场的其他人员。

④ 在帮助触电者脱离电源时，应注意防止触电者被摔伤。

⑤ 进行人工呼吸或胸外按压抢救时，不得轻易中断。

7.2.2　新能源汽车高压安全防护

7.2.2.1　新能源汽车高压安全设计

新能源汽车相比于传统内燃机汽车，由于驱动系统存在高电压，其安全系统设计更为复杂。如果车辆在充电及行驶过程中发生碰撞、翻车等事故，可能造成电力驱动系统的短路、漏电、燃烧、爆炸等，由此可能对乘员造成电伤害、化学伤害、燃烧伤害等。

（1）新能源车高压存在时间

新能源汽车的高压系统集中在车辆的驱动系统、空调与暖风系统、12V 电源系统及带有插电功能的充电系统。根据高压存在的时间进行分类，新能源汽车高压系统的高压主要有持续存在、运行期间存在和充电期间存在，如图 7-65 所示。

① 持续存在　新能源汽车的动力电池持续存在高电压，即使当车辆停止运行期间，由于动力电池始终存储有电能，因此当满足动力电池的放电条件后，该部件将继续对外放电。

新能源汽车高压安全防护

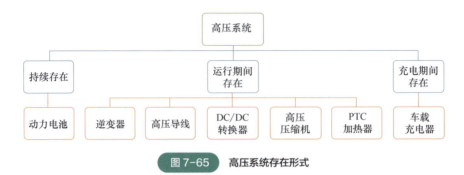

图 7-65　高压系统存在形式

② 运行期间存在　运行期间存在高压的部件，是指当启动开关处于 ON、RUN 或其他运行状态时，部件存在高电压。逆变器、高压压缩机、PTC 加热器及 DC/DC 转换器部件只有在系统运行时，来自动力电池的高电压才会加载到这些部件上。

运行期间存在高电压的系统或部件有以下两种类型：

a. 只要启动开关处于 ON 或 RUN 状态下就会存在高电压，这类部件包括逆变器、DC/DC 转换器和连接的高压导线。

b. 虽然点火开关处于 ON 位置，但是由于该系统所执行的功能没有被接通，此时相关的部件仍然不会接通有高电压。例如，位于纯电动汽车中的高压压缩机和 PTC 加热器，该压缩机的特点是一半是压缩机，另一半是三相高压驱动的电机。在驾驶人没有运行车辆的空调或暖风功能时，这些部件上是不会存在高电压的。

③ 充电期间存在　充电系统部件仅在车辆充电期间存在高电压，这包括来自外部电网的 220V 交流高压，以及车载充电器与动力电池之间的直流高压。

有些车辆的车载充电器和动力电池设计有独立的空调式冷却系统，在车辆充电期间，由于动力电池可能产生很高的热量，因此车载空调会运行以降低动力电池的温度，此时车辆的高压压缩机也会在充电期间运行，也存在有高电压。

（2）高电压的接通与关闭

在新能源汽车中，除动力电池外，其他部件都是由整车控制单元或混合动力控制单元通过接触器控制高电压的接通与关闭的，这种类型与家庭用的设备供电一样。动力电池的电能提供形式与家庭用的外部来自电网的供电一样，无论家里的总闸是否打开与关闭，其总是有电的。而接触器所起的作用就是家用的总电源的总闸，不同的是家用的总闸是由人来控制的，新能源汽车的接触器是由电脑来控制的。

接触器即为一个大功率的继电器，它用于控制高压导线正负极之间的接通与断开。接触器通常被布置在动力电池组总成内部或者是独立在一个 BDU（配电箱）中。如图 7-66 所示为丰田普锐斯动力电池总成端部布置的多个接触器，其内部接触器如果断开，整车仅动力电池上会存在高电压，位于接触器下游的高压系统部件将没有高电压。

（3）新能源汽车的安全设计

新能源汽车存在的安全隐患包括高压系统短路、高压系统绝缘故障、高压系统脱落、高压

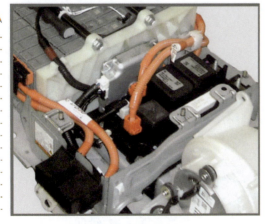

图 7-66　接触器

充电风险等。根据这些安全隐患以及实际的工作状况，对新能源汽车主要从以下几个方面进行设计，如图7-67所示。

① 维修安全　维修安全主要包含两方面，传统内燃机汽车的维修安全和针对新能源汽车的特殊维修安全。新能源汽车的维修安全主要是防止高压触电。因此，维修人员在对高电压类型汽车进行操作之前应当保证不会有触电风险，为此大多数汽车在系统上设计有维修开关，如图7-68所示。

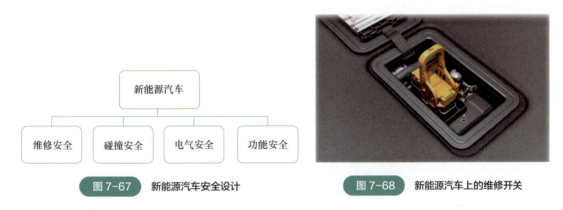

图7-67　新能源汽车安全设计　　　　图7-68　新能源汽车上的维修开关

当断开维修开关时，动力电池的动力输出立即中断。在断开电池的动力输出后，需等待10min才能接触高压部件。

② 碰撞安全　当车辆发生碰撞时，车辆的安全系统应当满足碰撞过程中以及碰撞后都要保证相关人员的人身安全。对于新能源汽车来说，除了传统汽车的相关保护要求之外，还应当满足以下要求：

a. 碰撞过程中避免乘员和行人遭受触电风险，在保证人员安全的情况下尽量保护关键零部件不受损害。

b. 碰撞后保证维护和救援人员没有触电风险。

为此，有些车辆设计有如图7-69所示的电路，将惯性开关串联到高压接触器的供电回路中，当发生碰撞时惯性开关断开，从而切断高压接触器的供电电源，此时动力电池的高压输出便会被断开，保证了乘员、行人、维护和救援人员的高压安全。

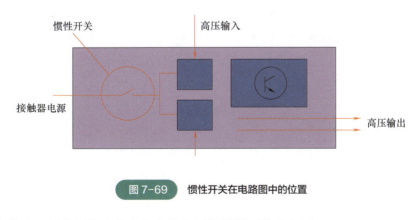

图7-69　惯性开关在电路图中的位置

③ 电气安全　新能源汽车的电气安全主要包括以下几个方面：

a. 防止人员接触到高压电。

b. 电池能量的合理分配。

c. 充电时的高压安全。

d. 行驶过程中的高压安全。

e. 碰撞时的电气安全。

f. 维修时的电气安全。

为保证新能源汽车的电气安全，有些车辆会设计有以下安全装置：

a. 高压零部件的接插件既可防止人员直接接触到高压，还可防水、防尘，减小高压系统绝缘出现问题的风险。高压插头的安全设计方式如图 7-70 所示。

图 7-70　高压插头的安全设计方式

b. 动力电池与外部高压回路之间设计有高压接触器（如图 7-71 所示），以保证在驾驶人无行驶意图或充电意图时，车辆除电池内部之外的高压系统是不带高压电的。只有当驾驶人将车辆钥匙打到"Start"挡或对动力电池进行充电时，接触器才可能会闭合。

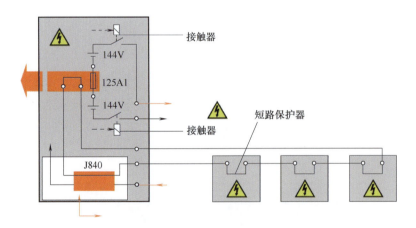

图 7-71　高压接触器设计方式

c. 高压系统中应当设计预充电回路，如图 7-72 所示。在动力电池输出高压电之前，先通过预充电回路对电池外部的高压系统进行预充电。预充电回路主要由预充电电阻构成。由于高压零部件的高压正、负极之间设计有补偿电容，如果没有预充电电阻，那么在高压回路导通瞬间，补偿电容将会由于瞬间电流过大而烧毁。

d. 绝缘电阻检测系统。为保证人员免遭触电风险，高压系统应当进行绝缘电阻检测电路的设计。若绝缘电阻值过小，整车控制器应当发送接触器断开指令。

e. 短路保护器。当高压系统出现短路等危险情况时，为保护乘员和关键零部件，需使用短路保护器。如果流过短路保护器的电流大于某个值，则该保护器便会被熔断。

f. 高压互锁回路设计。互锁回路线是个环形线路，通过12V电网元件来监控高电压电网，如图7-73所示。

当高压互锁回路断开时（表示某一高压部件的低压或高压连接断开），此时乘员或维修人员有可能会接触到高压电从而造成触电伤害，因此电池管理单元在检测到断开信号之后应当立即断开相应的高压接触器以切断高压输出。如图7-74所示为在橙色高压插接器上方设计的低压互锁开关，当该低压互锁开关断开时，系统将切断高电压。

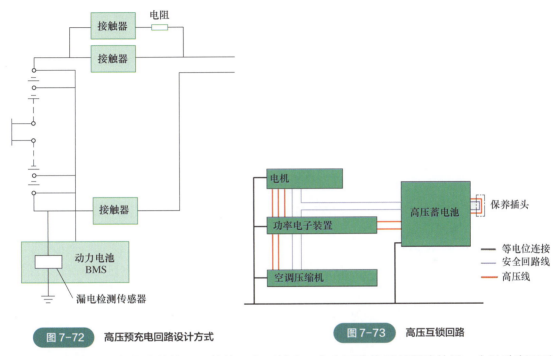

图7-72　高压预充电回路设计方式　　　　　　图7-73　高压互锁回路

不可在未断开安全线的情况下就拔下高压插头。安全回路线要是断路的话，会导致高压系统立即被切断。

④ 高压电缆安全　高压正极和高压负极使用各自单独的高压电缆，高压正极和高压负极通过各自单独的导线与高压部件相连接，车身不用作接地（搭铁）。高压导线都制成橙色的，如图7-75所示。

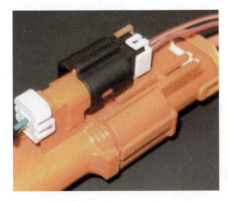

图7-74　短路保护器和高压互锁　　　　　　图7-75　高压电缆

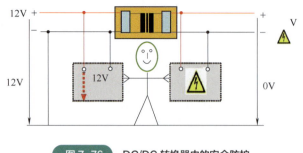

图 7-76　DC/DC 转换器内的安全防护

⑤ DC/DC 转换器内的安全　电气分离装置会将 DC/DC 转换器的初级线圈和次级线圈分离开，如图 7-76 所示。与车身搭铁的连接仍是接在 12V 车载供电网络上。因此，初级线圈和次级线圈之间就不会有电压了。

⑥ 电容器放电　在电机控制器或功率电子装置内安装有电容器，电容器具有放电作用。通过放电可以消除功率电子装置内电容器上的残余电压。

主动放电是由蓄电池管理系统来操控的，每次切断高压系统或者中断控制线，都会发生这种主动放电过程。被动放电是为了保证，即使在已把部件拆卸下的情况下，也可以把残余电压消除掉。

7.2.2.2　新能源汽车安全操作

在执行车辆维护与维修期间，必须同时有两名持有上岗证的人员，其中一名人员作为工作的监护人，工作职责为监督维修的全过程。当发生触电事故时，监护人应立即采取有效措施执行急救。

在电动汽车维修时必须严格按照流程进行，必须遵循高压安全操作规范和机动车维修操作规范。

① 新能源汽车维修操作人员

a. 新能源汽车维修操作人员必须持证上岗，具备国家安监局颁发的《特种作业操作证（低压电工证)》。

b. 维修电新能源汽车的人员必须参加过厂家培训，经过授权可以检修有高压系统的车辆，并负责给车辆作标志和工作场所的防护。

c. 维修高压部件之前必须断开低压蓄电池负极，并进行高压切断。

② 新能源汽车维修监护人　监护人的安全技术等级应高于操作人员，具有丰富的实际工作经验并熟悉现场及设备情况。其监护内容如下：

a. 进行高压切断时，监护所有工作人员的活动范围，使其与带电设备保持规定的安全距离。

b. 带电作业时，监护所有工作人员的活动范围，使其与高压部件保持规定的安全距离。

c. 监护所有工作人员的工具使用是否正确，工作位置是否安全，以及操作方法是否正确等。

d. 工作中监护人因故离开工作现场时，必须另指派了解有关安全措施的人员接替监护并告知工作人员，使监护工作不致间断。

e. 监护人发现工作人员中有不正确的动作或违反规程的做法时，应及时提出纠正，必要时可令其停止工作，并立即向上级报告。

f. 所有工作人员（包括工作负责人）不准单独留在维修保养中的新能源汽车专用工位区内，以免发生意外触电或电弧灼伤。

g. 监护人应自始至终不间断地进行监护，在执行监护时，不应兼做其他工作。但在动力电池与新能源汽车断开的情况下，监护人可参加班组的工作。

7.2.2.3　新能源汽车高压防护工具

高压安全操作必备防护措施及工具见表 7-4。

表 7-4 高压安全操作必备防护措施及工具

工具名称	用途描述
警示牌	 在地面或车辆附近明显位置放置
绝缘手套（绝缘等级为 1000V/300A 以上）	 拆除及安装高压部件使用
皮手套	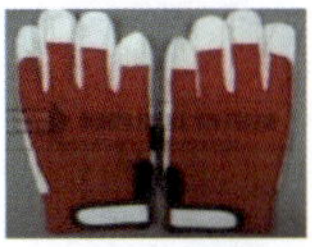 拆除及安装高压部件使用（保护绝缘手套）
绝缘鞋	 拆除及安装高压部件使用
防护眼镜	 拆除及安装高压部件使用
绝缘帽	 拆除及安装高压部件使用
绝缘表	 测试高压部件绝缘阻值
绝缘工具	 拆除及安装高压部件使用

7.2.2.4 高压断电操作程序

拆解维修高压系统前，必须首先执行高压断电流程。高压断电操作程序如下：

① 移：移除车辆上所有外部电源，包括 12V 蓄电池充电器。
② 拔：拔出充电枪。
③ 关：关闭点火开关，把钥匙放到安全区域。
④ 断：断开 12V 蓄电池负极，并远离负极区域。
⑤ 取：取下手动维修开关（MSD），将其放到安全区域。
⑥ 等：等待 10min，以保证高压能量全部释放。
⑦ 查：佩戴个人安全防护装备，拆卸高压插接器，开始下一步的电压验证。

复习思考题

1. 电动汽车驾驶的注意事项有哪些?
2. 新能源汽车的充电方式有哪几种?
3. 电动汽车更换电池的类型有哪些?
4. 电动汽车充电系统主要包括哪些组成部分?
5. 请解释交流充电接口端子定义。
6. 请解释直流充电接口端子定义。
7. 进行PDI检查的意义是什么?
8. 新能源汽车PDI检查的项目有哪些?
9. 电气事故发生的原因有哪些?
10. 电流对人体的伤害有哪些?
11. 人体触电方式有哪几种?
12. 简述触电急救的方法。
13. 新能源汽车的安全设计包括哪几方面内容?
14. 简述高压断电操作程序。

参考文献

[1] 景平利，罗雪虎，高磊. 走进新能源汽车 [M]. 北京：机械工业出版社，2016.
[2] 王东光. 新能源汽车概论 [M]. 北京：机械工业出版社，2018.
[3] 高建平. 新能源汽车概论 [M]. 北京：机械工业出版社，2018.
[4] 李玉忠，李全民. 新能源汽车技术概论 [M]. 北京：机械工业出版社，2020.
[5] 张斌，蔡春华. 新能源汽车概论 [M]. 北京：机械工业出版社，2019.
[6] 李妙然，邹德伟. 智能网联汽车技术概论 [M]. 北京：机械工业出版社，2019.
[7] 蔡志海，倪焰飞. 新能源汽车概论 [M]. 北京：机械工业出版社，2020.
[8] 尹力卉，王林，左晨旭. 新能源汽车技术 [M]. 北京：机械工业出版社，2016.
[9] 张金柱. 新能源汽车技术 [M]. 北京：机械工业出版社，2017.
[10] 陈社会. 混合动力汽车构造与维修 [M]. 北京：机械工业出版社，2017.
[11] 景平利，敖东光，薛菲. 电动汽车检查与维护工作页 [M]. 北京：机械工业出版社，2017.
[12] 张思杨，聂进，高宏超. 新能源汽车概论 [M]. 北京：电子科技大学出版社，2019.
[13] 张慧芝，张潇月. 智能网联汽车概论 [M]. 北京：机械工业出版社，2020.
[14] 李兆平，游志平，刘云飞. 电动汽车动力电池及能量管理 [M]. 北京：电子科技大学出版社，2019.